医务工作者
如何撰文立著

——医学论文与医学图书编撰技巧

魏　群◎编著

中医古籍出版社

图书在版编目(CIP)数据

医务工作者如何撰文立著/魏群编著.—北京:中医古籍出版社，2012.1

ISBN 978-7-5152-0093-4

I. ①医… II. 魏… III. ①医学-论文-写作 ②医学-著作-写作 IV. ①H152.3

中国版本图书馆CIP数据核字（2011）第227639号

医务工作者如何撰文立著

魏　群　编著

责任编辑：李艳艳
封面设计：孙　松
出版发行：中医古籍出版社
社　　址：北京东直门内南小街16号（100700）
印　　刷：三河市华东印务有限公司
开　　本：710mm × 1000mm　1/16
印　　张：22.75
字　　数：290千字
版　　次：2012年1月第1版　2012年1月第1次印刷
印　　数：0001-1500册
书　　号：ISBN 978-7-5152-0093-4
定　　价：36.00元

序

中国有句古话，叫“授人以鱼，不如授人以渔”，是说传授方法重要性的。看了《医务工作者如何撰文立著——医学论文与医学图书编撰技巧》（中医古籍出版社出版）一书，自然联想起这句话来。作为《河南中医》杂志的资深编辑，作者魏群君长期致力于“替人作嫁衣裳”的工作，有不小一批人都曾在她那里受益过。如今，她又“借助自己多年在医学图书编写领域的实践和经验，来帮助读者熟悉、掌握医学论文和医学图书写作的一些编撰规律、方法和技巧”，写成这本系统的方法学新著，其作用比普通编辑所从事的工作自然又高出一筹，意义自然也就显得广大了。明代理学家王守仁说过的“人需在事上磨，方立得住，方能‘静亦定，动亦定’”（《传习录》）的话，用于对她和她这本书的评价颇为合适。透过本书彰显出的“全、细、新”三个特点，仿佛可以窥见作者长期实践、勤奋创造的人生轨迹。

全，是指该书介绍的写作知识范围大而全。该书分为上、下两篇，上篇专门介绍医学论文写作知识，共六章，从医学论文的基本格式、表达方式说到医学文献的检索、数据的统计学处理，从医学论文的审校流程说到投稿、发表的程序。广收博集，让医学论文的撰写者，特别是涉世不深者，能够尽快掌握医学论文“自身的规律、方法和技巧，使他们少走弯路，获得成功”。下篇专门介绍医学图书编撰知识，共五章，从医学图书的出版方式谈至它的编撰要点、构成要素，从编著者的基本认知谈至医学书稿的撰写技巧和注意事项。应有尽有，让图书的编辑者在智慧之海中荡起选题策划、谋篇布局的连绵思绪，令书籍的撰写者在冥想之舟上获得知识储备、作品构架的美妙画图。该书特意把中医学深邃文化内涵和哲学思想的特色加以宣扬，恰如其分地将中医药文化建设的内容融入进来，医学专业知识之外，还扫描了医学影视作品、动漫作品创作思路的相关画面，这是其他专门介绍医学写作专著中较少见的镜头。“全”的源泉在博学，“博学之于文，便是约礼的功夫。”（《传习录》）一本书，架起了编者—作者—读者的桥，连起了编者—作者—读者的心，把艰涩的知识公开化了，把热敏的话题明朗化了，体现出作者的不凡功力。

细，是指该书介绍的写作知识内容精而细。许多事说来容易做来难，想把一篇科技论文写好、把一本医学著作写精，不是一件容易的事情，不可能一蹴而就。扎实的基本功之外，还必须掌握相应的技巧。“心有灵犀一点通”，行家们的点拨往往成为一件事成功的枢机。该书作者立足于从“点”上去“拨”，说了理不罢休，还要举出例证，可谓用心良苦了！如谈论著的伦理性问题，她不仅反复强调“严格遵守国家法令、遵守医学伦理道德，把握写作分寸”的重要性，而且一再从细节上加以深化，苦口婆心地叮嘱作者“要真心维护志愿者和病人的隐私权、肖像权，注意为病人保守秘密，特别是涉及到人工受精、人体药物试验、变性手术、性医学、某些特殊的误诊误治病例报告等”。在谈到对论著选题科学性、创新性、实用性、可行性的基本要求时，又刻意提出了在临床实践中选题、从文献资料中选题、在科研过程中选题和根据课题研究结论选题的多种途径。就连一个书名的产生，作者也不厌其烦地在列出直接式、象征式、合成式、并列式、复合式、隐喻式、纯外文式等七种方法后，将一批具有内涵深刻、用词精练、朗朗上口、具创新意识、能抓住市场热点和读者心态的示范书名推介给读者。真是大到纲清，细到目晰，读来眼前一亮，深水也能清澈见底了。

新，是指该书介绍的写作知识层面多而新。“新”在时代感，此其一。电子出版物、网络出版物是新时期的产物，书中有较全面的介绍，肯定了这些新手段“为作者提供了更大的出版发行空间”的长处，指出了在新问题前“作者应提高写作技巧和水平，以面对网络出版带给大家的财富和机遇”的要求，表白了作者对其“著作权和知识产权保护问题，缺少网络出版技术人员，网络安全人员等”的担忧。“新”在内容表述，此其二。面对学术浮躁、行为不端的怪圈，作者直言专业著作要“突出‘专’和‘著’”的紧要性，表达了“‘专’是指主题要专一，不能出现多个主题、多个领域。主题应是作者所从事的工作、所熟悉的领域。‘著’是指学术领域或专业领域有较深造诣的权威人士单独完成或与同事合作完成的创造性著述”的观点。面对养生宣传中出现的乱象，作者呼吁科普著作“必须做到言之有物、言之有理、言之有序。言之有物，是指不要讲空话、废话，要有实际内容，要具有实际的指导作用；言之有理，就是要把医学科学的道理讲清楚，不能弄得云山雾罩；言之有序，就是行文时不但要注重科学性，还要提高趣味性，并深入浅出，简明扼要，要具有明确的逻辑性”。心路出新想，心声说新识，新心相印，针对性和导向性成为该书的新亮点。

一分为二看，该书也有一些可推可敲、可琢可磨之处。譬如对出版知识的介绍，虽然可以起到“帮助读者熟悉了解出版整个流程中要注意的一些问题”的作用，却不可避免地会与主题产生距离感；书中的不少例子虽然是作者的原创，读者还是难以找到相对客观的参照体。如何能更好地解决这些问题，留待作者去考虑。总体而论，《医务工作者如何撰文立著——医学论文与医学图书编撰技巧》一书，可品可读、可思可想！它的问世，使读者又多了一位可交可亲的朋友。

以上这些话，是我品读本书的心得，蒙作者不弃，那就权以为序吧！

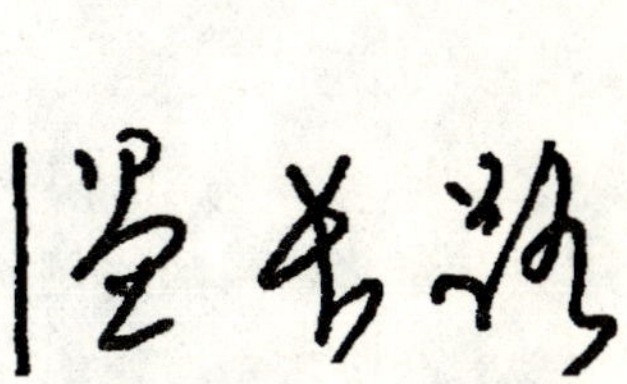

中华中医药学会

2011年11月　于北京

前言 PREFACE

书是延续人类文明的重要形式，更是人类智慧的结晶。历史上一些经典的医学名著，如《伤寒论》、《本草纲目》等能够世代流传、延续至今，就是依托书稿的这种强大的传播作用。当我们在工作实践中有所体会和感悟，想将自己的知识和经验奉献给社会，服务于大众读者时，借助论文和图书来进行交流和切磋，则是最好的形式。

现在科学技术日益发达，论文和书籍的编辑出版手段已经进入电子时代，几乎完全告别笔和纸。但是，这只是技术手段，不管现代图书的编撰出版手段如何高超，技术如何先进，书稿编撰的基本过程，比如选题策划、资料积累、知识储备、谋篇布局、选定作者以及基本的写作程序，甚至标点、图表的应用等，却没有根本性的变化。反而在专业名词、法定计量单位的使用等方面，却比以往更强调规范化和标准化。

著书立说已经不是想象中的那么神秘，更不是少数专家学者的“专利”，已经是一种相对来说比较容易操作的事情了。比如，在考评、晋级和评职称方面，出版专著或论文是一种很好的途径。但是由于种种的原因，编撰、出版图书存在一些不尽人意的地方，所以，编写本书的初衷之一就是消除论文和图书写作过程中的一些误区，提高广大作者写作论文和编撰医学图书的质量和水平。

编写本书的另外一个初衷是：作者希望借助自己多年在医学图书编写

领域的实践和经验来帮助读者熟悉、掌握医学论文和医学图书写作的一些编撰规律、方法和技巧。能否编写医学著作，既是专业技术人员综合能力的体现，也是一个科室甚至一所医院综合实力的体现。撰文立著不是一件容易的事情，不可能一蹴而就。尤其是第一次涉足论文写作和医学图书编撰的作者，如果没有专业人士的指点，难度可能会更大一些。因为，医学论文和医学图书的写作，有其自身的规律、方法和技巧，一个初涉此领域的人很难把握其要领。只有深入了解和掌握，才能少走弯路，获得成功。

基于此，为了满足广大医务工作者、医学研究人员，尤其是初涉医学图书编撰领域者之需，也为了促进医学论文的良性发展和医学图书的繁荣，编者根据自己多年从医务工作者到医学图书编辑人员的心路历程，把自己实践中的经验、与作者交流中大家最为关心的论文编写和图书编撰中遇到的问题，进行整理，集结成册，同时参考了同类专著，并在多位资深编辑老师的帮助和提携下，终成此书。

本书介绍医学论文和医学图书的一些编写知识、编写技巧以及编写方法，有的是编者多年的工作体会和经验；有的是借鉴了图书出版界同道的研究成果，都是一家之言，希望对读者有所帮助与借鉴。同时，考虑到很多同类医学图书中出现重视编撰、忽略出版的情况，所以，本书在重点介绍图书编撰全程，在突出指导性和可操作性的同时，也涉及了一些出版方面的知识，以帮助读者熟悉整个出版流程中要注意的一些问题。

本书适合医学院校在校学生参考使用，也适合从事医学专业图书和医学科普读物编写的医务工作者阅读参考。因笔者水平有限，难免有不妥、谬误乃至疏漏之处，祈盼同道赐教。

编著者

2011.8

目录
CONTENTS

上篇　医学论文写作

医学论文总论

医学论文的基本格式和表达方式

医学文献检索

■ 医学图书编撰要点

■ 医学图书的构成要素

■ 编者须知

上篇

医学论文写作

医学论文总论

医学论文指的是人们在长期的医学实践活动中，形成的以文字或者图形等形式表达和交流医学研究成果或实践经验的一种特殊文体形式。

而医学论文写作是一门文理渗透、相互交叉的边缘学科。它涉及医学领域的各个方面，需要专业知识的积淀；也涉及语言、文字、逻辑学、伦理学、哲学等学科的根基。但是，医学论文写作并不是高不可攀，无法掌握的。而是有其自身的一些规律。只要初步掌握其基本的写作规律，并具有一定的医学论文基础知识，就能够结合自己从事的医学学科写出高水平的医学论文。

医学论文写作的重要作用

医学科学工作者，不管是从事医疗、科研、预防或者教学工作，都需要不断地获取知识和信息来适应新时代的要求，而获取新知识和信息的一个重要手段就是不断地进行学术交流。学术交流最重要的形式是医学论文。

医学论文是医学科学研究工作的重要组成部分，它报道医学领域领先的科研成果，是医学工作者进行科学研究的文字记录和书面总结。它是医学科学研究工作者辛勤劳动的结晶，是人类医学科学发展和进步的动力。经常撰写医学论文的医务工作者，不仅可以扩大视野，掌握国内外医学动态，还能提高科研设计能力和研究能力，以及教学能力和业务水平。反过来，如果科研能力、业务水平及教学能力提高了，工作成绩显著，有丰富的实战经验，就能写出高质量的医学论文。论文一经发表，即是被社会承认的一条主要途径，也是该项目取得科研成果的必要途径。

所以，医学论文像一面镜子，能反映出一个人的业务水平和能力高低，也能反映出一个国家、一个省、一个地区、一个单位的医学科学水平和工作风貌。总的来说，医学论文有下面几个方面的重要作用。

一、贮存科研信息

在科学研究完成之后，如果不用文字进行记载，随着时间的推移，其发明与发现便会逐渐消失，这样后人便会不停重复前人的工作。造成不必要的人力与物力的浪费。所以，需要对其科学研究的结果进行总结，并以论文或报告的形式阐明其发现及发明。因此，学术论文的最重要的作用就是贮存科研信息，使它为以后新的发明和发现打下基础，以利于科学技术事业的延续和发展，不断丰富人类的科技宝库。人类文明的不断延续与发展，正是在这种连续不断地积累和创造、再积累和再创造的过程中实现的。因此写作论文是总结科学发现的重要手段，学术论文是贮存科研信息的重要载体。

二、传播科研结果

英国著名科学家法拉第在19世纪曾经指出，对于科研工作，必须“开始它，完成它，发表它”。因为，科学技术无国界，任何一项科学技术的研究与发明，都是社会成员的个体劳动或局部承担的科研活动的结晶。对于全人类来说，有必要将少数人的成果变成全人类的共同财富，这就需要相互交流、相互利用。只有这样，才能使科学技术不断地发展进步。而相互交流的方式之一就是通过科技论文来付诸实施的。这种传播方式可以不受时间与地域的限制，可以传播到后代，具有源远流长的作用。如英国1997年2月27日出版的《自然》杂志，首次报道了利用克隆技术（无性繁殖）培育出的一只绵羊，它是基因工程研究领域的一大突破，在世界引起了强烈的震动，使克隆技术迅速得以发展。因此，学术论文是传播科研信息和科研成果的重要载体。而且按照公认惯例，科学成果的首创权，必须以学术论文的形式刊登在学术期刊上，方能得到承认。

三、交流实践经验

从事临床及医疗工作一线的其他人员，通过不断地实践，积累出了很多成功的经验和失败的教训，而这些经验与教训是很珍贵的财富。将它们进行科学的分析与总结，并以论文的形式进行发表交流，能发挥巨大的指导与借鉴作用，造福于人民。

四、启迪学术思想

在大量的科研成果和实践经验基础上，形成并发展起各种学术思想，这些学术思想通过论文的形式不断地探索与交流，并相互发展与启迪，形成新的学术思想，以促进科学事业的发展。

五、提高研究水平

医学论文写作凝聚着巨大的艰辛，是一种创造性的脑力劳动。在写作的过程中，随着思维的深化，会提高科技工作中分析问题与解决问题的能力，促进科研水平的提高。

六、考核业务水平

发表医学论文的多少与它对社会效益、经济效益的贡献大小，是评价科研工作者业务、科技成果的重要标准。但是发表论文多少，必须是实事求是，科学的反映科研结果，决不允许造假。医学论文是进行业务考核与职称评定的重要依据之一，也是发现人才的渠道之一。

医学论文的分类

医学论文从不同的角度来看的话，可以有多种不同的分类。例如，按写作目的分类，有学术论文与学位论文两种；按基础与临床分类，有基础论文和临床论文两类；按内容分类，有调查研究、实验研究、实验观察、资料分析和经验体会等几种。但是，在我看来，对大多数的医务工作者来说，最实用的分类是按学术期刊上的栏目来分类。下面就重点说说学术期刊上的栏目分类。

一、论著

论著多为基础或临床前瞻性研究类论文。如根据某些原理设计的对动物、病人或健康人进行对比观察或实验研究等资料归纳整理撰写而成的论文。

二、研究简报

研究简报是对某一有价值或有苗头的重要研究的初步成果而撰写的简短论文，主要目的是争取首次报道权。它既是重要研究成果报告的缩写，也是重要学术论著的预报。

三、调查报告

在一定范围的人群里，不施加人工处理因素，对某一疾病（传染病、流行病、职业病、地方病等）的发病情况、发病因素、病理、防治方案等提出建议。

四、文献综述

以某一专题为中心，查阅、收集大量国内外近期的原始医学文献，经过理解分析、归纳和整理而写出综述，以反映出该专题的历史和现状，最新进展及发展趋势等情况，并做出初步的评论和建议。

五、经验交流

对一定时期内累积的临床资料进行回顾性分析、整理而撰写的论文，包括临床资料分析、病例报告、病案讨论等。

六、专题讲座

围绕某专题或某学科进行系统讲授，介绍医学发展新动向，传播医学科研和临床上实用的新理论、新知识、新技术、新方法，更新传统的理论、知识和技术，改善知识结构，推动医学科技进步。根据对象不同，可分为普及讲座和高级讲座。这也是医学论文的一种。

医学论文的基本写作要求

为了提高大家的医学论文写作水平，下面重点介绍一下医学论文写作的一些基本要求。

一、思想性——要有医德

撰写一篇医学学术论文，首先必须遵守医学科学的道德。其次要有自己鲜明的论点，即全篇的概念与判断要明确，避免含糊不清、主观、片面，以及脱离客观实际。

二、科学性——要有严谨的态度

医学论文的写作，是为了解除病人的疾患，保障人民健康，造福于人类的重大举措。所以，从论文的选题设计、观察研究、归纳分析，直到结论的每一步都必须坚持严肃的态度、严谨的学风和严密的方法。具体而言，从下面几个方面去努力：

（一）选题

科学依据要足够充实，否则将劳而无功。

（二）设计

为了真实的反映客观结果，需要排除一切可能影响结果的主观因素和偶然因素。因而选择的方法与采用的材料要尽量随机和客观，要有充分的可比性。

（三）观察研究

观察研究要真实的反映客观事物及过程，不能有任何失真和主观的一些判断；要准确的观察和记录，而无增减偏离其准确性的一些资料；要全面完整的收集资料，而无重要的残缺（全面性）。

（四）推理和结论

推理要有逻辑性，结论要有严谨性。必须以客观事实和数据为佐证，而且只有在足够实践检验的基础上撰写的论文，才最有说服力。

三、先进性——要有一定的独创性

论文应有新的发现与发明，而不是过去资料和结论的重复。比如搞基础研究，就应该选题新颖，方法先进，有新的发现和观点。临床研究应该采用更多的病例，或进行更加深入的观察，或有创新的治疗方法，且疗效更好。这就需要掌握足够的知识，阅读足够的相关文献，了解过去与现在的行情。许多学术论文投稿后不被采用，往往是内容缺乏新意和创见。当然，不同的期刊有不同层次的要求，如全国性期刊就应该达到国内外领先或先进，地方性期刊则要求地方性先进。只有这样科学才能不断发展，技术才能日益进步。

四、实用性——要能解决实际问题

医学是一门应用科学。除少数纯理论研究的论文之外，绝大多数医学论文应结合医疗、预防的工作实际，要能解决临床中的实际问题。比如进行动物实验，它的目的是为了临床工作而进行观察、实验，不是为了进行研究动物而研究，或为了写几篇文章而研究，而是应该在动物研究的基础上，到达一定程度的时候，过渡到临床，造福于人民。论文的实用价值越大，其指导作用也就越大，越具有重要性，读者也就越欢迎。

五、可读性——不要过于死板

医学学术论文的文字要应用规范化的语体文，要求表达准确、简练、通顺，层次简明，论据严谨，图表清晰，同时还要具有一定的生动性，不能过于晦涩。要使读者感觉到通顺流畅，读起来毫不费劲，能在最少的时间内，获得最多的知识和信息。但切忌华丽情感的修饰，忌夸张浮躁的语言。

六、规范性——要有一定的规范格式

医学论文写作要按一定的规范格式。尽管许多医学期刊有着自己固定的写作格式，但在全世界范围内，已日趋统一化、规范化、标准化（如计量单位一定要标准化）。规范化的格式有利于科技信息的国内、国外交流，也便于文献检索。

七、伦理性——注意把握分寸

医学论文常涉及被试动物、志愿者和病人，因此，写作时必须遵守基本的医学伦理道德。例如，注意执行动物保护法，要真心维护志愿者和病人的隐私权、肖像权，注意为病人保守秘密等，特别是涉及人工授精、人体药物试验、变性手术、性医学、某些特殊的误诊误治病例报告等，更应注意遵守医学伦理道德，把握写作分寸。

如何实现医学论文的学术价值

上节的内容，主要说的是医学论文写作的基本要求，医学论文的最主要作用是要实现一定的学术价值，而学术价值则需要通过下面几个方面去实现。

一、体现真实性

医学论文的取材必须可靠真实，要有原始资料和记录，实验结果一定要忠于事实和主题，不能有夸大其词之处，更不能因实验数据与设计有出入而轻易改变操作方法和程序。即使做出的实验失败了，只要找出失败的

真正原因，同样可以总结出有价值的论文，同样可以发表。这样的论文从反面可以告诉后来的研究者：在此课题研究的某一个方面上道路不通；它的意义也就是为后来的研究者节约了大量的人力、物力以及宝贵的时间，同样具有极大的价值。

二、体现再现性

医学论文报道临床或实验观察所得出的结论，必须很确定，这要求所采用的实验对象、实验方法、实验器材和实验步骤，以及得出的结果，都能经得起他人在任何时间、任何地点、相同条件下的重复，并能得出相同的结果。

例如，有些医学论文虽然发表了，但别人重复不出论文当中的结果，这样的医学论文没有任何价值。

三、体现准确性

医学论文中，数据必须准确翔实，必须反复探讨，特别是统计学处理方面的问题。例如，有的论文作者演算数据错误，编辑也未严格把关，不知不觉中会出了问题，文章虽然得到发表，但最后在评职称中，文章中的错误被评审的专家核查出来了，当事人未能晋升上职称还不知是什么原因，这样的教训值得引起大家注意和重视。

四、体现逻辑性

医学论文必须层次清楚，结构严谨，概念明确，判断恰当，推理合乎逻辑。不能概念不清，判断不当，更不能证据不足，论证不力，导致观点不明。目前，对医学论文的格式要求各家杂志社不尽相同；每一种期刊都有它相应《投稿须知》或《稿约》。通常情况下，以中华系列杂志的《稿约》要求为标准，从文题，署名，摘要（目的、方法、结果、结论），主题词，正文，参考文献等多个方面把握全篇。

五、体现公开性

医学论文的作者要客观真实地评价自己和他人的研究成果，切忌片面性和说过头话。对临床实验结果要如实所映，不能任意取舍，不摒弃偶然现象。

例如，某人做一项临床研究，对200例病人进行药物疗效观察，结果只有50例有效，有效率为25%；而作者若舍弃100例无效病例，只报道100例，仍保留50例有效，会导致有效率为50%的错误结果。此外，我们引用他人科研成果或文献资料时，必须亲自查阅，注明出处，以示对作者的尊重和公正。

医学论文的形成过程

一、医学论文论题的来源

形成一篇医学论文，首先要考虑的是医学论文的论题。那么，论题的来源是哪里呢?

医学领域需要研究的问题和尚待验证的理论还有很多，研究课题主要来自实践。一个研究问题的产生要经过长期的观察和思考，从实践和日常工作中发现问题，逐步形成相对成熟的想法后继而提出研究问题。目前医学论文的论题主要有以下三个来源：

（一）从理论中提出研究问题

许多研究问题就是研究者按照某一成熟的理论先提出某种假设，然后按照此理论推测应该解决某一问题而提出一个新的问题，这就是一个新的论题了。可以是成熟的理论，也可为尚有争论的学说。

（二）从实践中提出研究问题

实践中的论题是医学论文最重要的论题来源之一。大量的实践为医学人员提供了研究问题的丰富来源。无论是临床医师、管理人员还是教师，都会在自己的工作实践中遇到一些难以解决的问题。一般来说，实践中经常遇到的困难及服务对象经常发生的问题都可成为有价值的研究问题。

（三）从文献中提出研究问题

一个好的公开发表的研究论文，都会在讨论部分提到本研究尚有哪些不足，哪些问题需要进一步探讨，也有的研究者还会提出对下一步研究的建议。这些都为今后的研究提出了新的问题。这是论文论题的又一个来源。

二、医学论文写作的步骤

撰写医学论文并不是一件简单的事情，不单要掌握一般文章的写作技巧和语言修辞技巧，还要追求在文字上的一种科学的表述和再进步，这能体现撰写者在实际过程中的知识广度和综合能力。医学论文的撰写一般分为下面几个步骤：预备资料、构思、拟定提纲、拟写草稿、修改等。

（一）预备资料

1.要围绕问题收集和探究资料

一般来说，在课题探究或临床观察之前，会对有关资料和学术动态进行一定的搜集和分析，但是在撰写科研论文时仍要查阅大量有关文献，以作为对已有文献的补充。有人做过统计，科研工作者查阅文献的时间大约会占整个科研工作的1/3，科研工作是一个很辛苦的过程。如果没有这些最新的参考文献，论文很难做到创新和独创性。由此可见，查阅搜集文献在整个科研和写作过程中是十分重要的。

大量的搜集资料是为撰写论文开拓思路，并提供理论依据。因此在搜集资料时，要根据论文的需要，把和科研课题有密切关系并要引用的资料做好卡片，并注明文献的出处、作者、题目、杂志名称、卷、期、页数、年代等，不可漏掉任何一个细节。否则等到文章写好后，注明参考文献时才发现缺少项目，又得重新找，这会白白浪费掉很多时间。

一般搜集资料分三步：①根据探究课题选择检索工具；②确定检索方法；③查阅原始文献。

搜集论文需要的文献资料应非常注重以下几方面的内容摘要：①要善于利用前人的科研成果，在方法上沿用前人的，或在前人的基础上加以改进的；②在理论上支持本文观点的；③前人探究的结论和自己文章所述不同，需要加以说明的；④前人对本文所探究的问题存在争议和正在探索的。将这些资料搜集好后，编好序号，以备撰写文章时使用。

2.是对探究材料的预备工作

它包括取舍和整理材料，对实验观察数据资料要进行仔细的分析处理，要合理选用适当的图、表和照片，等等。这部分工作有时在试验结果分析时已经完成。

3.提炼观点，明确结果，提出结论

在上述预备工作完成以后，要根据上述工作中所得到的一些资料，重新核对试验设计中所包含的思想，分析设计中哪些观点在理论上成立，而在试验中已经得到证实；哪些观点在试验中没有得到证实或未完全证实，需要修改和补充；哪些现象和指标超出原来的设想，而且可能有新的启示，需要进行新的分析，提出新的课题。通过对试验材料的分析，提炼出试验材料能说明的观点和能得到的结果，提出结论，使试验材料和理论充分结合起来。通过以上的预备工作，使理论和实践达到充分的统一，从而提高论文的水平。

（二）构思

构思是写文章不可缺少的预备过程，是对整个文章的布局、顺序、层次、段落、内容、观点、材料、怎样开头和结尾的思维。构思时，文章的主题中心要明确，用来表现主题的材料要充分、典型、新奇，结构上要严谨、环环相扣，只有潜心构思，才能思路流畅，写好提纲和文章。

（三）拟定提纲

提纲是全文的骨架。在撰写论文之前，要先拟定提纲使其形成结构，疏通思路。拟定提纲，一方面可帮助作者从全局着眼，明确层次和重点，这样文章才能写得有条有理，结构严谨。另一方面，通过提纲把作者的构思、观点用文字固定下来，做到主次分明，随着思路的进一步深化，可能会发现新的问题、新的方法和新的观点，使原来的构思得到修改和补充完善。

提纲是论文的轮廓，要尽量写得具体一些，提纲的拟写多采用标题式和提要式两种。

1.标题式提纲

标题式提纲，以简明的标题形式把文章的内容概括出来，用最简明的词语标示出某部分或某段落的主要内容，这样既简明扼要，又便于记忆，是医学科研工作者常用的写作方法。如实验探究型论文提纲通常用以下结构：

题目：……

1.课题对象：①课题的提出；②探究的目的。

2.材料和方法：①实验目的、原理、条件、仪器和试剂；②实验方法：分组情况，观察指标，记录方法；③操纵过程；④出现问题和采取的策略。

3.结果和分析：①结果；②统计学处理；③结果的可信度；④再现性。

4.讨论（结论）

5.参考文献

……

2.提要式提纲

提要式提纲，是在标题式提纲的基础上较具体、较明确提要式地概括出各个层次的基本内容，实际是文章的缩写。

以上两种提纲形式，可根据自己的写作习惯选用，无论选择哪一种，目的都在于启发写作的积极性和创造性。在实际的写作过程中作者应做到既有纲可循，但又不拘泥于提纲，尽可能地拓宽思路，才能写出好的论文。

（四）拟写草稿

拟写草稿就是根据提纲，把要写的内容依次连接起来，把实验数据和资料进行归类分析。它是对论文内容和形式的再创造过程，也是论文撰写最重要的阶段。

草稿的拟写方法有多种，实验探究论文的撰写一般采用顺序写作法，即按照医学论文的规范体例或提纲顺序阐述自己的观点，分析实验数据。也可采用分段写作法，此种写作法多是作者对论文的中心论点已经明确，或提纲已形成，但对某一层次的内容没有把握或没有考虑成熟，而暂放一下，可先写好已经成熟的段落内容，待内容成熟或进一步实验后再写作，这样不受顺序的先后限制，采取分段写作，最后依次组合而形成初稿。成文形成后，要进行前后对照检查，使全文风格一致，层次清楚，衔接紧凑，这种写法最好每次完成一个完整的部分。

（五）修改

修改是论文撰写中不可缺少的工作。无论是初写者还是经验丰富的作者，在初稿完成后都要经过一番审读、推敲、修改才能定稿。作者把自己的科研成果以论文的形式表达出来，不是一件轻易的事情。搞科研费心费时，写作费心费时，修改更费心费时。修改是对初稿内容的进一步深化和进步，对文字进一步加工和润色，对观点进一步订正。

修改过程中应注重以下几个方面的内容：即文题是否相符；论点是否鲜明；论据是否充分；论证是否严密；布局是否公道；结论是否科学客观；用词是否符合医学术语；文稿是否符合医学论文辅导规范或稿约要求；标点符号应用是否正确；有无错别字，等等。

每个人的思路都会有一定的局限性，作者也是如此。作者在撰写论文的时候，可能会对文章的某些问题熟悉不足或对初稿的偏爱，一时难以对文稿恰当的补充和删减，为了保证质量，需要请内行专家修改或提出意见，这样才能使文章质量更高。

医学论文的基本格式和表达方式

医学论文创作是一项意义重大的工作，是交流经验、传播科技成果、不断提高临床诊治和科研水平的重要组成部分。只有不断的总结，才能在总结的基础上不断的进步。因此，必须以科学的态度实事求是的去写，既不能夸大，也不能缩小，有一说一，有二说二，密切注意医学论文的科学性、实用性、先进性及可读性。不同的工作性质写出来的医学论文不尽相同，个性是主要的，但也不能没有共性，不是无章可循。但应尽可能避免写作时的千篇一律，千人一面。特别是医学论文的表达方式应该更科学一些，论文的布局和段落应分明，层次应清晰，推理应符合逻辑，条理性要强。

医学论文的格式

医学论文总体上的内容和表达方式会各有不同，但贯穿其中的思想方法和科学逻辑思维却基本相同，都属于自然科学技术论文的范畴。所以，文章的写作格式越来越趋于程式化和国际化，有相对统一的标准。我国国家标准和“国际医学期刊编辑委员会”对论文格式的要求基本上是一致的，一般都由前置部分、正文和后置部分构成。

一、前置部分

前置部分一般包括命题、作者署名、摘要和关键词等。

（一）医学论文的命题

医学论文题目是文章内容的集中概括。作者写论文，有两个目的：一是传播科技经验，二是为晋升需要。因此，论文好坏与标题有很大关系。由于读者或者编者首先看到的就是标题，然后才会决定是否阅读（取舍）全文。所以，要求命题既能概括全文内容，又能引人注目，便于记忆和引用，做到恰当、确切、简短、鲜明，起到一种画龙点睛的作用，以引起读（编）者的注意与兴趣。

我国《科学技术报告、学位论文、学术论文以及其他类似文件编写格式》提出：“题名应力求简短，一般不宜超过30个字。”应以20个字左右为宜，越简短（确切）越好。有些国家的医学杂志在稿约中规定：“文题必要时给目录写一个限在75个字母空间之内的短题。”文题应与文章内容相符，同时还应具备可检索性、专指性、信息性，必要时可加副题，要给人一种“非看一下不可”的魅力。

具体来说，论文的命题要具有以下几个特点：

1.论文题目要具体

题目不具体是初学者撰写医学论文时常见的缺点，如“肝炎的预防”，“流行性脑膜炎的流行病学调查”等，题目就显得过大，在论述的过程中常会重点不突出，在实践中所获得的材料也会捉襟见肘，往往要说的东西很多，顾此失彼，结果什么也讲不深。

2.论文题目要简洁

题目应简短、精练，言简意赅地表达文章的中心思想。要删除一切可用可不用的字词，以突出主题。一般中文文题字数在20个汉字以内为宜，最多亦不超过30个字；英文文题字数在10个实词以内为宜，文题中间不用标点，题末不用句号；尽量少用“的研究”、“的探讨”、“的观察”等非特定词。题目太长就不鲜明简洁和引人注目。如《无偿献血者肝炎指标检测结果及不同性别与血型差异分析》，应改为：《无偿献血者肝炎检测结果及相关因素的分析》。非长不可时考虑用加副标题的办法来解决。副标题常常是将主要研究方案列出附在主标题之后，但必须用圆括号或破折号与主题分开，位于正标题之下，以区分于正标题。较大的题目则应分成若干分题。每个分题单独写一篇文章，且尽可能不设副标题。

3.论文题目要确切，有特异性

论文题目要突出论文中特别有独创性、有特色的内容。文题应准确地表达论文的特定内容，实事求是地反映研究的范围和深度，防止小题大作，名不符实。

例1：《剖宫产资料统计分析》，该文的实际内容仅涉及剖宫产时间的统计分析，其他资料如产妇的年龄、职业、新生儿性别等均未涉及，故应改为：《剖宫产时间统计分析》。

例2：《鼻挫伤、烧伤等38例远期疗效分析》，文中述及的内容还有裂伤、撕脱伤、离断伤、挫伤、烧伤等，单列两种伤不全面，应改为：《鼻创伤38例远期疗效分析》。

题目应突出论文的特异性、新颖性，不要套用“××病××例临床分析”，或千篇一律地冠以“研究”、“探讨”、“体会”之类的陈词俗套。题目可有多种类型，有以目的命题、以研究对象命题、以研究方法命题、以研究结论命题等。“研究”、“探讨”、“观察”、“分析”等词不是不能用，而是应在必要时用。

例如，《高糖饮食与糖尿病的研究》宜改为：《高糖饮食与糖尿病的关系》。

4.论文题目要有可检索性

题目应适应学术交流和信息传递的需要，用词严谨规范，凡病名、解剖生理名词、治疗方法、检查方法等，不得用俗称、习惯用语等，要有可检索性，必须使用全国自然科学名词审定委员会公布的名词。

5.论文题目还要注意以下几点：

1）文题应避免使用非公用的缩略词语、符号、代号、公式等。外国人名、常见缩略语和符号（如CT、ATP、DNA、HBsAg等）可以使用，但不宜将其原形词同时列出，亦不必再写出中文全名。以外国人名命名的综合征或体征，不必译成中文，不加“氏”字。

2）文题中的数字均用阿拉伯数字。但不包括作为名词或形容词的数字，如“十二指肠”不能写成“12指肠”，“三叉神经”不能写成“3叉神经”。

3）下列情况，应在文题的右上角加角注，并在首页下列出角号及加注内容。论文系某科研基金会资助的课题总结，加注“本文系某某科研基金会资助”；论文曾在国际学术会议上作过报告，加注“本文曾在某某年某某国际学术会议上报告”；论文系在进修或学习时的工作总结，加注“本文系在某学院进修期完成”。

总之，题目是论文最重要的内容，以最恰当、最鲜明的词语组合，好的命题可以使读（编）者看过题目后，能够得知论文中的梗概和主要特点，能够吸引读（编）者使之产生阅读全文的兴趣，反复引用，经久不忘。

（二） 医学论文的作者署名

作者署名主要按作者（或单位名称）在研究中的作用、贡献以及所能承担的责任依次写明姓名和所在单位，而不是论资排队。例如，学位论文署名有时研究生名字在前，导师名字在后，实际上整个科研设计导师起了很大作用，但研究生做了大量实际工作，因此列为第一作者。

对作者署名有三条不成文的规定：①凡署名的作者均必须具备对文章中各主要结论负责的能力，至少有一位作者负责，集体署名文章必须注明对该文负责的关键人物。②来自不同单位的较多研究可只写研究者（作者）姓名，并于各姓名右上角标一小符号，在第一页脚注上注明符号所代表的作者单位名称。③所有参加署名的人，都应对论文的内容负责，需要时能对读者的疑问作出恰当的解释和说明。

另外，还要注意以下几点：

1）一篇论文的署名不宜过多。署名一般不超过十个人，其余作者可采用注释形式列于文章首页下方，指导者、协作者、审阅者可列入致谢中，应征得被致谢者同意。参加研究者或作者已死亡，应在姓名外加黑线框。

2）单名作者则姓与名之间空一格。如作者系论文的整理、执笔、文摘摘稿人、简讯作者、综合者，其姓名一般置于文末，参考文献之前，并加括号。

3）译文文摘的署名应写在全文末右下方，用圆括号括起，译者与校对者之间空一格。

4）署名应署真名、全名，不应署笔名。国内作者的中文署名写全名，其外文署名按1978年国务院规定一律用汉语拼音，也是姓前名后，姓和名的首字符大写，其间留空一格，双名或双姓的拼音字符连写，不加连字号。如皇甫军帅为“Huangpu Junshuai”。若两字拼音连写处出现元音字符相接而其音节可能发生混拼时，则在两元音字符间的上方加隔音号（’）以示区分。如张西安为“Zhang Xi’an”。

5）学位论文的署名应按“实事求是、论功署名”的原则，不计资历深浅、不论学衔高低，而应根据在研究工作中所负的责任和所起的作用来决定。

6）多学科综合研究课题的署名应按课题组组长的姓名一般排列在

前，组员按贡献大小依次排列在后的情况处理。若在总的研究课题中又有分课题的情况下，分课题单独发表时，分课题的组长可以名列在前，组员按在研究成果中所起的作用大小排列。

（三）医学论文的摘要与关键词

又称论文摘要、内容提要或文摘，是文章主要内容的摘录，起到报道和检索作用。帮助读者阅后能迅速了解本文的大意；同时也是情报单位编制文摘、索引的主要依据。

摘要应写得简明扼要，清晰具体，表达确切，引人入胜。根据中华人民共和国国家标准《GB6447－86文摘编写规则》的要求，报道性摘要一般包括目的、方法、结果、结论。摘要应当是一篇独立于正文之外的意义完整、不加评论、具有独立性的报道性短文，字数在100～150字；一般不分段，不引用图、表，化学结构式及非公认的符号、代号、参考文献的序号。摘要的具体位置在作者署名之后，关键词之前。凡有摘要的论文，正文中一般不写“小结”，以免重复。摘要采用第三人称语气、主动语态表述，尽可能采用专业术语。

关键词是表达论文内容特征的关键性词或词组。也是起到报道和检索的作用。关键词的选择通常以文章的题目为基础，参考摘要和前言，提炼出若干个最能代表论文主要内容的、有实质意义的词，一般可选取3~10个关键词。关键词一般应使用美国《医学索引》中规定的主题词作为关键词。只有当词表中无与新近出现的自由词词义相当的主题词时，方可使用自由词。关键词的位置应放在摘要之后，若无摘要的论文，则置于正文之前。关键词之间可用逗号、分号或空格隔开，最后不加标点。

（四）英文摘要

为了便于国际交流，联合国教科文组织规定：“全世界公开发表的科技论文，不管用何种文字写成，都必须附有一篇短小精悍的英文摘要。”外文摘要通常出现在文章的前面，也有的放在文章结尾处，还有的期刊把所有论文的英文摘要集中放在刊物后面。

一些有影响的学术杂志于文末要书写英文或其他语种摘要。外文摘要主要包括：论文题目、作者及单位，以及由研究目的、材料、方法、结果、结论等构成的简短、扼要的正文，并在最后附上关键词。

1.文题

文题要简短明了，具体醒目，能确切反映文章主题。文题要居中并全部用大写字母书写。题首不用定冠词“the”。

2.作者署名

作者署名按序排列，居中写在文题下方。作者姓名应全部列出，作者过多时至少应写出前三名，后加“etal”。作者姓名一律按国务院颁布的中国人名汉语拼音规定书写，姓在前名在后。姓氏和名字的第一个字母应大写，双字名两字的拼音之间不用连字符号。如果双字名的第二个字是以“a”、“o”、“e”开头的音节，其与第一字的最后一个音节拼读有可能造成音节混淆时，则用隔音号“’”将两个音节分开。如“刘西安”应拼写成“Liu Xi’an”。

3.作者单位

作者单位应居中，写在作者姓名下方，两端用圆括号将其括在其中。书写顺序：科室；工作单位；单位所在地。各项间用逗号隔开，结尾不用标点。作者单位的书写，各实词的第一个字母均应大写，冠词、介词和连词要小写。

4.正文

要求简短、完整、明确、精练。“简短”是以精练的词句集中表达出文章的精髓，一般不超过200个词（1 000个印刷字符左右）。“完整”是指英文摘要必须“有头有尾”，自成篇章，一般应包括前述的四项内容，重要信息不能遗漏。“明确”是指结构尽量格式化，语法符合规则，用词选词适当，应使用标准化的专业术语。医学专业术语应采用人民卫生出版社的《英汉医学词汇》和《英汉医学词典》最新版本中的专业术语。“精练”是指用词力求简化，尽量简明扼要。英文摘要正文中一般不用图表、结构式，不引用脚注和参考文献，不用缩写、简称和特殊符号，必须使用时，要采用国际国内公认的、通用的，并以标准的书写方法书写。正文中一律用法定计量单位，并要按规定书写。

5.关键词

每篇文章标3～8个关键词。关键词的标题“KEY　WORDS”另起一行，置英文摘要正文下方，顶格用大写字母书写，后空一字间隔接各关键词，每个词第一个字母要大写，关键词之间用分号隔开，最末词结束不用标点。作者可按内容提要的内容先写好中文稿，然后再将中文稿译成英文，也可将文中内容直接用英文写出。

二、正文

医学论文的正文由前言（引言）、临床资料（资料与方法）、结果、讨论等组成。各部分要妥善安排，既明确分工，避免重复，又互相配合，防止遗漏。正文内的小标题层次分配国内各刊使用不一，一般要求为1、1.1、1.1.1、（1）、①，可以跳档使用。相当一部分医学论文均有参考文献，其附在全文结束后，顺序应以右上角码的形式标注在文内相应处（即引用文献处）。

（一）引言（前言）

引言是写在论文正文前面的一段短文，起提纲挈领的作用。论文开始一段是前言，一般文章均不将前言列为标题，只是有一段文字将正文引出，字数不宜过多，一般300字左右。但国外期刊有关研究背景知识介绍的篇幅一般较长。前言是为了给读者一点预备的知识，并借以引起读者阅读下去的兴趣，因此精练，要开门见山，有吸引力，应避免烦琐。

前言部分主要讲清楚所研究问题的来源及本文的目的性。课题来源可以从文献中来，也可从临床实际工作中提出，需要在前言部分简明扼要地写清楚，所要研究的是什么问题？问题的提出是从何而来的？本文准备解决哪些问题？有时一项科研工作已持续多年，该论文是以前某一阶段工作的总结，则要说明该项科研工作总的目的，以前发表的论文已解决了其中的某个问题，本篇论文是准备解决其中哪个问题。总之要将论文的目的写清楚，使读者看了一目了然，知道本文所研究问题的来源、重要性以及研究目的是什么。前言的内容无需在文中重复，初写者常将前言部分内容和讨论部分重复，这是不允许的。

总之，前言就是用简单的文字描述该项研究的背景与动向、研究目的（包括思路）、范围、历史、意义、方法及重要研究结果和结论，前言要切题，起到给读者一些预备知识的作用，并能引人入胜。

（二）临床资料（资料与方法）

临床资料是论著的主要内容，包括实验对象、器具、采用什么方法、多少病例（男多少、女多少）、如何分组、诊断方法、依据、治疗方法（用药）、疗效标准、观察及随访时间，等等。应说明资料来源的时限、年龄、性别、职业的可比性。在此需要特别提醒注意的是，说明疗效或某种方法时需设对照组，条件同等、随机分组、用药或检测采用双盲法对照。共同的是使读者具体了解该研究的具体内容，一方面便于理解和评价，另一方面便于验证和施行。任何科学成果，必须能够在方法同样条件下重复出同样结果，才能得到公认。因此，描述材料和方法以使读者能进行重复为度，过分简略固然不行，过分详尽也没有必要。

资料中如果数字较多，可用统计图表表示。统计表应有表题和序号（一个表不用序号，列为附表）。统计表应按统计学原则制作，表格两端开口，不用纵线，只用一条纵线说明主语与谓语，表格左上角不用斜线。表格内避免繁杂，更不能与正文重复。

（三）结果

结果要求如实具体交待经审查核对后用统计学处理的实验观察数据资料，而不要求把原始数据全部写出。主要介绍全部的发现及数据，是论证的重要依据。结果的中心内容是经过科学地统计学处理得来的数据，而不是原始数据，更不是原始记录。结果应当客观完整和可靠，所有的结果项目，均要围绕研究主题，有逻辑、有层次地展开，与主题无关的部分，不宜全部列出，但在材料与方法中列出的项目与标准，在结果中必须反映出来，并且要吻合一致。

结果是论文的核心，它反映了论文水平的高低及其价值，是结论的依据，是形成观点与主题的基础和支柱，用全文的1/4~1/3篇幅书写这部分内容。由结果引发讨论，导出推理。结果的内容包括真实可靠的观察和研究结果、测定的数据、导出的公式、典型病例、取得的图像、效果的差异（有效与无效）、科学研究的理论结论等。对不符合主观设想的数据和结果，应作客观的分析报道。有的医学论文可将实验方法与结果连写。临床医学论文中也可将疗效标准、治疗结果和并发症写在结果内。

结果部分应根据不同情况分段叙述，可以设小标题，小标题之下亦可再设分标题。结果表达时应注意：

1）数据表达要完整。报告结果的例数与入选研究对象的例数要吻合，如果有剔除的对象，剔除例数与剔除理由应交待，失访例数及因其他原因死亡例数也应写清楚。如有数据不全应作解释。如进行两组比较，应列出两组除研究因素以外的其他临床基线情况，并进行均衡性检验，两组是否可比。

2）科研设计时确定的科研假设主要测量指标，如在结果部分作了更改应作解释。

3）统计处理注意事项。当相对数的分母太小时，应报道绝对数，如10/20例，而不能只报告50%病例；应用的率和比应正确，选择的各种统计分析方法要正确，复杂的统计分析要作解释；应同时报道95%可信区间。

4）诊断试验的研究应报告灵敏度、特异度、预测值，以及受试者工作特征曲线。

总之，结果是论文中的主体，是作者的主要劳动成果，结果必须完整、清晰、准确无误，不允许有丝毫的含混和差错。

（四）讨论

讨论主要是对实验观察结果或调查结果做出的理论性分析。这是全篇文章的精华所在。讨论的目的是事物之间的内在联系，可把本文取得的结果与文献或过去的工作进行对比，寻找出其间存在的联系。讨论中引用的文献材料要尽量抽象概括，讨论实际上是为文章的结论提供理论依据。讨论部分是以结果部分为基础和线索进行分析和推理，表达作者在结果部分所不能表达的推理性内容。

讨论的内容要真实客观，要从实验和观察的结果出发，一切以事实为基础，切不可主观推测，超越数据所能达到的范围。讨论的水平很大程度上取决于作者文献掌握的多少，作者的分析能力如何，切忌将讨论部分写成他人文献的综述。

1.讨论部分应表达出下列内容

1）紧密结合研究所获得的重要发现，以及从中引出的结论进行讨论，而不是重复结果部分的内容。特别是要对新的发现、文献尚未报道的内容进行深入讨论，包括临床应用范围以及从研究结果对总体的推论。必须强调应紧密结合本文发现进行讨论，且所作的推论必须恰当。

2）讨论本文发现和文献报道同类研究的结论有何不同，哪些文献支持本文发现，哪些文献报道与本文结论不同，切忌冗长的文献综述式的阐述。

3）应对本文研究不足之处进行讨论；可能存在的偏倚，以及偏倚的来源；对本文研究的内部真实性和外部真实性进行讨论；要肯定本文的结论尚需进行哪些项目的研究，等等。

4）提出进一步的研究方向、展望、建议和设想。

不是每一篇论文的讨论都必须涉及上述几个方面，并不需要面面俱到。要从论文的研究内容出发，突出重点，紧扣题目，围绕一个至几个“小核心”来进行讨论。对于新的临床病例报告，还应讲清楚诊断标准和鉴别诊断。如果是有关新药疗效，还要说明如何肯定疗效，疗效的指标是否合理，今后治疗方法上还需如何改进等。要集中围绕几个观点讲深述透，不必面面俱到。每个讨论最好有一个小标题，提示讨论的中心内容，按结果栏目中的顺序并结合文献分段撰写，或标出序号。其次应从时间、因果、重要性、复杂性、相似与相反的对比等方面来考虑，使内容有条理，有联系，重点突出。讨论部分不使用图和表，篇幅亦不宜过长，一般占全文的1/3～1/2即可。文献一般不整段引用，而是摘其观点或结论，用角码标出参考文献。

2.讨论中的注意事项

（1）不要过高的解释结果　讨论中不要盲目夸大实验或调查的理论意义、应用范围和应用价值。例如，一篇题为《大蒜预防癌变过程中上皮细胞内微量元素分析》的论文中，得出“大蒜可达到治疗和预防癌变的目的”的结论。而该研究的实验仅仅获得初步结果，这一结论明显夸大了该文的理论意义和应用价值。

（2）不要对结果解释不全　从事医务工作时间不长，对医学论文写作不熟悉的作者常犯此类错误。一方面，可能是查阅资料不够，对与课题有关的信息掌握不全面；或可能由于作者文字表达能力差，不知道如何解释结果。例如在《脊髓小脑变性患者脑脊髓中单胺类神经递质的浓度测定》一文的讨论中，作者仅介绍了两篇相关报道，并仅重复部分实验结果，而对该文许多需要解释的地方，作者只字未提。比如讨论中提到，脊髓小脑变性患者3-甲基-4羟基苯乙二醇、5-羟吲哚乙酸、3-甲基-4羟基苯乙酸浓度较对照组降低，与文献报道基本一致；但所引用的文献中5-羟吲哚乙酸水平升高，与作者的报道略有不同，且作者还检测到脊髓小脑变性组中5-羟色胺与对照组相比差异无显著性，作者并未就上述问题进行讨论。因此，笔者建议作者就上述问题进行有针对性的讨论，以确保该文的学术质量。

（3）不要对结果进行无关的解释　无关或多余的解释是指引用与课题研究不太相关或完全无关的文献，而不去围绕该文的资料结果展开讨论，此类错误常忽视了本应讨论的问题。例如，在一篇题为《更年期综合征16例报告》的病例报告，作者用大量篇幅转述更年期综合征的发病机制，而看不出所述机制与全文内容有任何逻辑关系。该文属于病例报告，应该把讨论的重点放在临床资料的展示和归纳上，并对资料作简明扼要的分析即可。

3.不要对结果进行错误的解释

错误解释是指解释不当，或有意歪曲实验事实，以使其符合作者当初立题时的设想。此类错误可能是作者理论水平有限而未能发现设计上的漏洞或表述上的漏洞。

总之，讨论中要紧密地围绕研究的主题，不宜离题发挥或重复他人之见，切忌大量旁征博引，而对自己研究所得的第一手资料轻描淡写。因此，研究者应将已获得的材料系统化、理论化，形成自己的见解，以便进一步阐述研究的结论。

（五）结论

结论是在实验和广泛论证的基础上，经过严密的分析推理，对结果和讨论做出严肃的、高度概况的论断，是论文的最后归宿。它必须对当初提出的问题做出明确的回答，即与前言的论点相呼应。结论是论文最后的总体结语，主要反映论文的目的、解决的问题及最后得出的结论。任何研究论文都要尽可能地提出明确的结论，回答科研构思或科学假说所提出的问题，因此结论也是科研构思或科学假说的答案。

写结论时应注意：①突出重点，观点鲜明地提出一点或几点见解，有的论文如果难以提出明确的结论，可以写成结语，提出设想和建议。②用词准确，注意分寸，恰如其分，切忌言过其实。③文字力求精练，忌重复结果和讨论中的内容。

结论应写得简明扼要，精练完整，逻辑严谨，措施得当，表达准确，有条理性。它可提供读者在阅读时的方便，使之再次回忆和领会文中的主要方法、结果、观点和论据。

结论要与前言相呼应。结论一般可逐条列出，每条单独列一段，可由一句话或几句话组成，文字简短，一般在100~300字。结论不能用图表。

写结论时，对不能明确的或无确切把握的结论，可用“印象”二字表示，并适当选用“看来”、“似乎”、“提示”等留有余地的词，以代替“证明”、“证实”等肯定的词。结论有总结和小结之分。小结文稿篇幅短，内容少、简单，多用于原著论文或短文的正文之后，它只用较少的文字将全文报告的主要内容写出来。内容包括主要的结果、结论、数据，目的在于阐明本文的成果和理论。而总结的内容和篇幅较小结为多，多用于综述或讨论类文稿之后，起着概括主题的作用。从内容上说需将全文已论述的问题再扼要概括一遍，作者还可以发表自己的见解和观点，小结中这一点是不允许的。现在论著类文稿已不写结论部分，而是以内容摘要的形式列于正文前面或见讨论中。其他类型的文稿，可按其体裁和内容撰写结论（或小结）。

三、后置部分

后置部分包括致谢和参考文献两部分。

（一）致谢

致谢是作者对在本论文中参加部分工作、协助完成本文给予一定帮助或指导、校审的有关单位和个人表示感谢，可书写“致谢”。

1.致谢的对象

包括：①对本论文工作参加讨论或提出过指导性建议者；②指导者、论文审阅者、资料提供者、技术协作者、帮助统计的有关人员；③为本文绘制图表或为实验提供样品者；④提供实验材料、仪器及给予其他方便者；⑤对论文作全面修改者；⑥对本文给予捐赠、资助者。

2.致谢的要求

1）致谢必须实事求是，并应征得被致谢者的书面同意。

2）一般在正文后面提出其姓名和工作内容或说明贡献。如“技术指导”、“参加实验”、“收集数据”、“参与现场调查”等。

3）书写方式常为：致谢：本文曾得到×××帮助、审阅、指导。或本文承蒙×××帮助、审阅、指导，谨此致谢。

4）致谢置于文末，参考文献著录之前。

（二）参考文献

论文中凡引用他人论文中的观点、材料、数据和研究成果等，均应按出现的先后顺序标出参考文献序号，序号用阿拉伯数字置于方括号中表示。列出参考文献的目的在于：①佐证作者的论点，说明文章中某些认识、观点、论据的来源；②对原作者的尊重；③便于读者进一步检索，找到原文进行参考。

参考文献只限于作者阅读的、与论文关系大的、有代表性的主要著作，一般10条左右即可。切忌罗列所有阅读过甚至未读过的大量书目。参考文献的著录格式，目前国内医学期刊有的按GB7714–87的规定进行著录，有的按“国际医学期刊编辑委员会”在温哥华制定的“生物医学期刊参考文献排列格式”进行著录。作者可根据投稿杂志的要求进行选择。这里着重介绍GB7714－87的著录格式。

1.期刊

[顺序编号]作者.题名[文献类型标识].刊名，年份，卷（期）：起止页.

例如：[1]江国强，赵连友，李宏伟，等.高血压病患者血浆中NO浓度的变化[J].中华心血管病杂志，1998，27（6）：105～107.

著者若为多名，1～3人者全部列出，超过3位作者仅列前3位，后加“，等.”。

2.专著

[顺序编号]著者.书名[M].版本（第一版可省略），出版地：出版者，出版年：起止页.

例如：[1]陈新.临床心律失常学[M].北京：人民卫生出版社，2000：1308～1309.

医学论文的主要表达方式

医学论文的基本表达方式是文字，表格、图像、统计分析、符号、数字等是文字表达的重要辅助形式。一篇医学论文可能完全由文字表达，可是，如果所有的论文均用文字，而不采用其他辅助表达形式，往往很难把抽象复杂的科学内涵叙述清楚。尤其在医学论文中，基本表达方式与重要辅助形式要混合运用，起到相辅相成的作用。虽然，其中的许多内容在以后还会详细介绍，但是，在重点介绍医学论文文字表达的同时，也将结合介绍重要的辅助形式，以保持医学论文表达方式介绍的完整性。

一、文字

医学工作者的文字水平取决于其前期受教育的程度和自修水平。因此，本节文字只能结合医学论文的文字表达特点，重点介绍应该注意的问题，并结合常见问题举例说明，以达到结构严谨、层次清楚、重点突出、用词准确、通顺流畅等目的。

（一）结构严谨、层次清楚

要做到这一点，主要在于构思。绝大多数医学论文都有比较固定的体例形式，这就是医学论文的大体结构，只要根据素材的类型，就可以确定是按前瞻性研究类论文，还是按临床资料分析类论文等安排结构。因此，在大体结构上比较好把握。但是在大体结构以下的层次清楚上就比较容易出问题。下面分别介绍两种主要文体形式。

1.前瞻性研究类论文

问题主要出在“结果”和“讨论”中。如结果和讨论分开写时，结果和讨论的关系是摆事实与讲道理的关系，应在结果中按合理的层次充分把研究所获摆出来，不夹杂讨论；而讨论中紧紧围绕设计原理、主要结果展开，充分发表自己的见解，不重复研究过程和详细结果等。

2.临床资料分析类论文

问题主要出在“临床资料”中。如某病的误诊误治原因分析，“误诊误治原因分析”应该放在“临床资料”中进行，讨论中只针对分析所获探讨如何避免误诊，提高正确治疗率。又如，某病的手术治疗，把“手术方法”从“临床资料”中分出来，作为与“临床资料”并列的一层；或把术后（或治疗后）的疗效与随访结果也作为与“临床资料”并列的一层等。

这些都是层次不清楚的表现。因为，这类论文是在对病案室资料进行回顾性整理、分析的基础上撰写的，因此，手术方法、疗效、随访结果等均属于“临床资料”。

（二）重点突出

要做到这一点，主要在于明确写这篇论文的目的是什么，要说明或解决什么问题，重点问题是什么，与重点问题有关的非重点内容怎样取舍等，这是构思论文的前提。

重点不突出的问题主要易出在：①资料整理理不出头绪，抓不住重点，易在“材料和方法”（或“对象和方法”）中平铺直叙，在“结果”中事无巨细。②“讨论”脱离前述内容，抓不住中心。这些内容将在以后详细介绍，在此即不展开讨论。

（三）用词准确、文句精练、通顺流畅

虽然写作医学论文不需要高深的语文造诣和文学修养，但在遣词造句上用词准确、文句精练、通顺流畅，是最基本的要求。

1.用词准确

除了医学专业名词术语、药品名称要遵循全国科学技术名词审定委员会公布的《医学名词》、人民卫生出版社《新编药物学》（第14版）外，这里所说的用词准确主要指普通用词。如从作者来稿中常常会发现以下用词不准确的现象：如“每日2～3次”。在此，不可能有2.1～2.9次，准确的表达应该是“每日2或3次”。又如“囊肿直径约1 cm左右”，“治疗3～7天不等”。前者“约”和“左右”，都是不确定概念，只用其中一个即可；后者起止号已经表达了“不等”的概念，没有必要用“不等”。类似现象不胜枚举。

2.文句精练

就是要不用多余的字、词或句子，甚至段落。原则上，在准确表达意思的前提下，能少用一个字，绝不多用一个字。而这正是写文章最难之处。其问题也正是医学论文中最司空见惯，而又不被重视的。例如：

1）“患者”、“病人”与“例”概念重复，在介绍某病例数时，

“患者”或“病人”是可以不用的，如“排尿困难病人（患者）35例”，直叙“排尿困难35例”，其意思是完整的。

2）“上述”与“这些”概念重复，如“上述（这些）方法”，直叙“上述方法”，其意思也是完整的。

3）“病人”、“患者”、“医师”、“术者”等与隐含概念重复，如“（医师）用9根长针……”、“术前（让病人）排空大便，清洗肛门”、“（病人）取仰卧位……”、“入院后曾（为患者做）肾穿活检”等，括号内的行为主使者即为可以隐含的概念，即使不指出也不会理解错误，因为“肝穿活检”只能“为患者做”，术前需“排空大便，清洗肛门”的也应该是“病人”，而不是“医师”。

3.通顺流畅

与文句精练一样，不精练的文句同样是不通顺流畅的。

（1）修饰定位不精确　如“糖尿病高渗昏迷（发病头几个小时）是迅速补液及（成比例地补充）电解质、决定抢救是否成功的关键时期”。“发病头几个小时”就是“发病初期”；给病人补液体和电解质都是按“丢、缺、需”的原则掌握的，就像句中说“补液”，不会被理解成什么液体都能补一样，没有必要刻意指出“成比例地”。因此，原句可改为：“糖尿病高渗昏迷初期是决定抢救是否成功的关键时期，应迅速补充液体和电解质”。

（2）表达不清楚　如“从尿动力学和残余尿等参数分析，病人有恢复到扩张前参数的趋势”中“病人有恢复到扩张前参数的趋势”，意思不通，结合前半句看，应改为“这些参数有恢复到扩张前水平的趋势”。类似的例子不一而足。

二、表格

表格是医学论文的重要表达形式之一。有统计表和文字表两种。不管何种形式，表格的目的都是为了使比较复杂的问题条理化、系列化，便于阅读、比较或理解。因此，是否用表格表达，要根据以下几点进行判断：

第一，资料本身是否适合用表格表达，能从不同的资料中找出共同点。如几种疾病的鉴别诊断，有症状、体征、检查项目等共同点；又如某实验观察结果比较，有分组、观察项目或检测项目等，符合这些情况的都可考虑用表格的形式表达。

第二，是简单问题还是复杂问题，如是简单问题或检测、观察结果相同点较多，又便于用文字表达清楚，应尽量用文字不用表格。观察结果相同点不是很多的，又不太便于用文字表达的，就用表格表达。另外，在正文中提到表格时，必须简单、明确指出其中的特殊点，便于引导读者阅读、分析和理解。不能简单为“某结果见表X”，也不可复述表的内容，以致重复。表应紧跟在正文第一次提及处，可在相应处的括号内，如“XXX （表1）”；也可不加括号，如“表2分析了……”。

三、图像

图像在医学论文中的作用与表格相似，大体有统计图、菜单式图或文字简述图、组织学图片、人像图几种。这里主要介绍图像与正文文字的关系问题。医学论文用图像的目的，主要是为了使读者通过形象直观的图像，更深层次地理解所阐述的内容，以及使复杂的问题简单化、形象化，当然，也会达到方便阐述，减少文字的目的。为此，同样需要根据资料，对以下问题进行判断：

一是，资料本身是否适合用图表达，并结合文字叙述的需要判断是否应配图表达。如比较复杂的统计资料，用图比用表更能说明问题，而且效果更好，即用图表达。

二是，简单问题还是复杂问题，如是简单问题，则应用文字表达；如是复杂问题，则应用图表达。非统计图也应按此标准掌握。另外，像表一样，在正文首次提及时，必须简单、明确指出其中的特殊点，以便引导读者阅读、分析、理解图，并在相应文字处标明“XXX（图1）”，或“图1展示了……”，而不应简单为“某结果见图X”，或用文字详细重叙图的内容。

四、文字、统计表与统计图三者的关系

文字、表格与图像三者之间的关系是可以根据需要相互转换的。特别是统计表既可以完全用文字叙述，也可以用图形表达。具体用哪一种形式表达需要根据以下原则进行判断：

第一，同一内容的统计表或统计图，不应表、图并用，即要么用图，要么用表。如果要给读者以精确的数据，则用表表达较好；如果要给读者以形象直观的量变关系、发展趋势或形象比较，则用图表达较好。

第二，非统计表或图主要应根据文字叙述的需要，配上表或图，以使表达更精练，更方便阅读理解。

第三，不管是统计图、表还是非统计图、表，其正文文字表达要求与上述是一致的，即指出要点或特征，以引导读者阅读、理解，既要避免简单化，也要避免重复。

医学论文选题的确立

选题是科学研究的第一步，是指导科研设计、实施的主线，是科研成功的关键。一项研究的开始，一般耗用几个月时间，广泛查阅国内外文献，需要了解有关课题的国内外研究现状及进展，经反复论证，最后才能选择出有价值的课题，这就是选题。

选题是将选定的课题用简洁明确的文字写成题目，即研究后发表成论文的题目。

那么，对于医学论文来说，选题有什么基本要求？有什么程序和方法呢？下面将详细说明一下。

一、选题的基本要求

（一）科学性

论文的观点和结论应符合客观实际和已经证明是正确的科学原理、法则，有理论依据。选题没有科学性，便无法成立。

（二）创新性

选题要有新意，不是前人工作的重复，而是补充前人研究的不足，填补某项研究领域的空白。

（三）实用性

是从医学学科发展和社会需要的实际出发，选题紧紧围绕临床实践的特色和优势，以及保障人民健康的迫切需要，会重点选择一些具有临床实用价值或理论意义的课题。

（四）可行性

选题必须具有可行性，不脱离实际、不好高骛远，一切从实际出发，在选题过程中应当正确估量自己的主客观条件，选择力所能及的课题。

二、确立选题的基本程序

（一）提出问题，形成初始设想

要仔细观察日常生活的一些现象，从现象中发现问题并提出问题。这就形成了自己的初始意念，作为选题的起点。

（二）查阅文献，提出创新点，形成题目

有了最初的想法，一定要系统地查阅文献，寻找理论依据，以保证选题的科学性，使初始意念系统化、深刻化、完善化，形成创新点。再通过逻辑推理，形成题目。

（三）确定题目

对最初的想法经查阅文献，可立出题目，进行科研设计、实施，最终确定题目。

（四）选题的扩大

在原有课题的基础上，通过资料的不断完善，可以进行延伸，使题目不断扩大。不断提出问题——解决问题——提出新问题——解决新问题，这样才能推动研究工作不断深入。

三、确立选题的基本方法

确立选题有下面几种方法，现一一列举。

（一）根据课题研究的结论来确立选题

这是确立医学论文选题最常用的方法，又可细分为下面几种：①以科研的结论或部分结论作为医学论文的选题。②科研结果与开题时预测不一致，待查出原因，再寻找另外的选题。③科研达不到预期结果，可总结经验，从反面挖掘选题。

例：七氟醚预处理对大鼠局灶性脑缺血—再灌注损伤的保护作用。

小剂量纳洛酮静脉注射未能减低吗啡静脉镇痛的不良反应。

（二）在临床实践中确立选题

临床工作是医学论文写作取之不尽的源泉。临床上有许多需要解决的实际应用问题或理论问题，从中可以产生很多好的选题。

例1：血小板减少症产妇剖宫产的麻醉管理

作者回顾分析了该院17例妊娠合并血小板减少症产妇行剖宫产手术的麻醉选择与管理，总结了麻醉选择的基本原则。

例2：28例亲属活体肾移植的麻醉处理

作者总结28例亲属活体肾移植的麻醉经验进行报道。认为麻醉的关键是降低供肾者的风险、保证供肾良好的灌注，确保供肾的质量。采用椎管内麻醉可能出现明显的血压下降影响肾脏的灌注，还可能出现躁动等不良反应影响手术操作。28例供体和受体均采用全身麻醉。

（三）从文献资料中确立选题

医学文献是医学论文选题的重要来源，是医学研究者和临床医生长期积累的宝贵财富。阅读最新文献资料，了解当前学科研究的进展情况，从中挖掘和提炼出好的医学论文。

例：雷米芬太尼控制性降压对颅脑手术患者血流动力学的影响

雷米芬太尼用于麻醉诱导与维持均可引起血压下降，伴轻度心率减慢，并呈剂量依赖性。设想采用雷米芬太尼用于手术中控制性降压。

作者查阅近年文献发现，雷米芬太尼与丙泊酚复合行控制性降压，能提供良好的降压效果，不良反应较少。文献报道在小儿中耳手术中，采用雷米芬太尼复合丙泊酚行控制性降压，取得了满意的效果。因此，作者采用雷米芬太尼—丙泊酚静脉麻醉，使用雷米芬太尼对颅脑手术患者行控制性降压，观察其降压效果及其对血流动力学的影响。

结论：雷米芬太尼复合丙泊酚行控制性降压用于颅脑手术中，具有降压迅速、易于维持、血压回升平稳、不降低心输出量、不抑制心肌收缩力、减少心肌做功、降低心肌氧耗等特点，值得临床推广。但对心动过缓或有传导阻滞患者需谨慎。

（四）在科研过程中确立选题

对医学科研的过程中出现的意外现象或问题进行分析、研究，从而获得新的选题。

例：控制性降压不能减少鼻咽纤维血管瘤摘除术中的出血量

肾上腺素并不延长利多卡因硬膜外麻醉时间

四、确定医学论文选题的技巧

确定医学论文选题的技巧有以下几点：

1）模仿和类比，寻找新的生长点。

2）根据已有的选题，寻找细微的差异扩大选题。

3）对组成选题的因素进行重新组合，编制新题目。

4）借鉴别人的选题，升华自己的构思，延伸成新的选题。

5）在研究中，注意科学领域的空白点。

6）在争论的焦点中确立选题。

在选题中，要注意：①科研工作离不开科技信息；②要注意克服心理上的思维定势；③要注意科研的连续性；④要注意本单位的业务特点；⑤注意捕捉思维灵感；⑥吸取历史的教训。

五、医学论文命题方法

论文的题目是读者最先接触的，应当一目了然地展现出论文的中心内容和重要论点，还要考虑到能方便提供给二次文献机构、数据库系统检索和收录。医学论文的命题没有一定之规，总体的宗旨是简明扼要、论题突出。具体的命题方法有以下几种：

（一）用研究方法来命题

如果论文的主题是探讨或总结医学实践中的具体方法，可以用这种方法来命题，可以起到一目了然的效果。

例：《丙泊酚靶控输注用于颈丛神经阻滞下甲状腺手术镇静的可行性》

《不同麻醉方法对子宫癌手术患者免疫功能的影响》

（二）用对象来命题

如果内容是对某种医学治疗过程或医学实验的总结，适合用这种方法命题，显得严谨而周密。

例：《28例亲属活体肾移植的麻醉处理》

《32例新生儿先天性膈疝急诊手术的麻醉处理》

（三）用结论来命题

这种命题方法的优点是针对性很强，对全文有很好的总结作用，尤其有利于二次检索。针对某一种特定问题作探讨的论文，适合用这种方法命题。

例：《七氟醚预处理对大鼠局灶性脑缺血—再灌注损伤的保护作用》

《小剂量纳洛酮静脉注射未能减低吗啡静脉镇痛的不良反应》

（四）用观察、研究来命题

这种命题方法适合有独创性内容的论文，或者作者对某些医学方法和现象有新的思考和更深入的理解。

例：《雷米芬太尼控制性降压对颅脑手术患者血流动力学的影响》

《肾移植患者术中酸碱平衡及电解质变化的临床观察》

（五）用探讨、商榷的方法来确定命题

这种题目的特点是理论性强，带有对问题总结或探讨的性质，理论性文章尤其适合这种方法命题。

例：《关于“碳酸氢钠用量的探讨”一文的商榷》

《老年性高血压病人是否要延迟手术》

医学文献检索

社会的不断进步，现代科学技术的迅猛发展，让学科的分科越来越细、分支越来越多。同时又高度综合，表现为学科之间相互交叉、相互渗透，形成许多边缘学科，如生物医学，已广泛渗透到物理、化学、遗传工程，甚至社会科学，形成医学物理学、医学遗传学、卫生经济学、医学心理学等。而分子生物学、神经化学、生化药理学、放射生化学、免疫化学等都和化学因素有关，在文献上又显得分散。专业期刊除刊登本专业内容外，还刊登相关专业的学科内容，因此在获得新的知识上，不能只靠专业期刊，这就需要了解文献有关的知识和查找文献的方法。目前文献量激增，很多杂志由季刊发展为月刊、半月刊，文献类型也繁多，文献的新陈代谢频繁，知识老化快，人们将分散无序的文献按一定顺序编排，又增加了时差问题，当前采用计算机排版技术，缩短了时差，因此，掌握查找文献的基础知识和方法就显得尤为重要。本章将重点介绍这方面的内容。

医学文献的基础知识

人们在生产活动、社会实践和科学实验以及医务人员在从事临床实践中积累了丰富的知识和经验，为了保存和传播这些知识，人们用文字、图形、符号、声频、视频等手段记录在各种载体上。而用一定方式记录在一定载体的知识都称为文献。属于医药卫生方面的称之为医学文献。

那么，医学文献是有什么实质性内容？又有什么类型和特点呢？

一、医学文献的实质性内容

医学文献的实质性内容有信息、知识和情报三种。三者的关系是：信息包含知识，知识是信息的一部分，情报包含信息和知识的特征，是活化的知识，能为人们所利用，其逻辑关系是信息 > 知识 > 情报。

（一）信息

信息是事物存在和运动状态及其特征的反映。不同的运动状态和特征会产生不同的信息反映，包括社会信息、生物信息等。在医学上，各种体征的出现和变化是反映疾病的信息，各种化验结果的数据也是疾病反映的信息。信息虽然无形，但它是客观存在的，是认识事物发展的基础，但人们发现和认识信息都受生产力、科技水平及认识手段的局限，人类发展的历史是在不断获取信息、认识信息、传递和利用信息、创造信息的过程中，通过信息认识世界与改造世界，在医学上也通过各种疾病的不同信息来认识千差万别的疾病。

（二）知识

知识是客观存在事物的现象，是本质和规律的反映，是人类实践的总结。医学知识是对人体生命、健康、疾病现象本质规律的认识，它来源于实践，通过长期的实践、优化、积累和系统化而逐渐形成，因此它是医学信息的一部分，只有系统化的信息才是知识。

（三）情报

情报是一种活化的信息和知识，它涉及多种因素，如信息的选择、传递等。情报针对服务对象的需要而传递有参考价值的新信息和新知识。信息要成为情报，一般要经过选择、综合、分析和研究加工过程，即经过知识的阶段才能成为情报，因此它具有三种基本要素：知识、传递和效益。知识是情报的实体，传递是情报的表现形式，效益是情报的结果。医学情报就是人类同疾病作斗争过程中对医药信息经过综合、筛选、逻辑思维和重新组合的系统化知识。

二、医学文献的级别

医学文献按其内容、结构和性质可分为一次文献、二次文献和三次文献三个级别。

（一）一次文献

一次文献就是原始文献，是作者根据自己的工作和研究成果而写成的文章，也可称为原始论文。

一次文献包括：研究报告、期刊论文、回忆录、专利说明书、学位论文等。一次文献的内容有创造性，记录着前所未有的新发现、新发明、新理论、新见解，是科学技术有所前进的标志，是重要的情报源。

（二）二次文献

二次文献是对一次文献进行收集、分析、整理并按照其外部特征或内部特征（篇名、作者和作者地址、刊名、内容摘要等）按一定的规则加以编排，供读者检索一定文献之用。二次文献是为了便于管理和利用一次文献而编辑、出版和累积起来的工具性文献。二次文献是情报工作的主体，是查找一次文献的线索，是检索文献必不可少的工作。检索工具书和网上检索引擎是典型的二次文献。

（三）三次文献

三次文献是科技人员在利用二次文献的基础上，文献工作者对一次文献进行收集、分析、归纳、整理之后，选择具有实质意义的文献，进行系统地整理和推理、概括、论述，对原始文献进行重新组织、加工提炼，可供人们了解某一学科或专题的进展，了解其过去、现在和预测未来的发展趋势。三次文献一般由专家写成，水平较高，专业性强。

三次文献包括：综述、评论、述评、进展、动态、年鉴、专注和指南，等等。

除三个级别外还有零次文献，零次文献是形成一次文献之前的信息，它是指未经过任何加工的原始文献，如实验记录、手稿、原始录音、原始录像、谈话记录等。零次文献在原始文献的保存、原始数据的核对、原始构思的核定（权利人）等方面有着重要的作用。零次文献本身是非出版物，是一种特殊形式的情报信息源，它往往通过会议口头交流的形式获得，信息比较新，而又不能通过检索工具而获得的文献。

三、医学文献的类型

医学文献有多种类型，根据加工程度、载体、实际内容以及出版形式可划分为下面几类：

（一）印刷型

印刷型文献是以纸张为载体的出版物，是传统的记录知识和信息的方式。它的优点在于便于阅读，可以广泛流传；缺点是体积大，占用空间多，难于保存，难于实现机械化、自动化。印刷型文献包括：

1.图书

图书属于三次文献，是经过重新组织的总结性的文体，是现代出版物中最普通的一种类型，内容广泛，数量众多，内容比较成熟定型。就图书的内容、作用可分为以下内容。

（1）一般性图书　一般性图书是图书馆主要藏书之一，主要包括教材、讲义、图谱、专著、论文集、丛书等。图书一般都有其主要共同之处，论述问题全面，系统地论述某一个方面（专题）的文献内容，根据使用对象不同进行分类。

1）教科书及教学参考书：反映学科的基本知识，是学生的入门书。如解剖学、组织胚胎学、病理学……。其内容比报刊成熟、定型。

讲义：多为不成熟的讲稿，内容简要，资料新，对学生有参考价值。

2）图谱：是学生学习基础知识所必备的参考书。如解剖学图谱，可了解人体各部分的形态、结构，使学生从生理、疾病等角度来了解人体结构、病理变化和生理功能等，对医学生有重要的参考价值。

3）专著：内容窄、精、深，专业性强，往往是科研课题研究几年或几十年的科学总结和某一领域中的历史发展、成果等内容集中于一书上。如多肽药物化学。

4）著作集或选集：是为纪念某名人或著名科学家，出版其生平所著的论文或记录其科学成就。

5）丛书：是成套的图书，按专题以分册单独出版或成套发行。如十万个为什么。

（2）工具书　工具书广泛收集某一范围的知识或资料，按特定体例或方式编排，旨在提供资料或资料线索而非系统阅读的图书。它具有知识性、资料性和检索性，特点是内容广泛、信息量大、可信度高、叙述扼要、概括性强、便于检索。

1）字典、词典：主要用于解释字的形、音、义、事物及术语的工具书，包括各类字典、词典。

2）百科全书：是综合性工具书，收集自然科学、社会科学、科学史以及名人传记等。按学科分册出版，但卷册数甚多，从几册到几十册。中国医学百科全书的内容包括：预防医学、祖国医学、基础医学和临床医学等，按学科分册单独分卷出版；如日本1981年出版的《医学大事典》，英国的《不列颠百科全书》等。

3）年鉴：年鉴是概括评述一年中某学科或分支学科资料的参考书，每年出版一次，了解某一学科一年来的发展。如中国卫生年鉴，有的年鉴称为年度评论，每年刊登几个专题由专家参考大量文献资料撰写，附有大量参考文献。

4）手册：汇编某一领域的基础知识、基本资料或数据供读者查阅之用的工具书。医学方面的手册一般内容包括常见病、常见化验的正常数据、常规操作方法和治疗等。

从形式上可分为：①大型手册。材料丰富，是有关该学科全部知识的总结性叙述，如眼科手册、内科手册等。②小型袖珍手册。主要为各学科实用数据、物品用途、操作常规等。如临床检验手册、药物手册等。

5）指南：为一般性工具书，有的只有一些图表、科技数据、工作过程和方法等。如科学家的名人录，包括某人一生的科研成果。

6）图表：为常用的参考资料单独成册出版，如研究疾病分布的肿瘤流行病学和传染病的图册。

7）目录或书目：目录又称书目，以文献的自然出版形式为单位来记录文献，只供检索用，属二次文献，只著录文献的外部特征，主要报道实有的文献或收藏文献的情况。目录的内在功能是通信、检索、引导，它对社会功能表现为管理功能、科学功能和教育功能，目录的实质在于它是对大量而离散出现的文献进行初步的浓聚、压缩与整序，便于利用。如馆藏目录等。

2.期刊

期刊是一种定期或不定期的连续性出版物，每期版式基本相同，有固定的刊名，有年、卷、期号。

期刊与图书相比，具有内容新颖、出版周期短、刊载论文速度快、品种多、数量大、涉及学科面广等特点，能及时反映世界科技水平、科研动态，是科技情报的主要来源。期刊包括杂志、学报、通报、记录，等等。

（1）杂志　有专业性、综合性、商业性之分。

1）专业性：医学各学科的杂志属此范围，如美国心脏病杂志、英国癌症杂志、国内的中华医学杂志等。

2）综合性：自然、科学等杂志。

3）商业性：制药业、医疗器械等。

（2）学报　学报是水平较高的科学杂志，由专门学会或高等院校出版，多刊登学科的原始学术论文，如生理学报、各大学学报等。

（3）通报　是综合报道性期刊，如科学通报、美国医学通报、WHO通报等，主要报道有关科学现状。

（4）快报　简短的文字快速介绍新的科学新闻，如美国科学新闻。

（5）记录（记事录）　记录是一种学科研究情况的连续出版物，论文长短不一，内容有单一学科的，也有几种学科的，如美国解剖学记事。

（6）综述与述评　对某一专题进行概括深入的评述，如生理科学进展等。

（7）文摘　用文摘形式报道，如中国医学文摘、荷兰医学文摘、美国生物学文摘、美国化学文摘等。

（8）索引　以题录形式报道，如美国医学索引等。

3.资料

资料为非书非刊的文献，又称特种文献，资料一般包括：专利文献、会议录、科技报告、政府出版物、学位论文、标准、技术档案、产品资料等。

（1）专利文献　是由国家专利局公布或正式归档的与专利有关的所有文献。包括：专利说明书、专利公报、专利分类表、索引、各种累积索引以及专利从申请至结果全过程中的一切文件和资料等，以发明说明书为例，它的特点是内容新颖，能反映最新科技成果的先进水平。专利说明书有完整文字记载，且出版迅速，形式和格式统一稳定，便于审查和利用。

（2）会议录　是在各类会议上宣读、讨论交流的论文、报告、会议纪要等文献。会议录往往是某学科领域一些最新研究成果和发展趋势，是了解掌握国内外学术水平的情报信息源。

（3）科技报告　是某项科研项目提出的正式报告或进展情况的报告，内容专、深、具体，反映的是一些新的研究课题和高科技方面的信息。

（4）政府出版物　是指各国政府及其所属机构出版的文献资料，内容广泛，有行政和科技之分，包括政府法令、方针政策、调查统计、决议等，具有很强的参考价值。

（5）学位论文　是指各界培养的博士生、硕士生为取得学位，做了大量的科学实验研究所写出的论文，这些论文具有很强的参考价值，属图书馆特藏，大多不会公开出版发行。

（6）标准文献　是指对产品和工程质量等所做的技术规定，具有一定的法律效力，很多标准是从事生产建设和科研工作的依据。

（7）技术档案　是在科技活动中形成的技术性文献，如科研规划、设计方案、工程图表、实验记录、病案资料等。此类资料由专业人员整理，可靠性强，具有较大的使用价值。

（8）产品资料　包括产品样本、产品标准、产品说明书、产品目录等，对某一产品的具体事项加以详细说明，便于使用者了解其具体情况，以便推销，易于被使用者接纳。

（二）缩微型

缩微型文献是以感光材料为载体，利用摄影技术将文献影像体积缩小记录在胶卷或胶片上。缩微型文献可将很多文献集中在小小胶片上贮藏，其特点是：体积小、容量大、成本低，便于复制、携带、保存、节省库位。美国一些图书馆从20世纪70年代起逐渐广泛应用这种方法，将过期文献进行缩微复制，既便于保密又方便存放，同时，图书馆可腾出更多的空间和书架来放新的书刊。但缩微文献在阅读上不太方便，使用时必须借助阅读机，不像印刷型文献随时可看，所以应用得不是很广泛。

（三）视听型

视听型文献包括：唱片、录音带、录像带、科技电影、幻灯片。如心脏杂音可录入唱片，将手术过程拍成影片，能听其声、观其形是视听文献的优点，便于理解、掌握。视听文献容易保存，可以反复使用。随着我国社会的不断进步，利用这类文献的人会越来越多。但视听文献也必须借助于录音机、录放机、放映机、幻灯机等，也有很多局限之处。

（四）机读型

机读型是用计算机阅读的文献，通过各种编码并根据一定程序把文献录在计算机的磁带、磁盘、光盘等载体上。

目前，医学图书馆界主要将机读型文献用于文献检索中，在使用时，按读者需要，运用检索语言使它显示出来进行阅读。

机读文献的特点是：存储量大，如一张光盘可存储40万条左右文献摘要等内容，检索时很快就可出结果，查准率、查全率高，并且还可以一边查找一边根据所查课题进行修改，使之更符合要求，方便快捷，很受读者欢迎。

目前全国医学院校大多采用了光盘进行医学文献检索，并且有的医学院校、医学科研机构正在或已经准备在互联网络上查找医学文献，这将为图书馆情报职能的发挥起到很大的推动作用。

医学文献检索的概念与作用

一、医学文献检索的概念

医学文献检索包括两个部分：一是文献存储，将大量分散无序的文献集中起来，经加工整理，使之有序化、系统化，成为有查询功能的检索工具，由检索工作者去完成。二是文献检索，利用检索工具或检索系统按特定要求将所需资料找出来，可由科研人员去完成。

文献检索根据对象不同可分为数据检索、事实检索和文献检索。

（一）数据检索

将观察或实验得到的数据，经过筛选、分析、整理和鉴定，存储在某种载体上，然后采用适当的方法或手段从中找出符合用户所需的数据过程，它具有数量的性质，并以数值形式表示数据或客观存在的事实或事件，如临床实验室各种指标的正常值，各种医学统计的数值等。

（二）事实检索

对事实型数据进行存储和检索的过程，对数据（包括数值型数据、事实、概念、思想、知识等）进行查寻、运算、推导、比较、演绎和逻辑思维的过程。如专家系统根据症状、体征、物理及实验室检查数据做出的诊断及处理意见。

（三）文献检索

医学文献是医学科学技术研究的记录，它记载前人的科研成果，有事实、数据、理论、方法以及有关科研工作的假说，有前人的研究总结、经验教训和今后值得探索的问题，它反映科学技术水平，是科技文献的重要来源。

医学文献检索是利用书目、索引、文摘等检索工具查找适合课题的文献线索，这是狭义的文献检索。而广义的文献检索则是根据课题的特定要求，用相应的方法、途径和手段，迅速、准确、无重大遗漏地查出符合课题需要的特定文献、事实和数据的整个工作程序。文献检索中往往包含有事实和数据，而且文献检索的目的，也常是为了检索这些数据和事实来阐明论证一些理论和观点。如癌症高发区就需要一些事实和数据来解析高发的原因。

文献检索包括文献题录、文摘甚至全文，但不直接回答用户所提的技术问题。数据检索和事实检索是确定性检索，要直接回答用户的技术问题。

二、医学文献检索的作用

医学文献检索的作用有下面几个方面：

（一）文献检索是知识更新的主要途径，是继续教育的重要手段

目前，科学技术高速发展，知识更新非常快，如何赶上科技发展，掌握新知识的查找方法是文献检索的最主要作用，文献检索是一门很讲究方法，实践性很强的学科。学会并掌握一整套文献检索的理论、方法和技

能，可找到科研课题在不同科技发展时期所产生的新见解、新概念、新发现、新发明。因此，文献检索是促进知识更新的主要途径，是提高自学能力、开拓科研思路、提供科研课题主攻方向的最重要的手段。

（二）对科技人员的作用

每个科研人员都应在每一项科研工作开始之时，对所属的专题范围进行全面的检索，了解国内外对该项内容研究的动态，哪些已经被解决了？哪些问题亟待解决？进而周密地对课题进行论证、立题，避免重复他人的劳动，浪费人力物力。尤其是在开题时，所检索的文献会起着指南的作用。发现文献报道与所研究的课题的论点相反时，开题时要重视此反面的论点，科研设计及设立对照组必须将它考虑进去，以完善科研设计。在科研过程中遇到难以克服的问题时，更需要在查阅前人的文献中，把前人认识事物的终点作为自己继续探索的起点，找出攻关途径。科研结束作成果鉴定时，也需要进行检索，判定成果的先进性、科学性和实用性。因此对于科研人员来说，文献检索贯穿于科研的始终，是科研工作的重要组成部分。

（三）帮助领导决策选题

例如：1982年，江西、福建两省科研机构准备协作研究甲型流感病毒膜蛋白的结构和功能，关键在于了解国外是否有同类研究。在文献检索中发现1981年病毒学杂志22卷11期刊有该病毒膜蛋白的结构的论文，通过分析，该课题已引起国外重视，并取得了初步成果。我国起步较晚，但科学无国界，已经有研究成果在前，便没有必要花更多的钱和时间去搞这个课题，根据文献检索的报告，决定另选课题。

（四）节约时间

利用完善的检索工具和检索系统，尤其是计算机的使用，将大大节省科研人员查阅文献的时间和精力。

医学文献的检索语言

检索语言是文献检索中用来描述文献特征和表达文献内容的一种专门人工语言，主要用于标引文献的主题概念，这样才能为文献标引者和检索者之间提供共同语言，便于标引人员与检索人员之间交流信息。

一、检索语言的分类

（一）规范化检索语言

规范化检索语言是指对检索语言中的同义词、同音词、多义词、同形异义词、近义词等进行规范化处理的语言，它是受控语言（受控语言是一种规范化的人工语言）。包括具有较强族性检索功能的分类语言和具有较强特性检索功能的主题语言，对检索语言概念加以控制和规范，每个检索词含义明确，以便准确检索，防止误检、漏检。

为了使文献标引者和检索者用词统一，又能及时查到所需文献而编制出一些检索工具，如美国医学索引的医学主题词表，我国编制供标引中医药文献的中医药主题词表也属规范化检索工具，是对各学科名词概念进行规范化的记录，也是从事主题标引的依据。

（二）非规范化检索语言

对检索词不进行规范化处理，用能反映文献实质性内容的词作检索词，如关键词。

二、检索语言的种类

检索语言的种类按其结构或原理可分为分类法语言、主题法语言和代码语言三大类。

（一）分类法语言

它是用分类号来表达各种概念，将各种概念按学科性质进行分类和系统排列，它包括等级体系分类语言，又称等级列举式分类法或体系分类法和分析——综合分类语言，亦称组配分类法。体系分类法主要应用概念划分与概括的方法，具有列举式类目、分类符号和标识、等级制结构、直线性序列等特点。

组配分类法是在体系分类语言基础上发展起来的，它克服了体系分类法列举式类目不能容纳主题概念发展的局限性，以及直线性序列造成集中与分散的矛盾。体系分类法的主要优点是它具有较好的族性检索功能，最大缺点是不能适应于按高科技概念进行检索，不适于多维性的专题概念检索。

（二）主题法语言

它是用词语表达各种概念，包括标题词语言、单元词语言、叙词语言和关键词语言，也可统称为描述语言。

1.标题词语言

它是用规范化的科技名词标引文献的主题概念，是受控式、先组式语言。美国《化学文摘》的普通主题索引和化学物质索引则是国外检索工具中使用标题词语言的典型。标题词可以是单词，词组或短语，通常用主标题词和副标题词组配而成，副标题词置于主标题词后，并用逗号隔开。例如作主标题词：heart，disease（疾病），metabolism（代谢），neoplasm（肿瘤），因此用标题词标识文献可以达到很高的专指度。

2.元词语言

它是在标题词语言基础上发展起来的，以不能再分解的概念单元的规范化名词作为文献主题概念的标识，它可进行概念组配，如“肺”、“脓肿”两个单元词组配表达“肺脓肿”。目前，实际上已被叙词语言所取代。

3.叙词语言

是从文献中优选出来经严格规范化的词，既表达文献内容特征，词间又有严密的语义关系。叙词语言最主要的特性是组配性，检索人员在检索时，只要根据检索的需要，临时从词表中选出相应的叙词，按组配规则，任意扩大或缩小检索范围，极大地体现了叙词语言检索的灵活性。叙词的组配属概念组配，不是单纯的字面组配，概念组配是合乎逻辑关系的组配，美国《医学索引》的主题部分就是采用叙词语言的典型。叙词语言是多种检索语言的原理和方法的综合。它具有较优越的检索功能，是发展最快，应用最广的检索语言。

4.关键词语言

它是直接选用文献中具有实质性意义的词，属非规范化词，关键词之间没有语法关系，易因概念混淆造成漏检误检，适用于计算机检索。

（三）代码语言

这种语言以事物某一方面的特征，用某种代码系统来加以标引和编排，如化合物的分子式、登记号等。

检索语言的种类虽然较多，但是手工检索工具中使用的主要是体系分类语言、标题词语言、叙词语言和关键词语言等，在计算机检索时，主要用叙词语言和标题词语言，有时也用关键词语言。

检索工具类型和评价指标

所谓检索工具，是按一定学科一定主题进行收集、整理，并给以文献检索标识，及时报道的二次文献，具有存储、检索和报道信息的功能。

检索工具应具备下述三个条件：①详细记录所著录文献线索，读者可根据这些线索查找所需文献。②根据检索标识，如分类号、主题词、文献号、代码等寻找所需文献。③提供检索的必要手段，如分类索引、主题索引等，便于读者检索。

一、检索工具的类型、特点和作用

（一）按出版形式划分

1.期刊式检索工具

期刊式检索工具是定期连续出版的一种检索刊物，有长期固定的刊名，如美国医学索引、中文科技资料目录等。报道文献以近期为主，能及时反映最新发表的科研资料。

特点：有连贯性，可长期积累，卷期与卷期之间衔接，无中断及重复。

2.单卷式检索工具

以某一学科或专题为检索内容，报道若干年内该学科领域的文献，可一期或不定期出版。

特点：专业性强，文献集中，专题文献检索方便，价值也高，如“1949～1979年医学论文累积索引”按学科分册出版。

3.附录式检索工具

不单独出版，附于图书或论文之后，常以参考文献的形式出现，是著者著书和写文章时的参考资料，是经过精选出来的文献，有较大的实用价值，是查阅文献的方法之一。

特点：它是专题索引，同一专题，文献集中，但有局限性，易漏检。

4.卡片式检索工具

编制者按自己的需要，把所需内容摘录在文献卡片上，分类整理排列而成。

特点：可自由组合排列，也可随时增减，逐步积累，灵活性大，根据学科发展，不断进行更新，但体积大，成本高，不便携带。

5.胶卷式检索工具

是以缩微胶卷形式出版的检索工具。它的优点是缩小了检索工具的体积，出版速度快，但要通过缩微机才能阅读，不及卡片式检索工具方便。

6.磁带式检索工具

它是随计算机在图书馆应用上而发展起来的，通过程序设计，将文献资料的文字和符号转换成机器语言，存储在计算机磁带上。

特点：磁带具有容量大、记录速度快、重量轻、体积小、便于保存和传送的特点。

（二）按加工程度划分

1.目录

目录是对出版物按其外表特征进行著录而成，以书或刊作为目录的基本单位，对内容特征揭示少。著录项目包括书名、刊名、著者、出版项（出版者、出版地、出版年、版次和页数、开本、定价）等项目。目录主要有4种：

（1）书名目录　按书刊名英文字母或汉语拼音字顺排列而成，查找方便。由于同一类书首字母不同，而分散排列，按字顺不能很快查全是其最大的缺点。

（2）分类目录　是按学科内部逻辑次序排列而成，从总论到各论，从一般到具体，从低级到高级，从简单到复杂，分门别类进行编排，配有分类号的检索系统。其特点是系统性强、族性检索方便。

（3）著者目录　按姓在前、名在后著录，按姓氏首字母字顺排列，查找方便。

（4）主题目录　是用规范化语言描述文献的主题内容所制成的目录，专指性强，灵活性高，按主题词字顺排列，查找方便。

因为科技发展快、信息量大、出版量猛增，科技人员所需的书、刊、资料，每个图书馆都不可能全部收藏，为使各馆文献充分利用，发挥各馆馆藏的情报职能，实现资源共享，因而编制出联合目录，介绍国内外馆藏期刊的情况，为读者查找原文提供方便。

2.题录

只著录文献的外部特征，以一个内容上独立的文章作基本著录，包括文献篇名、著者、刊名、年、卷、期、页码、语种等，时差短因而报道快、全，出版迅速。

3.索引

文献的内外特征按照一定的描述语言构成索引的标识，索引与目录、题录不同，除报道文献外部特征外，还报道内容特征。索引收录文献较全，报道量大，检索性能好，有较高的质量。

4.文摘

比目录和索引更受读者欢迎，文字少，内容简要，能反映文章的重点内容，包括研究目的、观点、研究方法、数据、结论等。它的特点是：①读者能通过文摘判断是否为所需的内容，以免误检、漏检；②节省阅读全文的时间；③消除文种障碍，英文居多；④对国内未收藏刊物的文献有一个了解。

（三）按收录范围划分

1.综合性检索工具

收录范围是多学科的，适用于检索不同学科专业文献，如美国《医学索引》、《中文科技资料目录》系列分册。

2.专业性检索工具

收录范围仅限于某一学科或专业，专业性强，如《荷兰医学文摘》、《中国医学文摘》，按学科分类检索，如科技人员检索特定专业，内容更集中、系统。

3.单一性检索工具

收录文献只限于某一特定类型的范围，如专利文献，以新技术发明作为检索对象。

（四）按检索方法划分

1.手工检索工具

由印刷型检索工具构成。如各种索引、题录、文摘等。

2.计算机检索工具

由电子计算机检索系统构成。具有密度高、容量大、查找速度快、不受时空限制的优点。

二、检索工具内容结构

检索工具的内容结构大致由四部分组成：

（一）编辑使用说明

为使用者提供必要的指导，包括编制目的、使用范围、收录年限、各种著录格式、查找方法及注意事项，常以编辑说明作一介绍。

（二）正文部分

检索工具记录的不是文献的全文，仅著录文献的外部特征和内容特征，包括文献篇名、著者和文献来源正文部分。是检索工具的主体，如为文摘式，除上述项目外还有文摘供读者进行文献筛选。

（三）索引部分

检索工具正文部分多按分类编排，检索时为提高检索效率，可利用各种索引，如主题索引、著者索引、专利索引等。索引种类越多，检索途径越多，检索效率越高。

（四） 附录部分

包括摘录的刊物、各种名称的缩写、文字的翻译、术语和文献入藏单位及代号等。

三、检索工具的质量评价

各种检索工具都必须具备存储、检索和报道信息的功能，检索工具质量大致可从下述几个方面进行综合评价：①看学科收录范围是否广泛，以专业面覆盖的大小、摘录出版物的类型多少、报道量的多少为主要的衡量标准。②报道速度快慢。从文献发表到检索工具中的时间差。③检索途径多寡，索引体系是否齐全。④标引质量高低，对文献进行标引的深度。

以文摘形式报道时，要求文摘体裁标准化，编写规则标准化，文字简炼，重要内容不遗漏，能反映文献的准确内容。

作为读者，要求所做的情报检索查全率高、查准率亦高，这和检索工具的质量有密切关系，因此必须对检索工具进行综合评价。

文献检索的基本方法和途径

一、文献检索的基本方法

（一）常用法

又称工具法，即利用各种检索工具查找文献的方法，常用法有三种：

1.顺查法

顺查法就是按照时间顺序由远到近逐年查找文献的方法，但要注意所查课题的研究开始年份，否则浪费时间。如艾滋病，1981年以前无报道，因此检索此课题要从1981年往后逐年查找。本检查法的优点是漏检率低，能全面系统了解所检索课题的过去和现状，从而看它的发展趋势和演变过程。缺点是费时费力，要知道该课题的开始年代。

2.倒查法

与顺查法相反，是按逆时间顺序由近到远逐年查找文献的方法，符合新兴学科的发展规律或有新内容的老课题，省时高效，短时间内可获得一些最新资料。但对课题了解不够多时，就易造成漏检，补救办法是查综述，可了解课题从何时开始及它的发展趋势。如硼中子俘获治疗脑肿瘤，搜索本课题，十年内的文献甚少，就会漏检，查综述就可知道本治疗在1936年由美国首先提出，但为什么几十年来对其适应证、疗效及优缺点报道甚少？这主要是因为此治疗涉及学科范围广，更重要的是它要求有医用核反应堆的条件才能开展，过去几十年医用核反应堆并无广泛建立，因此限制了本治疗方法的进展，假如只查近十年或近五年的文献，本课题就会漏检，因此用本法要对被检课题有一定的了解。

3.抽查法

针对学科专业发展特点，在学科发展迅速中发表论文较集中的时间，前后逐年检索，直到基本掌握课题情况为止，本法能用较少的时间获得较多的文献，但必须知道学科发展特点和发展迅速的时期才能达到预期效果。

（二）追溯法

是从文献中所附的参考文献追溯查找，它的优点是在没有检索工具的情况下，根据原始文献所附的参考文献检索相关文献，这种查找方法比较切题，但有片面性，文章漏检率高，知识陈旧的占多数为其缺点。

（三）分段法

是常用法和追溯法交替使用的方法，又称循环法或交替法，既利用检索工具，也利用文献后所附参考文献进行追溯，两种方法交替，分期分段使用，可获得一定年限内相当文献的资料线索，节省检索时间。

（四）浏览法

因检索工具刊反映文献有时差问题，可利用新封期刊目录进行浏览，但只能获得本馆馆藏文献，有局限性，不全面，不系统，不能作为查阅文献的土要方法。

上述四种方法可根据不同情况进行选择，检索中为省时，要充分利用累积索引。

二、检索途径

不同的检索工具有不同的检索方法和途径，因此需要熟悉每种检索工具的特点来进行选择，检索途径大致分以下几种：

（一）书名途径

利用书、刊、杂志名称进行查找文献，是查找文献最方便的途径。

（二）著者途径

是按文献著者或团体的名称译者和编者的姓名编制的索引进行查找的一种方法。个人著者姓在前，名在后，姓用全称，名用缩写，姓名之间用逗号或空格隔开，分别按姓名的字母顺序排列。团体著者按原名字顺排列，加国别以资区别。

不同国别有译音对照表，如英、俄文音译对照表，英、日文音译对照表。

国外著者还要注意姓的前缀、族姓、辈份和复姓的表达方法。

前缀：如La，Lv，Von等，前缀与姓之间有空格。

族姓：族姓与姓之间无空格，族姓与姓均用大写字母。

复姓：两姓之间有连字符“-”。

（三）序号途径

利用文献的各种代码、数字编制的索引来查找文献序号的途径，如专利号、化学物质登记号、科技报告的报告号、技术标准的标准号等，按代码字顺或数字的次序由小到大排列。

（四）分类途径

根据文献主题内容所属的学科属性分类编排，将类目按照学科知识体系的内在逻辑关系来进行排序，以学科属性为分类标准，这种检索方法属于族性检索。能反映学科概念上的隶属、等级、派生和平行关系。

分类法的主要优点是根据科学分类的逻辑规律并结合图书的类别特点进行分类，由上级到下级，分类法简明易记，层次分明，同类书、刊集中，检索容易。但涉及相互交叉的学科或分化较快的学科时，此法专指性不强。

（五）主题途径

按主题词的字顺排列，便于查找与主题词相关内容的文献。其特点是适应性、直观性及通用性强，表达概念准确灵活，但不如分类法那样系统、稳定。但能适应学科相互交叉相互渗透的课题进行探索。

主题词是标引和检索人员的共同依据，各种检索工具有各自的主题词表，并通过参照关系作规范化处理，使同义词、近义词、同族词、相关词、主题词与非主题词在主题词表中都一目了然。也可通过参照关系指引读者，查找作为主题词的词和与主题相关的主题词，扩大检索范围。

（六）关键词途径

是直接从文献中抽出来的具有实质性意义的词，其主要特征是未经规范化处理，也不受主题词表控制的词，又称自由词，用于计算机作为自然语言检索。作为自然语言检索，关键词按字顺排列，实际属主题法系统，不需查主题词表，因而编制关键词索引速度快，因未作规范化处理不能进行选择和控制，故索引质量比较粗糙。

关键词又分为“题内关键词”和“题外关键词”两种，前者仅在题目内找实质性的词作关键词，后者从文摘或正文中找出关键词。

关键词的特点是自由选词，而对同一事物的概念不同，作者选词也不尽相同，而且同义词、多义词、复合词、名词单、复数等，文献就会分散在不同的关键词中，不能集中一处，同一概念，内容可完全不同，因此必然影响查准率、查全率。

几种手工检索工具

随着科学技术的高速发展，人们之间的信息交流增多，各国均根据本国的需要，用本民族文字，按照各自的分类法和主题法编制成本国特色的检索刊物。我们的医学检索刊物体系从收录文种看，主要有检索我国医学文献的检索工具和检索国外医学文献的检索工具；从编著方式看，有目录、索引、文摘；从出版形式看，有期刊式、单卷式、卡片式等。现将几种常用的有代表性的检索工具做以下介绍。

一、《中文科技咨询目录》（医药卫生）

（一）概况

《中文科技咨询目录》（简称《中目》），是我国科技情报检索的大型题录式系列刊物，现在有31个分册，《中目》（医药卫生）是其中分册之一，与医学相关的还有中草药和环境科学等分册。《中目》（医药卫生）由中国医学科学院医学信息研究所编辑出版，创刊于1963年4月，原名为《全国医学科学技术联合目录》，刊名刊期曾几度更改，1978年纳入我国科技检索刊物体系，改用现名，原为双月刊，1984年起改为月刊。本刊是我国目前唯一的比较全面报道国内医学文献的检索工具，每月收增国内医学及与医学相关的期刊、汇编、学术会议资料约300种，报道题录约4 000条。1992年起未收录汇编及会议资料。

（二）结构编排

《中目》（医药卫生），1978年正文采用主题编排，辅有分类索引，1979年起正文按分类编排，辅有主题索引，除每年末期有年度主题累积索引外，每期内容依次为：

1.编辑说明

编辑说明是使用指南，对该刊的性质、收录范围、编排体例、附录情况、分类方法、主题标引及文献的复制等均做了详细介绍，是初用者必读资料。

2.分类目次

分类目次是本刊的主要检索途径之一，由分类号、类名、页码组成。用时，先从分类目次中找到课题所属的类目，然后按照类名后的页码到正文中去查阅题录。使用时应该注意以下几点：

第一，本刊按照《中国图书资料分类法》R类进行学科分类，一些非R类的类目（与医学相关的学科），使用R类的交替类目，如：Q5生物化学、R34人体生物化学、Q6生物物理学、R35人体生物物理学。

第二，一篇文献涉及两个以上主题时，均依照主要内容分类，并在正文中做参见，例如：狼疮性肾炎分入R593.24红斑狼疮，并在R692.3肾炎类目下作参见R593.24。

第三，在某些总论类目下作“注释”。如R594.1高空病、高山病、血氧缺乏病类目下注明：“总论如此，高原性其他疾病入R5/72有关各类”，即有关高原病流行病学等研究在R594.3类目下检索，而有关高原性的疾病，如高原性肺水肿等应在R563肺疾病的类目下检索。

第四，在R2中国医学类目下只限纯中医名词术语文献。如：查崩漏的文献，除在R271.2中医妇产科类目下检索外，还要在R711.52女性生殖器功能性疾病类目下检索才不会漏检。

3.正文部分

是本刊的主体，是为读者提供文献检索的部分，其他各部分都是为方便查阅正文题录而设立的。正文部分的题录按科学分类编排，其著录格式从1986年第五期开始采用国家标准著录格式，现举例如下。

（1）期刊论文　①0001247②颈椎后路钢板内固定的应用解剖学③谢宁④（第二军医大学长征医院）⑤–中国临床解剖学杂志/⑥中国解剖学会⑦–2000，（1）–5~7

注：①题录号，前两位00为年号，其后5位数字为题录顺序号，每年从00001起累积编号；②论文标题；③著者，两个以上著者只著录第一著者，后加“…”；④著者单位；⑤刊名；⑥主办单位；⑦出版年、期、起止页码。

译文和综述的著录格式与期刊论文基本相同，仅在论文标题后用括号标出“译”或“综述”。

（2）汇编　①9113485②贵阳中药资源概况及开发利用[汇]/③田利孝④（贵阳卫校）//⑤贵州药讯/⑥贵州省药品检验所⑦–1990，(1)–33~37⑧90C239nl(1)

说明：①②③④与期刊相同；⑤汇编名称；⑥汇编编辑或主办单位；⑦出版日期或刊期及所在页码；⑧资料索取号。

（3）会议资料　①0001659②现代激光技术在医学美容中的应用③[会]④//中华医学会第三次全国美学与美容学术交流会论文汇编⑤–1999，11.⑥–35~38

注：①题录号；②论文标题；③会议论文；④会议资料名称；⑤出版年、月；⑥起止页码。

4.本期学科分类名索引

1987年开始增设的索引，由类名和分类号组成，其类名按汉语拼音字母（A~Z）顺序排列，后面给出相应的分类号，根据分类号指导转查分类目次，为不熟悉分类法的读者使用分类目次提供了方便。例如：白血病在临床医学中属于血液病，检索者如果在R55血液及淋巴系统疾病类目下检索，将一无所获，通过学科分类类名索引，可查到白血病（R733.7），提示白血病应在分类目次的肿瘤学类目之下，按其类目后的页码到正文可查阅到一系列有关的文献题录。

5.主题索引首字字顺目次表

是将主题词的首字按韩语拼音字母顺序依次排列，后面括号内注明页码，指向主题索引部分去查找主题词。

6.主题索引

是本刊另一条主要检索途径，由主题词、副主题词和顺序号组成，使用时根据顺序号到正文查阅题录。本索引的编制特点是：

一是，每期的主题索引位于正文之后，该索引前附有主题索引首字字顺表。当年最后一期为年度主题索引。

二是，《中目》、《医学主题词注释字顺表》、《中医药学主题词表》进行文献标引。

三是，每篇文章有一个或多个规范化的词或词组作为主题词。主题索引按主题词汉语拼音字母顺序排列。

四是，采用了主题词、副主题词组配，副主题词也按汉语拼音字母顺序排列。

（三）使用方法

1.分类途径

分类途径是以课题有关文献在学科分类中的类目为检索标志，利用分类目次的指引，从正文中查找所需文献题录。

2.主题途径

主题途径是以主题词为检索标识，利用主题索引查找所需文献。通常在课题研究比较专指，或课题的学科类属关系不明确时选用。

在某些情况下，单一地利用分类或主题途径检索文献，难于满足全部的要求，常常需要两种途径并用。例如分类检索时，检索者如果不熟悉一篇文章只能归入一个能反映最主要概念的类目下的分类标引原则，常常就会造成漏检，如查红斑狼疮临床病案讨论的文献，按分类原则应归类在R441症状诊断类目下，如果仅在R593.34红斑狼疮的类目下检索，就会造成漏检。反之，在主题词“全身性红斑狼疮”、副主题词“诊断”下检索，将可弥补分类检索的不足。同样，利用主题查阅文献时，如果主题词设置太多，对同一概念划分过细，有时也易造成文献分散而漏检，如上述的病毒性肝炎就属此例，主题词设置太多易漏检，利用分类途径，在病毒性肝炎类目下检索可互补，达到查全的要求。

二、《医学论文累积索引》

（一）概况

本索引是由南京医学院图书馆编辑出版的大型题录式检索工具，其收录范围包括1949～1979年底30年间国内共1 400余种期刊资料，包括医药卫生方面的论著、综述、临床病例报告等。全套索引按学科分为9个分册：①卫生学、基础医学、诊断学、护理学；②中医学；③内儿科；④外科学；⑤妇产科学；⑥瘤学；⑦五官科学、皮肤病学；⑧药学；⑨总索引。

现已出版④、⑥、⑦3个分册，其余分册将以软盘形式出版。

（二）结构编排

该索引按学科出分册，每个分册又按主题排列，除《总索引》外，其他各分册均包括以下几部分：

1.前言

叙述该馆1950～1977年编制医学文献检索工具的经过和编辑索引目的。

2.编辑说明

对编排方法、收录范围、著录及使用作了详细介绍。

3.引用期刊资料一览表

列出该索引引用的1 400余种期刊资料名称及其编辑或出版单位。

4.主题汉语拼音目次表

此表的主题词是根据汉语主题词表标引，所有的主题词按照汉语拼音字母顺序排列，后面注明该主题词在正文中所在的页码。使用时，要先选定主题词，再按其后的页码到正文中查阅题录。

5.正文部分

是该索引的主体部分。每分册收录的题录均按主题词的字顺排列，每条题录给一个顺序号，在总索引的主题词下，只录顺序号，不再录全文。为了加强主题词的专指性，采用了规定的副主题组配，如预防与控制、实验研究、病理、病因、诊断、治疗、并发症等。诊断又分为：诊断总论、放射性诊断、超声诊断、细胞诊断、免疫学诊断、实验诊断等。

索引正文中许多地方采用了参见的方式：

1）跨分册的主题词，选定于某一分册，如在肿瘤分册中“白斑见五官科学、皮肤学、性病学分册”。

2）常见的外文病名按中文译出，如Bruce菌病见布鲁菌病。

3）同病异名的主题词，选择一个为准，如类癌见嗜银细胞癌。

正文的题录格式如下：

①白血病②参见；2436—2437③实验研究④00306⑤小鼠病毒性白血病⑥程立等⑦上海第一医学院学报⑧4（1）：87：1966

说明：①主题词；②参见项：一篇文献有一个以上内容时，除标注第一主题词外，还以参见顺序号列出；③副主题词；④顺序号：各分册不连续，是单独编号，在总索引中，冠以各分册代号；⑤文献题名；⑥著者；⑦期刊或资料名称；如果名称相同时，则在后面括号内注明地名或单位名称；⑧期刊或资料出版的卷、期、页及年。

（三）使用方法

该索引只有单一的主题途径，使用时，要先分析课题，选择与其相关的分册，然后再查找该分册的“主题汉语拼音目次表”，在其中找到相应的主题词，按页码查阅正文。

如果查新中国成立30年有关恶性肉芽肿的文献，其检索方法与步骤如下：

分析课题，属于肿瘤，选择肿瘤分册，在“主题汉语拼音目次表”中查知E→e，恶性肉芽肿85，在正文85页可见：恶性肉芽肿见何杰金氏病175—178；在正文175—178页中，查得何杰金氏病主题词下参见号25条，以及04173—04233号文献题录。

三、《中文科技资料目录》（中草药）

（一）概况

《中文科技资料目录》（中草药）分册，是全国科技情报检索刊物体系《中文科技资料目录》分册之一，1978年创刊，为季刊，由国家医药管理局中草药信息中心站、国家医药管理局天津药物研究院编辑出版。本刊收录国内公开或内部出版的医药期刊、汇编、会议中有关中草药的生产、研究与应用诸方面的文献，每期报道题录1 600条左右。

（二）结构编排

本刊编排方法以学科分类为主，主题索引为辅，其结构基本上和《中文科技资料目录》（医药卫生）相同，共由以下几部分组成。

1.编辑说明

对该刊的性质、沿革、收录范围、编排体例、著录原则、分类方法及主题标引原则等作了介绍。

2.分类目次

系该刊的主要检索途径之一，由类号、类目和页码组成，本刊自1991年起采用《中国图书资料分类法》（1990年版）进行分类，根据实际需求，对R28中药学下的部分类目做了调整，对一篇文献涉及两个以上主题时，均依主要内容分类，不作参见。

3.正文部分

题录按学科分类编排，其著录格式如下：

（1）期刊论文

①95022②阿胶板胶鹿炻胶黄明胶的鉴别[刊]/③杜效华④（鄂城县人民医院），朱红//⑤山东中医杂志⑥–1994，13（7），–317.⑦山–5

说明：①题录顺序号：②中文题名；③作者；④第一作者地址；⑤刊名；⑥年、卷、期及所在页码；⑦索取号。

（2）汇编论文

①931601②老年用药的进展（中药）第一报[汇]/③苗长兴④（国家医药管理局天津工物研究院），陈金梁，寇丽君/⑤华北地区医药论文集.⑥–天津，⑦1992，⑧–22~55⑨92063

说明：①②③④同期刊；⑤汇编题名；⑥出版地；⑦出版年月及所在页码；⑧索取号。

（3）会议论文

1）单题会议论文。

①941902②中药饮片工业生产浸润、干燥的工艺基础数据的研究[会]/③章臣佳④（天津市中药集团股份有限公司），李静…//⑤中药制药工程学术会议，⑥1993⑦天津/⑧中国药学会⑨–6页⑩93，H4：64–69

说明：①②③④同期刊；⑤会议名称；⑥会议召开日期；⑦会址；⑧会议主办单位；⑨总页码；⑩索取号，起止页码。

2）会议论文（多题会议论文）。

①950090②陕西省汉中地区中药资源及开发前景概述[会]/③李世全④（汉中地区药材公司）⑤中药材杂志创刊十五周年全国中药学术讨论会文集；⑥1993，12，广州/⑦国家医药管理局中药材信息中心站…。⑧–70—72⑨94.24

说明：①②③④同期刊；⑤会议录埋名；⑥会议召开日期及会址；⑦编者；⑧所在页码；⑨索取号。

（4）译文

①951029②人参皂甙Rb2对RNA合成的作用[刊、译、英]/③rokoznwa T…；④李宗友//⑤国外医学·中医学分册⑥–1994，16（3）–42⑦[译自Phrtothar

Res1993，（7）-68~71]⑧国-46

说明：①②同期刊；③著者；④译者；⑤译文载处名称；⑥年、卷（期）及所在页码；⑦原文出处；⑧索取号。

4.主题索引

是本刊中另一主要检索途径，主题词根据《汉语主题词表》、《中国药学主题词表》、《医学主题词注释字顺表》、《中国药学文献库词表》等进行标引。主题索引由两部分组成，第一部分是以中草药、方剂、制剂、化学成分名称为主题词、说明语和顺序号组成；第二部分则以疾病、症状、病原体名称为主题词，副主题词和顺序号组成；主题词、副主题词均分别按汉语拼音字顺排列。

本刊除每期均有主题索引外，从1984年起出版年度主题索引，其编排方法与期主题索引相同。

5.附表

该刊每年第一期有“本期引用文献一览表”，其他各期有“新增引用文献一览表”，年度索引附“本刊引用文献一览表”，表中著有刊名、刊期、编辑出版单位、出版地及邮政编码等栏目。

（三）使用方法

本刊与《中目》（医药卫生）的检索途径及方法基本相同，只是利用第一部分主题索引查找文献时，先阅读该主题词下各组说明语，了解各篇文献的主要内容，通过初选，再按说明语后的顺序号到正文查阅相应题录。

四、《全国报刊索引》（科技版）

（一）概况

《全国报刊索引》是综合性题录式检索刊物，创刊于1951年，原名为《全国主要期刊重要资料索引》，由山东图书馆编辑出版。1955年改名为《全国主要报刊资料索引》，由上海图书馆编辑出版，1959年起分为哲学、社会科学和自然科学两部分。经历了几次合并和分册出版及刊名刊期的变化，现名为《全国报刊索引》有“哲学社会科学版”（简称“哲学版”）和“自然科学技术版”（简称“科技版”）两个分期，均为月刊。其中“科技版”分册与医学关系密切，它主要特点是收录范围广、报道速度快，主要收录了国内公开和内部发行的综合性、专业性中文科技期刊约3 000种，中文报纸3种，其中除了收录医学期刊外，还收录了与医学相关的边缘学科期刊，每期报道题录量约10 000条，约1/4属于医学专业，报道时差仅为1~3个月。

（二）结构编排

《全国报刊索引》（科技版），每期由编辑说明、分类目录、正文部分、引用报刊一览表四个部分组成。

1.编辑说明

介绍本分册的收录范围、编排、使用方法、著录及附录等，是使用指南。

2.分类目次

由类号、类目和页码三部分构成。1992年以前采用上海图书馆自编的《全国报刊资料分类表》进行分类，自1992年起采用《中国图书馆分类法》按学科分类编排。

3.正文部分

是本索引的主体部分，所有的文献题录按学科内容编排在相应类目之下，从1995年起著录格式为：

①950102950②胃溃疡的治疗与胃酸分泌/③时宇//④生理学通报⑤–1994，29（12），–14–15。

说明：①理录顺序号：以年号、期号及流水号组成；②文献题名；③作者；④期刊名；⑤出版年、卷、期及页码。

4.附录

每年第一、第七期附有本刊引用期刊一览表。

（三）使用方法

本刊只有单一的分类途径。例如：查丙型肝炎的课题。其具体步骤是：①分析课题，确定为病毒性传染病。②在分类目录中查：R51病毒性传染病病……（以1995年第一期为例）。③在正文第53页中可查获一系列有关丙型病毒性肝炎的文献。

五、《中国医学文摘》

（一）概况

《中国医学文摘》系列，是中国科技情报编辑出版委员批准出版的国内医学文摘检索刊物体系，现已按学科出版了儿科学、耳鼻咽喉科学、放射诊断、护理学、基础医学、计划生育妇产科、检验与临床、口腔医学、老年学、内科学、内科学分册英文版、皮肤科学、外科学、外科学分册英文版、卫生学、眼科学、中医、肿瘤学等18个分册，各分册采用文摘、简介和通录的形式收录我国公开出版的医学期刊和学报文献，全面及时报道了我国医学各学科的新动态、新理论、新技术及新方法，是医学科研、教学、临床工作中比较适用的参考工具。

（二）结构编排

《中国医学文摘》各分册设有：出版说明、目录、文献部分和引用期刊名单等项内容。文摘内容按分类编排，每年最后一期有“年度主题索引”，少数分册有“期主题索引”或“年度著者索引”。各分册均按国家标准GB3793—83《检索期刊条目著录规则》进行著录。

（三）使用方法

使用时，应先分析课题确定学科的范畴，选择相应的分册，然后可从分类或主题途径检索文献，有的分册也可通过著者途径检索文献。

1.分类途径

检索方法是：根据所查文献的学科类别，在各分册的“分类目次”中找到相应的类目，然后按其所指示的页码，至正文中逐条查阅文摘。

2.主题途径

首先确定课题的主题词及副主题词，然后在相应分册的“主题索引”（或“年度主题索引”）中查出该主题词、副主题词后的文摘号，再根据文摘号到正文中查阅文摘。

3.著者途径

有的分册，每年最后一期附有著者索引，使用时根据已知著者的姓名，在索引中查出其后的文摘号，根据文摘号到正文中查阅文摘。

六、《中国药学文摘》

（一）概况

《中国药学文摘》是由中药资料电脑检索中心，国家医药管理局和中国科学院科技情报研究所共同编辑出版，是国内药学文献的检索性刊物，创刊于1982年，1984年正式发行，收录了国内发行的350余种有关期刊中的中西药和其他药学文献（不包括译文），以文摘、提要、简介和题录等形式报道，现为月刊，每期报道1 800条题录。

（二）结构编排

本刊由以下几部分组成：

1.编辑说明

对本刊的性质、收录范围、报道形式、著录格式、辅助索引等详细介绍。

2.分类目次

以该刊自编的药学分类进行编排，共分为12个一级类目（01～12），每一类目又加以细分，后面注明各自在正文中的页码。

3.正文

为本刊的主体，将所有文献的文摘、提要、简介和题录等。按其药学分类排列，并集中在相应类目之下，其著录格式如下：

③R438.1②021①8700123

④国产沉香化学成分的研究－1，白木香酸和白木香醛的分离和结构鉴定/⑤杨峻山，陈玉武⑥（中国医学科学院药物研究所）//⑦药学学报⑧–1986，18（3）–191～198。⑨用气相色谱法比较国产沉香（1）和进口沉香挥发油的组成。……（略）⑩（杨峻山摘）

说明：①文摘号；②药学分类号；③中国图书资料分类号；④文献题目；⑤作者：个人作者或团体作者或专利发明人（只著录前三名）；⑥作者所在单位（团体作者无此项）；⑦期刊名称（或专利发明公报）；⑧年、卷、期、起止页码；⑨文摘或专利摘要；⑩专利号或文摘号。

4.关键词索引

每期关键词索引以主标题词汉语拼音字母顺序排列。主标题词以药名、药物大类名和药物专用名词为主，化学药品和植物药分别依据国家药典委员会最新编写的《药名词汇》和《中草药大辞典》的规范名称进行标引，非规范药名通过“参见”方式指向规范名称。凡中药自拟汤剂，均从“中药疗法”条目下查找，其他中药方应从本文名下查找。新化合物的合成与生物筛选一般列于有关的大类药品项下，作为新药研究的动向。有关某一药物的文献，除可在该药名下检索到外，也可从所属的药物大类名称下检索到。

5.外文药名索引

外文药名即为英文药名和拉丁文药名的合称，均按英文字母顺序排列。

6.年度索引

每年末另册出版，分为年度主题索引和年度外文药名索引两部分。是将各期索引累积编制而成，年度主题索引除使用主标题词外，又加用一个或若干副标题词加以限定和说明，使专指度大为提高。

（三）使用方法

该文摘检索途径有：分类途径、主题途径及外文药名索引途径。

1.分类途径

使用时先分析课题，在分类目次中查到相关内容的类目及页码，按照页码指示到正文查阅文摘。

如果欲查有关开搏通临床治疗的文献。其具体步骤如下：

●分析课题，确定其内容是临床应用方面的文献。

●在分类目次中找到相应的类目及页码。

●根据正文查阅文献可知：9501098号，篇名为“开搏通治疗糖尿病肾病的临床疗效观察”的文摘是所需要的文献。

2.主题途径

使用时先分析课题，根据其主要内容，在关键词索引中按字顺查到相应的关键词，然后按其后的文摘顺序号到正文查阅文摘。

3.外文药名索引途径

使用时，根据欲查药物的外文药名，在外文药名索引中按字顺找到相应的外文药名，再按其后的文摘顺序号到正文查阅文摘。

如果欲查可乐定抗休克的动物实验研究。其具体步骤如下：

●确定可乐定的外文药名为Clonidine。

●利用本刊所附的“外文药名索引”，按英文字顺查到Clonidine00209（以1995年第一期为例）。

●根据00209文摘号到正文查阅具体文摘，其篇名为“可乐定对小鼠烫伤性休克的影响”可确认为所需的文献。

七、《中国生物学文摘》

（一）概述

《中国生物学文摘》创刊于1987年，是由中国科学院文献情报中心、中国科学院上海文献情报中心和中国科学院生物文献情报网主办，中国科学院上海文献情报中心出版。本刊收录我国科技人员（包括港、台学者）在国内公开出版发行的有关生物学文献的期刊论文、专著、会议以及在国外发表的论著等，报道内容涉及普通生物学、微生物学、免疫学、细胞学、遗传学、生理学、生物化学、生物物理学、分子生物学、生态学、古生物学、病毒学、植物学、动物学、昆虫学、人类学、生物工程学、药理学以及生物学交叉学科与相关科学技术领域，本刊主要以文摘形式报道，每年报道文献9 000条左右，现为月刊，每年1卷。

（二）结构编排

《中国生物学文摘》大体上由以下几部分组成：

1.说明

对本刊的主办编辑单位、报道宗旨、收录范围、内容、著录规则等作了详尽介绍。

2.《中国生物学文摘》英文简介

用英文对其内容大体介绍。

3.分类类目

根据《中国图书资料分类法》进行分类，生物学部分采用Q类的类号和类名，药物学部分采用R9的类号和类名，类名后面注明该类在正文的页码。

4.正文部分

按学科分类编排，每篇文献按内容所属学科集中在相应类目中。现将期刊论文的著录格式介绍如下：

②Q73①95010168

③Fe（II）码子所引发的羟6由基对人红细胞的作用④The effects of OH radicals induced by Fe（II）on the arythrocyte membrane of human/⑤薄云红（北京医科大学药学院，北京100083），徐铁…//⑥生物化学杂志.-1994，10（4），-500—504

⑦采用SOS—PAGE凝胶电泳法……（略）

⑧图6表1参8⑨（张晔）

说明：①文摘顺序以年号期号及年流水号组成；②分类号（采用《中国图书资料分类法》的分类号）；③中文篇名；④英文篇名（如果原文非中文时，后加括号注明原文种）；⑤著者及第一著者的地址和邮政编码；⑥刊名及年卷、期、页码；⑦文摘或提要；⑧附加说明文献所附的图版、图、表格、参考文献的数目；⑨文摘员。

5.引用期刊一览表

该刊每年第一期附有此表，将收录的330多种期刊按汉语拼音字母顺序排列，带有星号（*）者为我国生物学核心期刊。

6.索引部分

该刊从1990年起另册出版年度索引，该索引又分为著者索引和主题索引两部分。

著者索引由著者姓名和文摘号构成。著者姓名依文种不同分别按中文汉语拼音、日文黑本拼音和西文拉丁字顺排列。

主题索引由标题词和文摘号构成，主题索引款目采用分级标题，即：①主标题；②主标题+副标题；③主标题+副标题+副副标题三种。主标题词采用自编的《生物学主题词》标引，在索引中按汉语拼音字顺排列，

（三）使用方法

本刊有分类、著者、主题三种检索途径。

1.分类途径

如果欲查有关细胞核异常的文献。其具体步骤如下：

1）分析课题：本课题属于人类遗传学。

2）查“分类类目”（以1995年第十二期为例）：Q987人类遗传学……（105）。

3）在正文105页中查阅到95128915号篇名为罕见的异常核型6例报告的文摘为切题文献。

2.著者途径

如果欲查李桂信等发表的文献。其具体步骤如下：

1）查“年度著者索引”：Li—李桂信8915。

2）查正文95128915号文摘号与分类途径同一条文摘。（以1995年度第十二期为例）

3.主题途径

如果欲查中药红芪的化学成分（以1993年各期及年度索引为例）。其具体步骤如下：

1）分析课题：拟主标题词为红芪，副标题词为化学成分，

2）查“年度索引中的主题索引”：H→红芪化学成分中草药2971。

3）根据文摘号查正文找到93042971号文摘，篇名为《中药红芪的化

学成分研究》，为命中的文献。

八、《国外科技资料目录》（医药卫生）

（一）概况

《国外科技资料目录》（简称《外目》），是我国出版的检索国外科技情报的大型题录式系列刊物，按学科分为39个分册，《外目》（医药卫生）是其中一个分册。该刊创于1959年，1978年正式复刊，纳入我国科技文献检索刊物体系，改用现名，是报道国外生物医学文献的综合性题录式检索刊物。由中国医学科学院医学信息研究所编辑、出版和发行。

本刊主要收编英、法、德、日、俄文医学期刊500余种，包括WHO推荐的核心医学期刊200种、WHO出版物10种，还有美国《医学索引》未收录的期刊64种（日文、俄文），特种文献（会议文献、科技报告、技术标准等）较少。每年收录题录量60 000条。本刊将文献题名译成了中文，检索途径多，使用方便，并可在国内获得原始文献，是我国自编查找国外医学文献的主要检索工具。

（二）结构编排

本刊由以下几部分组成：

1.说明

每年第一期刊登，主要介绍该刊译题单位、译者、收录范围、著录格式、分类和主题的标引方法、原始文献的借阅与复制的方法等。

2.分类目次

为本刊主要检索途径之一，其编排、组成及使用方法同《中目》（医药卫生）。

3.正文题录

是该刊的主体，该刊收录的文献按其学科分类编排，题录用了国家标准著录格式，如：

①9100582②急性心肌梗死应用大剂量尿激酶注的效果/③Wall TC④//Cardiol⑤1990；65（9）.–124~131⑥沪医会

说明：①题录顺序号；②翻译题名；③著者姓名，一律姓在前，名在后；④刊名缩写，每年第一期后附“收编期刊名单”，其中可查出刊名全称；⑤年、卷（期）及所在页码；⑥该篇论文译题单位简称，在每年第一期的“供稿单位名单”中查知译题单位全称及所在地址。

4.分类类名索引

是1988年新增的，主要为不熟悉分类的检索者指导使用“分类目次”，其编排同《中目》（医药卫生）。

5.主题索引

内容包括了主题索引首字目次，主题索引及年度累积主题索引，其编排及使用均同《中目》（医药卫生），年度主题后附有“医药新词汇”，公布该年度收集的一部分词供读者使用参考。

6.附表

本刊每年第一期附有两个附表。

（1）供稿单位名单　列出供稿单位的代号、简称、全称及所在地。

（2）收编期刊名单　列出该刊收录的期刊名全称及入藏单位代号、刊名缩写及译题单位。

计算机信息检索

自从1946年世界上第一台计算机诞生以来，计算机技术在人类的许多领域都得到了广泛的应用，信息检索也不例外。计算机信息检索是利用计算机系统有效存储和快速查找的能力发展起来的一种计算机应用技术。它与信息的构造、分析、组织、存储和传播有关。计算机信息检索系统是信息检索所用的硬件资源、系统软件和检索软件的总和。它能存储大量的信息，并对信息条目（有特定逻辑含义的基本信息单位）进行分类、编目或编制索引。它可以根据用户要求从已存储的信息集合中抽取出特定的信息，并提供插入、修改和删除某些信息的能力。

计算机信息检索的成功应用，使人们逐步地摆脱耗时、费力、检索效果差的手工检索，极大地提高了检索效果。计算机信息检索，为我们更为及时、准确、全面地利用、继承和发展人类的科研成果，提供了先进的手段。在信息时代的今天，掌握计算机信息检索方法已成为每个科研工作者必备的基本技能。

一、计算机信息检索原理

计算机信息检索系统从广义上讲包括信息存储和信息检索两个方面，存储是检索的基础，检索是实现存储目的的手段，这是两个不可分割的过程。在计算机信息检索中，信息存储和信息检索具体来讲也就是数据库的建立与利用两个方面。

（一）数据库的建立

建立数据库是指按照既定的建库方针、目的、标准等从信息源中选择所需文献，对需录入的文献进行加工，也就是对文献的外表特征和内容特征进行分析和标引，形成文献特征的标识，把这些标识输入计算机，计算机再按实现设计好的规则自动把这些标识排序形成多种索引，建成数据库，为信息检索提供有规可循的检索途径。文献的外表特征，即标题、作者、来源、卷期、页次、年月、类型、号码、文种等项目。文献的内容特征，就是文献论述的主题，即文献的中心内容。文献存储时，首先要对原始文献的内容深入理解，进行主题分析，把握住它所论述的中心内容，形成主题概念，然后选用特定的情报检索语言（即词表或分类法）来表达其主题概念，转换成系统语言，形成文献特征标识（主题词、分类号和类目名称等），这一过程就是通常所说的文献的“标引”。最后将这种标引后形成的特征标识按其内容和出处输入计算机排序，建成数据库。每一种文献特征在计算机中称为字段，文献特征标识就是字段值，所有的文献特征（字段）即构成一篇文献的题录或文摘（记录）。

为了能够进行随机检索，每个数据库都存有一个顺排文档和若干个倒排文档。顺排文档存入了数据库的全部记录；倒排文档存入了数据库全部记录的文献特征标识（即索引单元）。将数据库中全部记录按一定顺序排列而成的文献记录集合就构成数据库的顺排文档；而将这些记录的全部文献特征标识按一定顺序排列而成的集合就构成数据库的倒排文档。一般情况下，数据库的顺排文档是按记录的流水号（或存取号）的大小顺序排列的；数据库的倒排文档是按文献特征标识的字母顺序排列的，每个文献特征标识后面都标有相应的记录（文献）的存取号和字段位置标识符。检索中，计算机就根据这些存取号和字段位置标识符识别每个文献特征标识所处的具体记录和字段位置。

（二）数据库的利用

数据库的利用即信息检索的过程，是计算机信息存储的逆过程。先要深入分析信息用户的需求，将需要检索课题的主题概念按系统词表进行规范化处理，转换成系统语言，形成检索提问特征标识，根据需要使用布尔逻辑等运算符指定好检索策略，将检索提问式输入计算机，在数据库中查找所需信息。在检索过程中，如果检索提问式只有一个主题概念，那么计算机就直接根据这个主题概念所对应的提问特征标识在数据库中的倒排文档中进行搜索、类比、匹配，得到相对应的文献特征标识后，再根据该标识后的文献存取号，在顺排文档中找到相对应的文献，即是所需要的检索结果；如果检索提问式是带有逻辑运算的多个主题概念的复杂检索式，那么计算机就会首先在数据库的倒排文档中找到这些主题概念所对应的文献特征标识，再根据布尔逻辑运算符的要求，对这些文献特征标识后的记录存取号集合进行比较、匹配和取舍，实现多个文献特征标识的逻辑运算，运算结果得到符号要求的记录存取号，根据这些存取号在顺排文档中找到的相应记录（文献）即是最后的检索结果。用户可根据计算机输出的检索结果的反馈信息来修改检索策略（检索提问式），以期得到最满意的结果。

总之，计算机检索的基本原理，就是通过一定的方法和手段，使计算机信息存储与信息检索两个过程所采用的特征标识达到高度一致，以便有效地获得和利用原始文献。这两个过程是相辅相成的。

二、计算机信息检索服务的种类

计算机检索系统根据存储的数据库内容、文件结构、存储容量、检索的方式、方法以及软件设计水平的不同，可以提供多种内容与形式的检索服务。最常见的检索服务主要有以下三种：

（一）书目检索服务

所谓书目，就是文献的题录或文摘，也就是前面章节所提到的二次文献，它们是文献的外表特征与内容特征的描述与记载。书目检索服务是指计算机检索系统所存储和所能查到的文献线索——即书目信息的一种检索服务。同数值型或事实型数据的检索以及文献全文的检索比较起来，书目检索服务产生较早，发展也较为充分。国外大部分的印刷型文摘、题录和索引刊物以及图书馆藏书目录等都已转化成机读形式，输入计算机系统，实现计算机化的查询服务。

1.定题检索服务

即最新资料的定题选报，是书目检索服务中出现最早的一种服务形式。它是指检索系统将用户的信息需求转化成一定的逻辑提问式，存入计算机，而且提问式是相对稳定的。根据这种提问式，检索系统定期地（每月或每周）从更新的数据库中找出相关的文献书目，并按用户所指定的格式加以编排，打印（或套录）给用户。这是一种持续不断的服务，所提供的资料都是当前最新发表的文献线索，从而便于用户跟上学科的发展，了解水平动向。由于只查阅最新资料，计算机处理的文献量就少，文献存储的空间也小，也不要求计算机有较高的运算速度，软件编制也较为简单，降低了处理每个提问式的成本。

2.回溯检索服务

回溯检索服务，是指这种检索不仅要查找最新资料，而且要回溯查找过去年代的资料，即普查过去若干年以来所积累的全部文献，一般可回溯一二十年的范围。这种检索服务适合于从事新课题研究而需要全面系统掌握有关文献的信息需求。回溯检索一般是以联机方式进行的。因为通过联机检索的功能，能够及时修改确定检索策略，保证良好的检索结果。目前，绝大部分的国内外联机检索系统都能提供联机回溯检索服务，许多检索系统数据库能回溯检索到20世纪60年代初的文献。

（二）数值型或事实型数据检索服务

这种服务所提供的是各种科学数据和事实，是一些能够直接使用的信息，如各种常数、标准、物质的各种特性及其参数、化学分子式、基因序列、观测数据和图谱，甚至机构名称、地址、电话号码等有关的数字或文字。当前，国内外许多联机检索系统已提供了数值型或事实型数据检索系统，其增长速度要比书目检索服务更快。数值型或事实型数据库包含的内容相关广泛，除科学数据外，也包括社会、经济、文化等领域的数据。

（三）全文检索服务

所谓全文检索服务，是指检索系统中存储的是文献全文。所提供的检索功能是可以用布尔逻辑运算和自由文本词检索查找文献中某个词、或某几个词所在的出处，出现的频率及其所在句、段的上下文。

全文检索可以帮助人们迅速准确地从冗长繁杂的全文文献中找到自己所需要的段落、记载或记述的文字，供自己引用和研究，而不是像书目检索那样只能获得包括这些记载文字的文献线索。20世纪80年代以来，全文检索服务得到了迅速的发展。

制作成全文数据库的全文文献通常是经典著作、法律条文、重要科技期刊、新闻报道以及百科全书、手册、词典、年鉴等。例如：著名的《牛津内科学》就有相应的全文数据库提供全文检索服务，在该库中可以用任意的单词或词组迅速检索到需要了解的概念、感兴趣的章节，并可在打印机上立即打印出来。深圳先科公司开发的《中国药典》光盘数据库也是一种全文数据库，通过该库的检索系统，可以查出任意一种中药、中成药的植物图片、培育、药物等有效成分、炮制、功效等，任意一种西药的拉丁名、分子式、化学结构、检验标准、光谱等数据，该库的查阅效果比印刷本的《中国药典》好得多。另外，我国中医学界也已建立了《素问》、

《灵枢》、《伤寒论》等多部中医经典古籍的全文数据库，促进了对祖国医学遗产的进一步开发和研究。

三、计算机检索的步骤与方法

用计算机进行文献检索之前，要对检索的课题进行深入的分析，找出课题中包含的主要概念，选择与所检课题相符合的计算机检索种类和数据库，运用布尔逻辑运算符将各主要概念编制成检索提问式。

计算机检索步骤与方法包括的内容很广，我们可以从分析课题、选择数据库、组配检索项、制定检索策略和灵活使用检索指令及各种功能等方面作具体阐述：

（一）分析课题确定主题

这是检索是否成功的关键。熟悉专业及有经验的检索人员，能使信息需求、信息提问和检索目的三者一致起来。这一步的关键首先要清楚信息需求的类型是文献型，还是数值型、事实型；是全文型，还是文摘型；是专利文献，还是一般资料。其次要正确理解课题内容和确定主题概念，尽量使信息需求与信息提问达到一致。

（二）选择检索类型和数据库

检索类型与数据库选择正确与否，对检索是否成功起一定作用。把编制正确的检索提问式在不正确的数据库中运行，将导致检索失败。所以在上机前，首先要对所选数据库的专业范围、来源、收录文摘类型、时间范围、基本索引与辅助索引的标引方式和检索手段等作一全面了解。其次要比较各种机检类型及数据库的费用，以便使用便宜的检索方式达到同样的检索目的。

（三）检索词选择

在计算机检索中，常用检索词有两种：一种是主题词，另一种是自由词。主题词可依词表或相应检索工具书中的词；而自由词则由用户根据检索课题需要所提出的词，一般选自用户查询的文献资料。在实际应用中，根据课题查全或查准的需要，还需选用与主题词和自由词相应的同义词、上位词、下位词及代码和英美不同拼法等。另外，要特别注意的是正确使用各种主题词表；避免使用专指性太高或太泛指的词；不能使用禁用词；一般不选用动词和形容词；使用缩写要与全称合用，以免误检；以主题词检索为主，自由词检索为辅。

（四）编制检索策略

编制检索策略，就是在正确分析课题主题的基础上，确定检索途径，选出切题的检索词。明确各检索之间的逻辑关系与查找步骤，写出符合查询主题的检索提问式的全过程。好的检索策略能基本保证信息要求、信息提问和检索效果的一致性。由于计算机检索中提问与文献标识之间对比匹配由计算机进行，因此计算机必须实现拟定周全的检索策略，编制检索策略的具体步骤如下：

第一，明确检索目的和要求，确定要查找文献在类型、文种、时间等方面的范围。在构造检索策略的过程中，首先必须弄清课题内容是关于什么主题的、哪些类型的文献以及信息需求范围。分析检索课题的实质时，应将信息提问按内容实质分解成若干个不同的概念组。

第二，根据上述要求选择合适的机检类型和数据库（或文档）并确定查找途径。

第三，对信息提问进行概念分析，按照检索词表，选择能代表各个组面的检索词。任何信息提问的概念分析的完成，依赖于检索语言精确表达信息提问所涉及概念的能力，即词表的网罗度与专指度。因而在把概念转化成检索词时，要求从词表中选择最合适的词以表达或代表检索策略的各个概念组。

第四，运用逻辑运算符构造检索表达式。用逻辑运算符构造检索式时，必须注意各个运算符的优先级和括号的使用，尽量组配成符合信息要求的检索提问式，其间还必须周密考虑防止漏检或误检文献。

第五，对数据库或文档进行查找、检出相关文献并分析检索结果。对初步检索出的结果，要进行仔细的分析，与信息要求进行比较和鉴别，看这些文献是否切题，并找出不切题的原因。

第六，如有必要，对检索式进行反馈修改，并且重复第五步，直到检索结果满意为止。

（五）灵活使用检索指令及各种功能

计算机检索系统中往往有许多复杂的检索指令和功能，这些指令都有一定的使用原则和基本法则，如果机械地使用这些指令和功能，虽然检索策略正确，但检索结果往往不理想，因为，灵活运用各种指令和功能，能使检索结果达到事半功倍的效果。

使用好各种检索指令和功能的方法是：上机检索前，详细阅读联机用户或联机指南，对各种指令的语法和作用加以熟悉，做到心中有数。上机过程中，对于不熟悉的指令还可以借助联机实时帮助及时了解，使我们顺利完成整个检索过程。总之，只有反复实践，理论结合实际才能真正掌握联机检索的操作。

医学数据的统计学处理

医学统计学是运用概率论与数理统计的原理及方法，结合医学实际，研究数字资料的搜集、整理分析与推断的一门学科。医学研究的对象主要是人体以及与人的健康有关的各种因素。

医学论文中的统计设计问题

同其他科学研究一样，医学研究的第一步是研究设计。所谓设计就是关于研究计划方案的制订。任一项研究，除专业设计之外，还应包括统计设计。如果设计出现错误，那么，不论用什么统计分析方法进行数据处理都无法得到正确的结论。

因此，统计设计在医学研究中占有十分重要的地位。但是，就目前国内期刊发表的论文来看，医学统计方面的问题不容忽视。下面说说医学论文统计设计方面存在的几个问题。

一、组间的可比性问题

组间具有可比性是指对比组之间除对比因素外，其他特征基本相同，即所谓组间均衡。

组间均衡，则差异有统计学意义的结果可解释为对比因素的作用；否则，差异有统计学意义的结果不能解释为对比因素的作用。因为其他因素也可能造成组间差异。

例1：为说明乙氧苯柳胺治疗神经性皮炎的疗效，按门诊病人自愿，分治疗组和对照组。治疗组以乙氧苯柳胺治疗，对照组以皮炎平治疗。分组结果见“神经性皮炎分组结果”。

神经性皮炎分组结果

	治疗组	对照组
总例数141例	34	107

续表

	治疗组	对照组
男83例	23	60
女58例	11	47
年龄（岁）	15~53	17~60
病程	3个月至14年	2个月至15年
局限性皮炎	104	29
泛发性皮炎	37	5
痊愈	111	18
显效	24	7
有效	6	5
无效	0	4

例1中，两组治愈率相差（78.7%–52.9%=25.8%），$P<0.05$。但作者按门诊病人自愿分组，25.8%的差异可能包括心理因素和其他不均衡因素的影响，不一定是药物单独的作用。正确的方法应该将受试者完全随机分组，才能保证两组对疗效有影响的各种因素（包括性别、年龄、病程、病情、心理等）有更好的均衡性。

例2：为说明中药坐浴对肛门术后创口愈合的作用，将860例接受肛门术的病人随机分为中药坐浴组和常规换药组，每组430例，两组在年龄、性别、病情、术式等方面均无显著差异。通过对两组止痛、消肿效果及创口愈合时间三方面的观察，组间差异都具有统计学意义（$P<0.01$）。

例2中，因860例病人随机分成两组，且研究者对可能影响疗效的年龄、性别、病情、术式等因素在组间的均衡性作了说明（未给出具体数据），组间具有可比性，排除了其他非处理因素的影响。因此，组间差异可以解释为中药坐浴比常规换药更有效。

例3：上肢骨折100例手术病人被随机分为A、B两组，每组50例，且两组性别、年龄、骨折类型及术式等无显著性差异。采用双盲法给予A组布比卡与利多卡因硬膜外麻醉，B组给予A组药+地塞米松硬膜外麻醉。对比观察两组的起效时间和术后镇痛时间，结果两组麻醉起效时间、维持时间及术后镇痛时间均有显著性差异（$P<0.01$）。

例3的A、B两组经随机化分组产生，并且组间在年龄、性别、骨折类型及术式等方面具有可比性。值得一提的是，例3作者考虑到医生、病人的心理因素对治疗效果的影响而采用了双盲法（病人、医生两方面对于所用药物都未知），避免了病人主诉疼痛感觉和医生评价的主观倾向。因此，所得的结论更具说服力。

解决组间可比性问题的最好办法就是事先进行随机化分组（如例2、例3）。为了防止病人的主诉和医生对疗效的判定有倾向性，还须采用单盲或双盲的方法（如例3）。若随机化有困难（如病人与正常人对比），则至少应对可能影响研究结果的主要因素进行均衡性分析。如果组间均衡性差，任何有统计学意义的组间差异都不能只解释为药物（处理）的作用。

二、对照的设立问题

只有设立除处理因素之外其他实验条件相同（或基本相同）的对照组，才能说明处理组的干预措施有无作用。如例3以不加地塞米松而其他条件相似的A组作为对照来说明地塞米松的作用。未设对照组或对照组条件不合理，均会使组间差别扩大或缩小。例2以常规换药组作为对照组的研究结果，如果改用不加中药的单纯温水坐浴组作为对照组，可能得到不同的研究结果。因为单纯温水坐浴也可使肛门括约肌松弛，解除痉挛，缓解疼痛与尿潴留。显然，如果研究目的是中药的疗效，还应设立一个单纯温水坐浴组作为对照。

例4：穿刺冷冻针治疗原发性三叉神经痛35例，对其中30例随访1年。结果，显效16例（53%），有效9例（30%），无效5例（17%），5例失访。

例4在未设任何对照的情况下，通过35例（失访5例）病人随访1年的疗效来说明"自制的穿刺冷冻针的治疗效果良好"，说服力不强，属无对照研究，应慎用。

三、样本的代表性问题

任何研究结论都应该是对总体的推论。在实际中，总体往往是得不到的，如所有患某病的病人。即使总体能够得到，但由于财力、物力、人力等原因，也不可能对总体中的每个个体都进行研究。因此，绝大多数医学研究的对象是样本，如受试者、动物等。但研究者必须明确，研究样本的目的是为了推论总体。因此，样本代表性的好坏直接影响推论的正确性。

常见问题如下：

（一）样本不能代表想要推论的总体

例5：血乳酸的测定对于高乳酸血症的诊断、判定乳酸酸中毒及预测预后等具有重要意义。以往文献报道，血乳酸的测定宜采集动脉血，由于动脉血采集难度较大。因此，本研究者检测了47名献血员（心、肺、肝、肾功能正常）静、动脉血乳酸，结果静脉血乳酸浓度稍高于动脉血，但相差不显著（$P>0.05$）。因此，提示可用静脉血代替动脉血进行乳酸检测。

例5中，研究者所观察的样本是47名献血员（可作为心、肺、肝、肾功能正常人群的样本），其推论不适用周围循环受阻及循环衰竭的病人（原作者已经说明）。另外，47例样本静脉血乳酸浓度平均比动脉高0.08 mmol/L，相差不显著（$P>0.05$），不是"可用静脉血代替动脉血进行乳酸检测"的统计学依据，因为当样本量很大时（如>400），0.08 mmol/L的差异就是相差显著（$P<0.05$）。所以，例5的推论是否合理，关键是0.08 mmol/L的差异在专业上是否可以认为已经足够的小。

（二）样本例数太少，即抽样误差较大。

如例4，由30例计算的显效率53.3%，抽样误差（标准误差）为$S_p=\sqrt{0.533\times(1-0.533)/30}=9.1\%$当显效率不变而病例数增加到100例时，

$S_p=\sqrt{0.533\times(1-0.533)/100}$=5.0%样本越大，抽样误差越小，对总体的推论越可靠。当然，也不是说样本越多越好，满足研究需要即可。正确估计样本大小的方法请查阅有关参考书。

（三）失访

如例4中，35例病人1年后有5例失访。如果失访的5例全部显效，显效率为21/35=60%，比论文报告的高7%；反之，如果失访的5例全部有效或无效，显效率为16/35=46%，比论文报告的低7%，研究结果岂不是由失访者所决定？因此，一项研究不允许有太多的受试者失访，在选择研究样本时一定要特别注意。

综上所述，研究设计必须遵循随机、对照、重复（即有一定的重复观察样本）的统计学原则。对于不能进行随机抽样的临床试验，应借助随机数字将受试者随机分为对照组和试验组，具体的随机化分组方法详见有关的医学统计教科书。

医学论文中常见的统计描述问题

撰写医学论文的目的是报告医学实验或观察结果，通过分析结果提出新发现、新见解、新观点等，无论是实验结果、观察结果，还是分析结果，或多或少地都会用到统计描述。但是，一些医学论文中的统计描述还存在问题，甚至有错误。下面是常见的问题和错误。

一、文字描述过多，烦琐且不明了

在许多医学论文中，作者对于临床资料的一般情况、受试对象的情况及实验（观察）结果多用大量文字描述，如下例作者对于治疗组和对照组在病型、性别、年龄、病程、血清总胆红素（TBIL）值等方面的情况，以及两组的治疗结果全部用文字叙述，既烦琐又不明了，若改用统计表描述，则使读者一目了然。

例：为考察蝮蛇抗栓酶治疗慢性肝病残留黄疸的疗效，将34例慢性活动型肝炎（CAH）及14例肝炎后肝硬化（LC）病人，随机分为两组，分组结果见“34例CAH病人及14例LC病人随机分组结果”。经1个月的治疗，各组疗效见“治疗结果”。

应用统计表不仅可避免冗长的文字叙述，还可把相关的数字列在一起，便于计算、比较、分析和阅读。

34例CAH病人及14例LC病人随机分组结果

项目	治疗组（*n*=28）	对照组（*n*=20）
CAH例数	19	15
LC例数	9	5
男性例数	25	18
女性例数	3	2
平均年龄（岁）	38（23~52）	37（22~51）
平均病程（年）	4.5（3~17）	4.2（3~16）
TBIL均数（μmol/L）	34.5	34.0

治疗结果

疗效	治疗组（*n*=28）		对照组（*n*=20）	
	例数	%	例数	%
显效	22	78.6	10	50.0
有效	4	14.3	3	15.0
无效	2	7.1	7	35.0

二、统计表的应用问题

（一）统计表的构成

从外形上看，统计表主要由标题、标目、线条和数字几部分组成。标题一般不超过20字，应简单扼要地说明统计表要表达的内容。标目有横标目、纵标目。横标目用来说明行的内容，如“34例CAH病人及14例LC病人随机分组结果”表中的“CAH例数”等。纵标目用来说明列的内容，如“34例CAH病人及14例LC病人随机分组结果”表中的纵标目为“治疗组”、“对照组”；线条一般为3条或4条横线。

（二）统计表的应用

统计表虽简单，但其应用还存在不少问题，主要有标目不明确、纵向对比和横向对比混淆等问题。

例1：

妊娠组和ICP组CG值异常情况对比

妊娠（周）	妊娠组（n=62）		ICP组（n=30）	
	例数	（%）	例数	（%）
21~28	10	16.1	3	10.0
29~36	12	19.3	5	16.7
37~38	14	22.6	10	33.3
>39	26	41.9	12	40.0

例1表第二列和第四列的纵标目“例数”不明确，由原文的叙述推测应是观察例数。第三列的纵标目“%”的意义也不明确，是率还是百分比？根据原文给出的数据计算，无论是率还是百分比，计算结果都不正确。要对比妊娠组和ICP组CG值异常情况，可按例2列表（需补充有关数据）。

另外，横标目的描述也不够明确，正确的描述应是妊娠周分“21~28”，“29~36”，“37~38”，“≥39”四组，如“21~28”表示≥21周不满29周。

例2：

妊娠组和ICP组CG值异常情况对比

妊娠（周）	妊娠组（n=62）			ICP组（n=30）		
	例数	异常例数	异常率（%）	例数	异常例数	异常率（%）
21~28	10		3	3		1
29~36		5		5		2
37~38	14		10		3	
>39	26		12	12		6

三、选用的描述性指标不准确

（一）描述计量资料的统计指标

描述计量资料的统计指标主要有平均数指标（算术均数$\bar{x}$、中位数M等）和变异指标（标准差s和四分位数间距Q等），在应用时一定要注意各自的适用范围。例1作者计算了治疗组和对照组病人年龄、病程的算术均数，以描述两组病人年龄、病程的平均水平。但是，CAH病人及LC病人的年龄分布和病程分布都可能不是对称分布（如大多数病人的病程偏大等）。因此，不宜用算术均数来描述二者的平均水平，应改用中位数描述。

中位数就是将一组数据从小到大排列后居中的数据值，如7、8、8、9、10的中位数是8，若数据个数n为偶数，则中位数是居中的两个数的平均值，如7、8、8、9、10、11的中位数为（8+9）/2=8.5。

另外，在进行统计描述时，只有将平均数指标与变异指标共同使用才能较全面地描述一组数据的分布特征。一般来说，正态资料或对称资料用$\bar{x} \pm s$描述，偏态资料用M和Q来描述。在不能确定数据的分布类型时，应选用M和Q进行统计描述。

四分位数间距Q是75%分位数P75和25%分位数P25之差，即Q=P75−P25，所谓百分位数Px是将全部观察值分为两部分，理论上X%的观察值比它小，（100−X）%的观察值比它大，中位数M是50%分位数P50。

$\bar{x}$、s、M、P_x与Q可通过统计软件直接输出，手工计算的方法请参阅有关书籍。

（二）描述计数资料的统计指标

描述计数资料的统计指标有绝对数和相对数。绝对数是原始资料经汇总得到的小计或总计数。相对数是两个有关的绝对数之比，主要包括率和构成比。医学论文中相对数应用的主要问题是分母较小，因而不能保证相对数的可靠性。在这种情况下，宜直接用绝对数进行描述而不宜计算相对数。如“重型肝炎38例AFP值与预后的关系”表中资料按AFP值分组后，各组例数较少，尤其是AFP值为200组，只有4例，由此计算出的好转率50%和病死率50%没有实际意义。

重型肝炎38例AFP值与预后的关系

AFP值（μg/L）	好转		死亡	
	例数	（%）	例数	（%）
<20	3	20.0	12	80.0
20~	4	36.4	7	63.6
200~	2	50.0	2	50.0
≥400	6	75.0	2	25.0

医学论文中常见统计分析方法的正确应用

统计方法作为医学科研数据分析的一个工具被广泛应用，但由于医学研究数据并不都是仅用χ^2检验、t检验所能处理的，误用、滥用统计方法的情况时有发生。本文将针对医学论文中常见的统计分析问题进行讨论。

一、x^2检验

（一）四格表资料x^2检验

医学论文中，四格表资料x^2检验的应用很常见。大样本资料用未校正x^2检验，小样本资料用校正x^2检验。当不能判断是大样本还是小样本时，校正和未校正x^2检验可同时使用。如果结果一致，取未校正x^2检验的结果。如果结果相互矛盾，应采用四格表精确概率法（Fisher精确概率法）进行分析，如例1。另外，四格表中有“0”出现时，也应采用四格表精确概率法。

例1：甲、乙两个零售点均出售同一来源的猪肉。今检查两个零售点猪肉表层沙门菌带菌情况，结果见表“两零售点猪肉表层沙门菌带菌情况检查结果”。问两个零售点的沙门菌带菌率有无差别？

两零售点猪肉表层沙门菌带菌情况检查结果

零售点	沙门菌		合计	带菌率（%）
	阳性	阴性		
甲	2	26	28	7.14
乙	5	9	14	35.71
合计	7	35	42	16.67

用非连续性校正x^2检验，有结论为乙零售点沙门菌带菌率较高。若用连续性校正x^2检验，有结论为两零售点沙门菌带菌率无显著性差异，与非连续性校正x^2检验的结论相互矛盾。

$$x^2=\frac{(2\times 9-5\times 26)^2\times 42}{28\times 4\times 7\times 35}=5.49，P=0.019\ 2（<0.05）$$

用Fisher精确概率法，有P=0.031 3（0.05），因此本例结论应为乙零售点沙门菌带菌率较高。

$$x^2\text{C}=\frac{\{(2\times 9-5\times 26)-42/2\}^2\times 42}{28\times 14\times 7\times 35}=3.62，P=0.057\ 0（>0.05）$$

（二）行列表资料χ^2检验

行列表资料χ^2检验主要用于多个样本率的比较、两组（多组）分类资料构成比的比较等，如例2。

例2：为观察新鲜芦荟外敷治疗化疗性静脉炎的疗效，154例患者随机分为治疗组80例，对照组74例。两组化疗性静脉炎的分型情况，见表“治疗组与对照组化疗性静脉炎分型情况”。

治疗组与对照组化疗性静脉炎分型情况

组别	例数					百分比（%）				
	红肿型	硬结型	坏死型	闭锁型	合计	红肿型	硬结型	坏死型	闭锁型	合计
治疗组	39	31	7	3	80	48.75	38.75	38.75	3.75	100
对照组	35	28	8	3	74	47.30	37.84	10.8	14.05	100

经行χ列表χ^2检验，χ^2=0.20，P=0.98（>0.5），两组各种分型所占比例差异无统计学意义。结论：四种分型的化疗性静脉炎在两组内分布是均衡的。

二、等级资料的检验

等级资料是指观察结果有等级差别的资料，如表“治疗组与对照组疗效比较-1”中资料的三类观察结果：无效、有效、显效。这类资料常被当作一般分类资料而进行了行列表的χ^2检验，从而损失了指标分组变量所包含的“等级”信息。正确的统计分析方法是非参数统计的秩和检验。

例3：考察硝苯地平治疗老年喘息性支气管炎的疗效，治疗组60人，用硝苯地平治疗，对照组58人，常规治疗，两组患者的性别、年龄及病程无显著差异，治疗结果见表“治疗组与对照组疗效比较-1”。

治疗组与对照组疗效比较-1

组别	例数	例数			百分比（%）		
		无效	有效	显效	无效	有效	显效
治疗组	60	6	19	35	10.00	31.67	58.33
对照组	58	14	20	24	24.14	34.48	41.38

由于本例资料的指标分组变量（疗效）是有序的，因此采用秩和检验，结果为u=2.166，P<0.05，两组疗效差异有统计学意义。

表“治疗组与对照组疗效比较-1”中资料经检验，χ^2=5.224，P>0.05，两组疗效的构成百分比差异无统计学意义。但这不说明疗效差别。因为检验只利用了两组构成比提供的信息，损失了有序指标分组变量提供的“等级”信息。例如，假定两组的显效例数和有效例数互换，见表“治疗组与对照组疗效比较-2”。显然，两个表所反映的信息是不同的，但由于两组的结构百分比无变化（仅仅是位置不同），不改变检验的结果。

治疗组与对照组疗效比较-2

组别	例数	例数			百分比（%）		
		无效	有效	显效	无效	有效	显效
治疗组	60	6	35	19	10.00	58.33	31.67
对照组	58	14	24	20	24.14	41.38	34.48

用秩和检验比较疗效的方法是将无效、有效、显效三个疗效等级数量化，数值用平均秩号，然后比较两组平均秩号的大小。以表“治疗组与对照组疗效比较-1”中资料为例，经计算，无效、有效、显效对应的秩号分别为10.5、40和89，即疗效越好，数值化分值越高。两组数据的平均秩号分别为：

治疗组：$R_1=\frac{1}{60}（6\times10.5+19\times40+35\times89）=65.6$

对照组：$R_2=\frac{1}{58}（14\times10.5+20\times40+24\times89）=53.1$

经秩和检验，$P<0.05$，两组疗效差异有统计学意义。因治疗组的平均秩号大于对照组，所以治疗组疗效好。同理，对表“治疗组与对照组疗效比较–2”中资料做秩和检验$R_1=52.6$，$R_2=49.8$，$P>0.05$，两组疗效差异无统计学意义。与表“治疗组与对照组疗效比较–1”中资料的秩和检验结果相反。

三、t检验与方差分析

（一）t检验、方差分析的两个应用条件

t检验用于两个均数间的比较，方差分析用于两个或多个均数间的比较。t检验和方差分析都要求资料服从正态分布且组间方差齐（各组标准差彼此相近），但在许多医学论文中，作者忽略了这两个条件而直接应用t检验或方差分析，这样的分析结果是不可信的。如例4、例5。

例4：为考察纳洛酮治疗急性酒精中毒的疗效，将50名患者随机分为两组，A组为对照组，B组为纳洛酮组。两组观察结果用t检验进行分析，结果见表“两种治疗方法治疗酒精中毒病人所需时间”。

两种治疗方法治疗酒精中毒病人所需时间（$\bar{x}\pm s$，min）

组别	观察例数	显效时间	症状减轻时间	症状消失时间
治疗组	25	15.80 ± 5.60	32.80 ± 3.16	85.0 ± 22.60
对照组	25	58.00 ± 10.60	126.60 ± 12.60	234.60 ± 28.86

“两种治疗方法治疗酒精中毒病人所需时间”表所列数据，A、B两组显效及症状减轻时间的标准差相差都较大（相差两倍以上），经方差齐性检验方差不齐，不能用t检验，应采用秩和检验。

例5：为考察腹腔液碱性磷酸酶活性测定对临床的价值，78例急腹症患者，根据手术及病理结果分为4组，并测定各组病人

腹腔液碱性磷酸酶活性，结果见表“四组急腹症病人腹腔液碱性磷酸酶活性比较”。统计学处理采用“配对q检验”及组间方差分析，结果4组间差异显著（F=18.02，P<0.001）。两组间比较，组1及组2与组3、组4间差异显著（P<0.001）；组1与组2差异显著（P<0.05），组3与组4无显著差异（P>0.05）。

四组急腹症病人腹腔液碱性磷酸酶活性比较

组别	例数	碱性磷酸酶（$\bar{x} \pm s$，U/L）
上部小肠坏死穿孔组（组1）	17	245 ± 56
化脓或穿孔阑尾炎组（组2）	22	244 ± 36
胃溃疡穿孔组（组3）	20	83 ± 13
单纯性阑尾炎组（组4）	19	34 ± 7

表“四组急腹症病人腹腔液碱性磷酸酶活性比较”中各组数值方差严重不齐，最大标准差与最小标准差之比（56/7）达8倍，故不宜用方差分析和q检验。当资料不满足t检验和方差分析的应用条件时，应采用两样本或多样本秩和检验进行组间比较。

（二）误用t检验进行多组均数两两比较

医学实际中常会遇到多个均数比较的情况，如例6表“心内直视手术时，三种抑肽酶用量与血红蛋白丢失量及失血量、输血量的关系”资料中是4个均数间的比较问题。

例6：为考察抑肽酶用量对减少心内手术失血的效果，按随机双盲法将40例风心病行人工瓣膜置换术病人分为大剂量组、小剂量组、半剂量组和对照组，观察术中、术后血红蛋白丢失量、术后失血及输血量，结果见表“心内直视手术时，三种抑肽酶用量与血红蛋白丢失量及失血量、输血量的关系”。

心内直视手术时，三种抑肽酶用量与血红蛋白丢失量及失血量、输血量的关系（$\bar{x} \pm s$）

组别	例数	术中血红蛋白丢失量（g）	术后血红蛋白丢失量（g）	术后失血量（ml）	输血量（ml）
对照组	10	85.6 ± 30.3	98.4 ± 38.1	744 ± 359	980 ± 510
大剂量组	10	32.7 ± 9.8	40.2 ± 14.3	362 ± 183	310 ± 154
小剂量组	10	34.8 ± 9.6	41.4 ± 13.2	376 ± 179	280 ± 144
半剂量组	10	49.1 ± 17.3	60.3 ± 26.4	501 ± 284	530 ± 289

在许多医学论文中，对于多个均数的比较，作者常重复应用t检验作两两比较，如例6。这样会加大犯假阳性错误（实际无差别而统计结果判为有差别的错误，也称Ⅰ类错误）的概率α，可能把本无差别的两个总体均数判为有差别。

正确的做法是，在研究设计阶段确定反映实验结果的一个最主要的观察指标，不能实验结束后用统计方法挑选阳性指标。同时要先对原始资料进行正态性和方差齐性检验，这两个条件成立时，再作方差分析。否则，可采用秩和检验进行组间比较。组间差异显著时可继续进行两两比较。

四、文中未说明所用统计分析方法

在一些医学论文中，只给出了P值，未说明所用的统计分析方法是不合适的（如例7），因为任何统计检验都能得到一个P值，而只有通过正确的统计分析方法获得的P值才有价值，才能作为研究者对实验或观察结果进行推断的统计依据。

例7：为探讨手深度烧伤的治疗时机，36例病人，共计58只手。入院后48小时以内急诊手术26只，72小时以后手术12只，7例晚期创面清创植皮及皮瓣治疗，不愿手术治疗自愈者13只手。植皮成活情况见表“38只手深度烧伤皮片成活情况比较”。

38只手深度烧伤皮片成活情况比较

手术时间	手数（只）	不同成活率手数（只）		
		≥90%	80%	≤70%
伤后48h	26	23	3	0
伤后72h	12	5	4	3

对表“38只手深度烧伤皮片成活情况比较”资料进行分析，可用的统计分析方法至少有三种：一是四格表校正x^2检验；二是两组皮片成活率均数的比较（前提是每只手皮片成活率能准确测量）；三是秩和检验（部分成活率不能准确测量，如>90%或<70%等）。

综上所述，不同的统计分析方法都有其应用条件和适用范围，实际应用时，必须根据资料的性质及所要分析的内容选择适当的统计分析方法，切忌只关心*P*值的大小（是否<0.05），而忽略了统计分析方法的应用条件和适用范围。撰写医学论文时，还必须对在“材料与方法”内容中对所选用的统计分析方法加以说明。

医学数据统计分析的常见问题

一、文中未说明所用统计分析方法

在一些医学论文中，只给出了*P*值，未说明所用的统计分析方法，如例1。

例1：为进一步了解重型肝炎甲胎蛋白（AFP）变化，对38例重型肝炎病人进行了检测，AFP与重型肝炎预后的关系见表“重型肝炎38例AFP值与预后的关系”。

重型肝炎38例AFP值与预后的关系

AFP值（μg/L）	好转		病死	
	例数	（%）	例数	（%）
<20	3	20.0	12	80.0
20~	4	36.4	7	63.6
200~	2	50.0	2	50.0*
>400	6	75.0	2	25.0**

注：分别与<400μg/L比较，★★*P*<0・01，与<20μg/L，28~200μg/L比较，★*P*<0.05。

由于各组例数较小，用四格表精确概率法对表“重型肝炎38例AFP值与预后的关系”中AFP值>400 μg/L（8例）和<400μg/L（30例）两组的好转（病死）率进行比较，结果为$P=0.039$（注：即使用χ^2检验或校正χ^2检验，仍有$P>0.01$），与表“重型肝炎38例AFP值与预后的关系”下所列$P<0.01$不符，是通过什么统计分析方法得出的$P<0.01$，文中未作说明，其统计分析结果的正确性值得怀疑。

医学论文中必须说明所用的统计分析方法，不能只简单地给出*P*值。当一篇论文中用到一个以上的统计分析方法时，还应对每个统计结果所用的统计方法加以说明。

二、四格表χ^2检验的应用问题

例2：63例冠心病人随机分为两组，治疗组32例，对照组31例。两组均常规用药，治疗组加用氦-氖激光血管内照射（ILIB）治疗，静息心电图疗效分析结果见表“两组静息心电图疗效分析”。

两组静息心电图疗效分析

	ILIB组	对照组
总例数	32	31
有效例数	26	18
无效例数	6	13
有效率（%）	81.3	58.1

注：两组χ^2=4.02，$P<0.05$。

例2中用未校正χ^2检验比较两组的有效率，结果为χ^2=4.02，P=0.045（$P<0.05$），因此认为两组的疗效差异显著，ILIB组疗效优于对照组。

经计算，本例校正χ^2=2.99，P=0.084（P>0.05），四格表精确概率法P=0.0577（$P>0.05$），均与未校正χ^2检验的结论相反。

实际应用时，当χ^2检验所得P值在检验水准（本例为0.05）上下波动时，未校正χ^2检验与校正χ^2检验的结果常相互矛盾，这时应改用四格表精确概率法进行分析。本例精确概率法分析结果为$P>0.05$。因此，尚不能认为ILIB组疗效优于对照组。另外，当样本例数较少时，也宜用精确概率法进行组间比较。

值得说明的是，无论哪种假设检验，当所得P值在检验水准上下波动时，下结论一定要慎重，应结合专业知识分析结论是否符合实际或通过进一步的观察再作结论。

三、t检验的应用问题

（一）忽略了t检验的两个应用条件

t检验要求资料服从正态分布且组间方差齐，但在许多医学论文中，作者忽略了这两个条件而直接应用t检验。

如例3在组间方差不齐的情况下用t检验进行统计分析，这样的分析结果是不可信的。

例3：为考察地塞米松对硬膜外麻醉和骨折术后镇痛的作

用，将100例下肢骨折等手术病人随机分为两组，A组为对照组，B组为地塞米松组。两组观察结果及统计分析结果见表“两种药液对骨折复位手术病人的麻醉效果”。

两种药液对骨折复位手术病人的麻醉效果（$\bar{x} \pm s$）

	A组（n=50）	B组（n=50）
起效时间（min）	14.5 ± 4.2	9.2 ± 2.8*
维持时间（h）	7.4 ± 1.0	14.3 ± 2.1*
术后镇痛时间（h）	6.9 ± 2.7	24.4 ± 6.8*

注：经t检验，与A组比较，*P<0.01。

表“两种药液对骨折复位手术病人的麻醉效果”中所列数据，A、B两组三个指标的标准差相差都较大，经F检验方差不齐，不能用t检验进行分析，应采用两样本比较的秩和检验。

秩和检验是用秩次代替原始数据进行统计分析的假设检验方法，因没有充分利用资料提供的信息，检验效率较低，但它对资料的分布形式没有要求。因此，当资料不满足t检验的应用条件时，应采用秩和检验进行比较。如例4。

例4：某研究室在用药物预防高原肺水肿的动物实验中，模拟海拔4 000 m状态下12 h后处死实验大鼠，测得给药组与不给药（对照）组肺含水量如表“两组大鼠肺含水量比较”，试检验两组大鼠肺含水量有无差别？

两组大鼠肺含水量比较

给药组	对照组
3.62	3.83
3.62	4.01
3.64	4.04
3.75	4.06
3.81	4.31

续表

给药组	对照组
3.94	4.40
3.98	4.64
4.04	4.72
4.15	5.15
4.23	5.88

两组$\bar{x} \pm s$分别为3.88 ± 0.22和4.50 ± 0.63，经F检验，方差不齐，故采用秩和检验，结果得$P<0.01$，可认为给药组肺含水量较对照组小。

（二）误用t检验进行多组均数两两比较

医学研究中常会遇到多组均数比较的情况，如例5表中资料是四组均数间的比较问题。多组均数比较可用方差分析或多个样本比较的秩和检验（注：方差分析要求资料正态分布，且各组方差齐，秩和检验对资料没有要求），当结果为组间差异显著时可继续进行两两比较。

例5：为考察抑肽酶用量对减少心内手术失血的效果，按随机双盲法将行人工瓣膜置换术40例分为大剂量组、小剂量组、半剂量组和对照组，观察术中、术后血红蛋白丢失量、术后失血量及输血量，结果见表“三种抑肽酶用量对减少心内手术失血的观察结果”。

三种抑肽酶用量对减少心内手术失血的观察结果（$\bar{x} \pm s$）

观察指标	对照组（n=10）	大剂量组（n=10）	小剂量组（n=10）	半剂量组（n=10）
术中血红蛋白丢失量	85.6 ± 30.8	32.7 ± 9.8△△	34.8 ± 9.6△	49.1 ± 17.3
术后血红蛋白丢失量	98.4 ± 38.1	40.2 ± 14.3△△	41.4 ± 13.2△	60.3 ± 26.4
术后失血量（ml）	744 ± 359	362 ± 183△△	376 ± 179△	501 ± 284
输血量（ml）	980 ± 510	310 ± 154△	280 ± 144△	530 ± 289

注：经t检验，与半剂量组比较，★$P<0.05$，★★$P<0.01$；与对照组比较，△$P<0.01$。

在许多医学论文中，对于多组均数的比较，常重复应用t检验做两两比较，如例5用t检验对四个组的均数做两两比较，这是不妥的。因为这样加大了犯I类错误（实际无差别而统计结果判为差异显著的错误称I类错误）的概率，可能把本无差别的两个总体均数判为有差别。本例四组做两两比较的次数为6，则α增至$\alpha=0.06$，仍按$\alpha=0.05$作结论是不正确的。

正确的做法是，先对原始资料进行正态性和方差齐性检验，这两个条件成立时，再做方差分析。否则，应采用秩和检验进行组间比较。

不同的统计分析方法都有其各自的应用条件和适用范围，实际应用时，必须根据资料的性质及所要分析的内容选择适当的统计分析方法，切忌只关心P值的大小（是否<0.05），而忽略统计分析方法的应用条件和适用范围。

医学论文的审校流程

编辑初期的选稿、组稿是决定期刊质量的重要因素之一，而审校质量的好坏是期刊质量的重要保障，这项内容包括审稿与校对。

医学论文的审稿

审稿，是稿件写作的主要环节，它是对稿件进行审读、评价、决定取舍，并对需要改进的稿件提出修改要求和建议。审稿的基本职责是按照出版工作的方针原则对稿件进行评价、选样和把关，促进优秀的作品出版。而作为医学期刊，具有一定的导向作用。所以，审稿环节更加应该注意稿件的学术质量，以促进稿件本身的导向性作用。现在围绕审稿，说说它的基本作用、制度和特点等。

一、审稿的基本要求

（一）政治性

主要指论文的政治立场、政治观点和政治倾向。它是论文审稿的首要要求。

（二）思想性

是指出版物内容反映的思想内容和思想倾向，很多时候，思想性是与政治性紧密联系在一起的。

（三）独创性

是指论文不同于其他作品的新见解、新材料，具有超越前人的新发展、新方法。在审稿的过程中注意论文的独创性，可以防止内容重复、毫无创意的稿件发表。

（四）科学性

是指稿件的内容要符合客观实际，能够正确反映事物的本来面貌和客观规律，揭示事物的本质特征。而在医学论文中，则又体现在了论文的科研设计是否合理、严谨。

（五）知识性

对于医学论文而言，知识性则更多的要体现在实用性上。毕竟医学论文的发表都是为了促进医学学科的进步、提高治疗水平、改进治疗方法。没有知识性，不具有实用性，论文便没有实际意义。

对于医学期刊而言，审稿最侧重的还是论文的科学性、创新性和实用性。因为这3项指标直接关系着论文的学术水平的高低。

二、审稿制度

（一）三审制度

三审制是“三级审稿责任制度”的简称，是由初审、复审和终审三个审级组成的审稿制度。三审制度利用程序上的交叉互补、递进制约，以减少审稿上的失误。

（二）外审

是将稿件送到各个专业学科的医学专家审读，依靠他们的专业知识，对稿件提出具体的审稿意见，以帮助解决审稿工作中的部分难题，确定文章的质量水平。外审是三级审稿制度以外的独立的另一审级。

（三）审读报告

又常常被简单称为“审稿意见”或者“审稿单”。是编辑人员或者参与审稿的医学专家在审读完稿件后对稿件的评价及处理意见的书面报告。其记录了鉴审评价原稿的结果，也是处理稿件的重要文字依据。各个审级都要拿出各自的审读报告。上一个审级的审读报告连同原稿一并交给下一个审级的专家，以供参考。

三、审稿特点

内审必须遵循的原则是：一个尺度、两人把关、高级职称。

外审必须遵循的原则是：分散、对口、交叉、回避、保密、实行双盲审稿、不可替代、至少两审。

（一）分散

是指期刊的审稿任务不宜过分集中。要分散到各地区、各单位、各专业的编委与专家。一个单位编委的审稿以不超过总审稿量的35%，某一编委个人的审稿量以不超过总审稿量的20%为宜。

（二）对口

是指所送稿件涉及的内容要与审稿人的专长对口。

（三）交叉

是指不同单位、不同城市间要尽可能进行交叉审稿。

（四）回避

是指审稿人要回避审阅所有与自己有关系的稿件，尤其是作者所在单位审稿人、导师，要回避审阅本单位及自己学生的稿件。

（五）保密

是指坚持审稿人与作者不见面的原则，即不让作者知道其稿件是哪位审稿人审阅的，尤其是退稿。

（六）实行双盲审稿

有利于上述原则的贯彻，也有利于期刊客观、公正地处理每一篇来稿。

（七）不可替代

是指期刊的审稿程序不可替代，审稿人的权利不可替代。任何人为任何单位所做的鉴定、评审材料都不能替代期刊的审稿程序与期刊指定审稿人的书面审稿意见。

（八）至少两审

刊出的每一篇论文，至少要有两位专家的书面审稿意见。

终审必须遵循的原则是：集体审稿、讨论审稿。具体操作：①参加终审定稿会的专家需要有足够的人数；②外审不能替代终审，多一次外审不等于终审。

对于没有发表价值的论文都应当予以退稿，退稿必须注意以下原则：①三审的每一审都有退稿的权利；②对拟退稿件，编辑要进行复审比较平衡；③同等水平时，要适当照顾基层单位、边远地区；④不同观点不能作为退稿的理由；⑤文字表达不佳也不是退稿理由；⑥平等对待作者，不可伤害作者的感情；⑦珍惜退稿机会，与作者讨论学术问题；⑧如有不同意见，可再请有关专家重审。

四、退修与加工

（一）退修

这个环节关系到整个期刊的质量，每一篇论文的质量。既是编辑加工的一个重要基本工序，也是从事编辑工作者的一项基本功。退修工作包括两个方面：①编辑对稿件直接具体的加工修改。②综合各方面意见后给作者写退修信。

无论是在稿件上的直接加工，还是写给作者的退修信。其内容应该包括专家的外审意见，编委会的终审意见，当然也包括编辑本人的意见，退修意见应该是一个综合意见。内容既有学术方面的，也有编辑方面的，还有文字方面的，甚至还有法律方面的问题。从文题到文献，从文章的结构安排到图表的取舍与设计，无所不有。这些意见，既有与作者商榷的，也有要求作者必须执行的。尽可能将这些意见一次转告作者，以便作者通盘考虑，全面修改。

需要注意以下几个问题：①反复退修显然延长了刊出的时滞，不可提倡。②复印专家的审稿意见直接寄给作者，这不是一个规范的退修程序，不可提倡。

（二）发稿前加工

发稿前的加工也是一项重要工作，从文题到文献、从文字到图表、从中文到英文，逐字逐句逐项复核，做到齐、清、定。发稿加工的基本原则是准确、精练和认可。发稿前的工作有下面几条：

1）编辑加工要进行充分的准备工作，要检查稿件是否齐全，包括图稿是否一致、照片是否清晰、表格等是否齐备等。

2）编辑要对稿件进行精读加工整理。精读必须非常仔细，逐字逐句地阅读原稿，发现问题并加以解决，必要时要多次地阅读。

3）对全文和辅文进行加工整理，具体包括：消除政治性差错，完善原稿观点；订正事实材料，纠正知识性差错；对引文进行核对；看结构是否完善；修正标题，统一层次编码；润饰文字；修改使用不当的标点符号；修改表格；检查插图；核对附录；规范参考书目；核改索引；统一名词、术语、地名、人名、机构；统一数字用法；统一计量单位；描改工作；添加批注。

五、签字发稿

一般而言，专业杂志的编辑流程规范中，有明确的签字制度，即发稿编辑、责任编辑、主任、社长、总编辑的审核签字。签字就是把关，意味着责任。把签字作为流程的一部分，是一种必须执行的制度。有的期刊，虽然其发稿编辑、责任编辑、主任、总编辑均认真审读过这一期稿件，但由于没有一个统一的流程单，以致没有签字的地方。

签字制度既要求发稿编辑、责任编辑、主任、总编辑对文稿的学术、文字、规范进行各负其职的审核与把关，还要求上述所有责任者对以下问题给予特别的注意：

1）尊重与保护作者的署名权。

2）谨慎对待版权问题。

3）审慎对待异体组织的来源问题。

4）尊重患者的肖像权与隐私权。

5）严格遵守广告法。

医学论文的校对

校对就是校对人员根据原稿或定本核对校样或通读检查，以将错误、差错消灭在出版之前，这是出版流程中很重要的一个环节。校对具有的两个基本功能是“校异同”和“校是非”。校对的目的，在于检查清样是否符合原稿，同时协助作者和编辑人员消灭文稿中的错误，并通过校对清样，可以再次校正原稿中因笔误而造成的错误。编辑的校对工作比较复杂，有校对前的整理工作，如安排校次，人员分工和了解原稿；也有校对后的整理工作，如页码整理、注释整理、附件整理。

一、常见的校对方法

（一）对校方法

该方法是比照原稿，看校样上的文字、标点符号与原稿是否一一相符，从而达到消除一切与原稿不符合的方法。而根据操作方法的不同，又有：点校、折校、读校、倒校等方法。

（二）本校

该方法是在通读论文前后、左右内容互证，以发现问题，订正讹误的校对方法。

（三）他校

该方法主要是在通过本校发现原稿有疑点之后所采用。是利用各种标准和规范以及权威的书籍，从中找到排疑的根据。

（四）理校

该方法是校对者根据自己的知识尽心分析、推理，在通读中对原稿的正误作出判断的校对方法。在运用本方法进行校对的时候，要充分开展联想、推理、判断、识别等一系列复杂的思维活动，同时要避免“想当然”的错误。

（五）其他

其他校对方法还包括核红、整理、人机结合等。

二、校对的程序

整个的校对过程，可以分成“初校、二校、三校和核红（校红）”四个校次。四个校次各有重点。

（一）初校

按照原稿逐字、逐段地校对，重点解决版式（含篇名、作者单位和姓名、图表位置等）的问题、是否缺段漏句，是否有明显的错别字，各种数据是否准确（尤其是表格内的数据），并核对参考文献的来源是否合理。

（二）二校

在初校的基础上精读全文，主要解决业务方面的内容以及错别字和标点符号等。

（三）三校

全面检查、订正，以确保内容的确凿无误。此时不再对原稿，而仅在需要的时候查阅。

（四）校对前必须先对红

检查前次校改的错误是否全部改正。三次校对各有重点，除非有重大的问题出现，一般不进行大段增减，尽量少动版面。一来防止出现新的错误，二来有利于提高错误发现率。

三、校对的要求

校对的第一个要求是定稿。送去印刷前，稿件要逐字逐句地核实，标点、符号、公式、字码、字体都要求一致。具体要求做到：①校正错字、缺字、别字、横字、颠倒、多余或者遗漏字句行段，以及接排、换行、字号等差错。改正符号和公式的错误。②检查版式是否符合要求；注释和参考文献的次序与正文所标号码是否吻合；插图、表格、数学公式和化学方程式等的位置；排版是否美观；行距是否均匀，字距是否符合规定，各级标题层次、字体和顺序是否得当。

四、核改校样的基本原则

对编辑而言，校对是减少差错、提高期刊质量的最后一道防线。在阅校这个环节上，仔细阅读、认真复核、谨慎核改校样，是一名编辑必备的基本素养与作风。

（一）仔细阅读

是指编辑要从文题到文献，从文字到图表，一字一句地仔细阅读校样，不可一心两用，一目数行。

（二）认真复核

是指当校对的校样、作者的校样与编辑自己阅读的校样三者不一致，甚至有矛盾的时候，其处理权虽归编辑，但不可盲目下笔，要认真复核。

（三）谨慎核改

是指必要时须与作者联系，甚至向有关专家请教，在有绝对把握的情况下，方可下笔改定（最终的定稿务必要征得作者的认可）。

五、校对符号的使用及注意事项

校对符号是用来标明版样上存在的各种错误的记号，是编辑、排版和校对者之间的共同语言。排版中的差错，或对字句需要增加、删除等而进行标注的时候，所使用的校对符号必须准确无误，并按照《校对符号及其用法》所规定的符号和方法作为标准。

校对中的注意事项：

1）校对要认真，不能片面地追求高速度，一目十行，跳跃式地进行校对，必须要实实在在地、逐字逐句逐页地进行校对。

2）改正的字或符号一定要书写清楚，特别是冷僻字，少见的符号、标记等。

3）改正的外文，应当注明是英文、希腊文、拉丁文、俄文以及日文等并用印刷字体书写清楚，以方便改版。

4）公式、外文等改动太多或者标注不清的时候，应该在空白处重新写上正确样式。

5）注意改正混淆字（同形、同音字）和别字。

6）校对符号的标写要按照规范写清楚、醒目，改校处应当勾画清晰，以利改样。

7）校对时，要集中注意力，排除干扰，一丝不苟地进行。

8）作者校对时，最好使用红笔，勾画清晰，必要的时候可以注字说明。

六、电脑易识别的错误举例（括号内为错误的）

仔细地（的）选择。

广东省番禺（禹）市。

新疆维吾尔自治区（新疆省）。

考马斯亮蓝（兰），乙腈（晴），弛（驰）张，甲氨蝶（喋）呤等。

适应证（症、征），综合征（症），并发症（证、征）等。

七、“编校合一”需注意的事项

有许多编辑部都采用了编校合一的编辑步骤，编校合一与传统的校对方式有许多不同，应当注意以下几点：

1）掌握电脑排版的出错规律。因作者寄来的磁盘稿一般都使用Word系统，大多与出版社排版系统不兼容，有些公式及图表需由排版员重新录入、制作，对于重新改版、改错后的校样，编校时宜注意：①有无漏句或丢段现象；②有无因计算机感染“病毒”及排版员误操作产生的莫名其妙的错误；③公式、图表是否因重新录入、制作产生新的差错；④正文中的符号、外文字母特别是希腊字母转换是否正确；⑤有无错改和漏改；⑥有无不恰当的转行和字符重叠；⑦图表位置是否正确、规范，即先见文后见图表；⑧字体、字号是否正确，版式是否统一。

2）编辑发稿要做到“齐、清、定”，切莫将改稿程序后移至校对环节，这样既加大编校及排版时的工作量，又增加了出错机会。

3）编辑要按照校对的步骤和要求进行校对，避免丢漏段和其他错误。

4）注意核对正文文题、作者、页码、栏头与目次是否一致，有英文摘要时应注意作者名的汉语拼音拼写是否正确。

5）注意核对页眉、序号、角注、图表与正文的互见。

6）注意专业名词术语的规范写法及全篇用法统一。例如：华法林、华发林、华法令混用现象等。

7）注意区分外文字母与数字的混用。例如：“O”和“0”、“1”和“l”不分等。

8）注意成对出现的标点符号是否完整。例如：括号、书名号、引号等。

9）注意中文连接词前不加标点。例如：及、和、以及等。

10）注意参考文献角码的顺序和与正文的互见及人名写法的统一、规范。

11）注意同一篇文章参考文献是否重复罗列。

12）注意易出错的关键字、词的使用，括号内为错字。例如：即（既）使，既（即）然，既（即）……又……。又如“的”、“地”、“得”的混用，“作”、“做”的混用，“制定”、“制订”的混用，等等。

13）注意邮政编码位数是否规范。

14）注意表内同一类别数字小数点后保留位数统一。

15）注意几种较特殊数字的正确用法：1%～5%，1℃～3℃，3万～5万，$3\times10^9\sim5\times10^9$或（3～5）$\times10^9$。

16）注意规范使用中英文缩写。如：心房颤动（房颤），主动脉夹层等。

17）注意版权页有无漏项。

八、签字付印

签字是编辑工作的最后一道工序，最后一次把关。要做到：仔细核红、确认无误。

九、归档与刊后审读

归档工作不仅反映一个编辑部管理工作的规范程度，还可以有效地消灭差错。

（一）归档工作

需要存档的内容包括：介绍信、审稿单、退修稿（信）、发排稿、校样、作者校样、其他具有法律效力文书（如出版合同）。

（二）刊后审读

该过程具有发现问题、总结经验、扬长避短的作用。应该说创办优秀期刊乃至精品期刊既是每个办刊者的心愿，也是不断追求与永远追求的目标。但精品不是空中楼阁，不可能一蹴而就。精品是建立在实实在在的管理工作基础上的。

根据ISO-9000系列标准“过程控制”的思想，期刊质量的管理工作原则应该是“追求结果，重视过程”。因此，必须规范流程，严格管理，否则，期刊的“质量”就是一句空话，更谈不上优秀与精品。总之，在期刊的流程管理中孕育着质量问题。事实上，严格的流程管理是培养良好的编辑习惯与道德修养，提高编辑的素质，创办优秀期刊乃至精品期刊的必需条件。

校对的难点和原则

一、医学论文的校对难点

（一）地域范围广

国际会议，参会者来自世界各地，涉及不同文化，涉及人们对医学及医药的不同理解，有时还涉及不同的传统医学，如欧洲传统医学、日本传统医学、印度医学等。地域广阔使中医药国际会议英语不再是美国、英国、加拿大、澳大利亚等英语国家的英语，而是典型的全球性英语。如何处理地域性英语问题，保证交流顺畅，这是一个很值得探讨的问题。

（二）时间跨度大

中医学是一门传统医学，有几千年的历史，从远古时代继承是中医学不同于其他学科的一大特点。由于这一特点，中医药文献经常摘引古典医籍的引文，经常文言文、白话文夹杂。同时，由于现代中医界使用现代科学技术知识探索中医药的奥秘，中医药文献又含有大量现代科技术语。因此中医药文献语言的时间跨度远远大于其他学科。这给翻译工作也带来了难度。

（三）涉及学科多

中医药学经过几千年的传承积淀发展，形成了博大精深的科学体系。它不是孤立的社会历史现象，而是社会文化系统的一个子系统。中医不仅涉及生命科学各领域，还涉及自然科学和社会科学许多领域。

从解剖、生理、病理、生化、药理等医学基础学科，到内、外、妇、儿、五官等临床学科。从中医基础理论、中医诊断学、中药学、方剂学等中医基础学科，到分子生物学、细胞生物学等现代医学各新兴学科。从化学、物理、植物学、动物学、计算机等自然学科，到哲学、管理学、社会学、心理学、伦理学、语言学、宗教、逻辑学、民俗学等人文学科。涉及学科之广，极少见于其他自然科学和人文科学。这给翻译工作带来极大挑战。

（四）不同于生物医学又与生物医学密切相关

中医药学与生物医学是两个截然不同的医学体系，中医学有完全不同于生物医学的术语。比如中医理论讲阴阳五行、脏腑辨证、经络腧穴，生物医学没有这些概念和术语。中医学的这些术语反映了几千年来中华民族对人类健康、疾病的认识，其中含有大量人类现有知识尚未揭示的奥秘。

为了让这些人类知识的宝藏保留下来、流传下去，需要保留其语言，否则这些宝贵财富有失传的危险。如何翻译这样的语言值得探究。同时，两个医疗体系服务对象相同、工作目标相同，同样为了治疗人类疾病、保护人类健康，因此中医学语言与生物医学语言又有大量共性之处。中医翻译有大量语言可以从生物医学中借鉴。

二、医学论文的校对原则

（一）论文内容审阅：区分科学与伪科学原则

中医药国际会议文献，译员的主要工作任务之一是审阅外文论文原文，决定文稿的取舍。一般论文文稿的审阅包括五方面：创造性、学术性、科学性、实用性、可读性。其中前四个方面关于内容，第五方面关于语言。中医药国际会议英文论文内容的审阅，除遵循一般论文文稿的审阅原则以外，尤其要强调科学性原则，要区分科学和伪科学。

中医药是传统医学，表述方式常与现代汉语不同，常用精练的古代语言，表达对疾病的认识，其内涵是科学的、唯物的，是中华民族千百年对疾病认识的知识积累、是与巫术斗争的结果。如“阴阳五行”学说，是从哲学的高度，对疾病的发生、发展、诊断、治疗、预后等加以分析。再如“辨证施治”，说的是根据病因病机将病状划分为若干个证，针对不同的证，确定不同的治疗原则、使用不同的治疗方法。这些都是中医药学的精髓，没有这些就谈不上对中医药的继承和发展。

中医药语言的这一特点，正反映了语言学家对语言的观察："任何语言系统对外部世界都有着独特的分析，有别于其他语言或同一语言其他各阶段的分析。"不意识到中医药作为传统医学的这一特点，就会把我们的宝贵遗产当作糟粕抛弃。

但同时，中医界鱼龙混杂，神秘主义、唯心主义、封建迷信夹杂其中，常有人打着科学的旗号，贩卖伪科学的内容。这一点在中医药国际会议文稿中表现尤为突出。有的故弄玄虚，有的装神弄鬼，有的把算命、风水等封建迷信的东西与中医药混为一谈。

（二）文稿语言审阅：以事实为依据的原则

不同的文献由不同的作者写成，作者的英语程度差异很大，译员的工作之一是审阅英文原文稿件的语言。从语言角度进行审阅，目的是为了保证交流的通畅，保证表达作者的本义。

因此在发现英文表达有问题时，以原文提供的事实为基础，决定语言的取舍和修改。

（三）摘要的翻译和审校：从结构入手的原则

摘要各部分语言各不相同，在动手翻译之前首先要弄清摘要的内部结构。摘要根据是否有结构标识词划分，可分为结构型摘要和非结构型摘要。

1.结构型摘要的翻译

结构型摘要常使用OMRC结构，即"目的、材料和方法、结果、结论（Objective、Material and Methods、Results、Conclusion）"。结构型摘要各部分的语言形式有较大差异。以动词形式为例，目的部分经常使用动词不定式，材料方法、结果部分常用过去时，结论部分常用现在时。

比如，一篇摘要的目的部分有一句话："为牡丹皮药材的质量控制提供示范性研究。"有人译为："Demon strating research on quality control of the medicinal Mudanpi was provided."

汉语无主句译成英文有不同处理方法，有时应译成被动语态，有时应译成祈使句，有时要译为动词不定式，有时要添加主语。形式取决于功能。作为摘要的目的部分，此句需要译为动词不定式才能把作者的原意表达准确。因此改为："To provide research model for the quality control of Mudanpi (Cortex Moutan) ."

2.非结构型摘要的翻译和审校

中医药国际会议文献有大量非结构型摘要。非结构型摘要没有明显的标识词，需要译员揣摩分析其内部结构、了解作者意图，才能表达作者之所想。

有时汉语表层结构与深层结构不一致，翻译时需要结构调整，方可表达原文内涵。

（四）标题的翻译与审校：从结构词入手的原则

标题语言往往非常精练，未搞清结构就不知如何下手，甚至误译。标题中的结构词有助于结构的确立。常见的汉语标题有以下几种结构：

（1）*并列结构*　如"医学共振音乐与中国经络学"。并列结构经常使用的结构词有"和"、"与"等连词。

（2）*主从结构*　如"抗老养生方"、"《伤寒论》中甘草生姜大枣应用规律的探讨"。主从结构经常使用的结构词是"方"、"剂"、"学说"、"法"等名词。

（3）*主谓结构*　如"参术长寿散治疗慢性消化道溃疡136例"。主谓结构经常使用的结构词有"治疗"、"治愈"、"抗"等动词。

（4）*多层结构*　即一层结构里面再套一层结构。如"中药诃子的研究概况及存在的问题"是多层结构，"及"连接了"概况"和"存在的问题"构成并列结构，这一并列结构被"中药诃子的研究"修饰，构成一个主从结构。遇到多层结构，常需要结合论文原文，根据结构词判断结构。结构分析可以帮助我们理解一些比较复杂的标题。比如"阴阳药膏热敷外疗与指功无形针点穴疗法配合治愈表症疼痛病例"。该标题包含了"与"、"治愈"这样的结构词，因此可以理解这是用一种膏药结合一种指压法止痛。试译为“Hot Compress with Yin Yang Medicinal Plaster and Finger Pressure in Curing Exterior Pain”。这样翻译可以表达主要信息，忽略次要信息。

（五）术语的翻译和审校：学习的原则

作为一门动态发展的学科，常出现译员不熟悉的术语。这些术语有的反映了对疾病的新认识、新疗法，有的是在其他领域广泛使用，但中医药领域新近使用的术语，有的是在其他国家广泛使用但我国鲜为人知的表达形式。由于中医药国际会议语言有地域范围广、时间跨度大、涉及学科多的特点，译员有不熟悉的术语是十分正常的现象。即使经过几十年磨炼很有经验的译员，也不可能掌握所有术语。出现译员没有掌握的专业术语首先要虚心学习，不能不懂装懂，或者省略不译，或者想当然乱译。学习包括向工具书参考书学习、向原文学习、向作者学习、向专家学习、通过国际互联网学习。

参阅工具书、参考书需要重视以下三个方面：

1.确定工具书、参考书的权威性、可靠性

在选择工具书、参考书时，首先要考虑其权威性、可靠性。权威性、可靠性，主要看来源。汉英词典经常可以提供线索，但常不能作为最后定论，需要其他手段配合，如“汗证”是中医术语，西医没有“汗证”一词。《汉英中医药大词典》将“汗证”译为hydrosis syndrome。

参照原文，作者写道：“汗腺分泌过多，叫多汗，中医称为汗证。”《Taber’s Cyclopedic Medical Dictionary》中hydrosiss又拼写为hidrosis，解释有两条：“1.For mation and excretion of sweat；2.excessive sweating”。因此可将“汗证”译为“excessive sweating”或“hydrosis”或“hidrosiss”，而不必译为“hydrosiss syndrome”。

2.区分日常用语和专业词汇

查阅工具书和参考书之前，先要分析术语属于日常用语还是专业词汇。对于外表像日常用语的专业术语尤其要谨慎。比如：“牡丹皮”是中药名称“Cortex Moutan”或“Mudanpi”，不是牡丹的皮“skin of peony”。

“干燥综合征”不是“dry syndrome”而是“sicca syndrome”。“bit terorange”不是“苦橘子”，而是“枳实”。

日常用语和专业术语有时所指不同。“黄斑”有时是解剖学术语，有时是日常用语（“yellow spot”黄颜色的斑点）。汉语日常用语“脚气”是由真菌引起的，医学术语是“脚癣”，英语日常用语是“athlete's foot”，医学术语是“dermato phytosis”或“tineapedis”。汉语医学术语“脚气（病）”是由饮食中缺乏维生素B_1引起的，英文为“beriberi”。汉语日常用语和专业术语同一个词指两种不同疾病，必须加以区分。

3.区分词汇所属专业

专业词汇要分析属于哪个专业，然后再查阅相关的工具书、参考书，确定译词。如“梯度洗脱”是分析化学术语、“正偏态”是统计学术语等，查阅的工具书参考书不对，往往事倍功半。分析化学术语在医学词典上多半查不到，中药药典肯定没有解剖学术语。

另一个学习对象是原文。许多运用现代科学技术研究中医的论文中都有相关术语的英文或拉丁文。原文所给的英文一般可作为线索，但由于原作者的英语水平所限，往往需要进一步核实。

三、作者姓名单位的翻译与审校：尊重原名的原则

医学文献的作者可能来自不同国家、地区，姓名、单位英译的习惯不一样。姓名、单位名称是代表人或单位的符号，如果不用本人和原单位一贯使用的姓名、名称，这个符号就很难与相应的人、单位联系起来，使用原名才能统一所指。因此应尽量尊重本人和原单位用名习惯。

日本人姓名一般用汉字书写，但英译名不根据中文汉字的汉语拼音音译，而根据日文汉字的读音音译。比如：加藤久幸，不能按汉语读音译为Jiateng Jiuxing，而应按日文汉字的读音译为Kato Hisayuki。有时外国人名像中国人名，需加倍小心。如：石上博，不能译为Shi Shangbo，而要译为IshikamiHiroshi。《日本姓名词典》提供了日本人姓名读音。但有的姓名有不止一个读音。如“石上”有“Ishikami”、“Ishigami”、“isokami”、

"Isonokami"、"Iwakami"、"Iwanokami"六个读音。一可向作者本人请教；二可向与作者有联系的人员请教，包括专家、外事办人员等；三是向其他日本人或日语专家请教常见读音。

海外港台地区华人英文姓名有自己的拼写习惯，经常用威氏音标。"张"不写Zhang，而写Chang；"李"不写Li，而为Lee。有的长期在英语国家生活，有自己惯用的英文名字。如"潘念宗"不按汉语拼音译为"Pan Nianzong"，而根据作者本人提供的姓名译为"Pan Nien Chung"。

多数单位的英文名称都可从国际互联网上查到。如"国立台中护理专科学校"不是"National Taizhong Nursing School"，而是"National Taichuong Nursing College"，"辅英科技大学"不是"Fuying University of Science and Technology"，而是"Fooyin Institute of Technology"。

医学论文的投稿与发表

医学界有一句话：一项医学研究或科学实验，直到其成果发表并被读者理解才算真正完成。这句话说明了两个道理，首先是研究成果必须发表，即信息得到传播和交流；其次是发表的论文必须被读者接受并理解，即信息被社会认可，产生了应有的社会效益和经济效益，这样才算真正完成。

那么，该如何发表论文，如何投稿呢？下面我们详细介绍一下。

投稿与审稿

投稿与审稿，这部分内容对帮助作者，特别是对帮助写作经验不多、刚有写作念头的作者，了解从投稿到出刊的过程，了解如何与编辑部、编辑打交道等有一定的引导作用。

一、投稿

（一）中稿率

在投稿问题上，很多作者会很困惑，为什么会屡投不中呢？怎样才能提高中稿率呢？中稿率低，从主观上来说，主要反映的是有些作者平时不注意观察和积累，不分析总结自己在工作中发生的问题和现象，很难捕捉到有价值的选题，没有内容可写。到考核、评职称需要论文时才会仓促动笔，东拼西凑，以这种被动应付的心态凑凑合合写出来的文章中稿率当然不会高了。要想提高中稿率，除了平时要注意观察和积累外，还要写出自己的经验、体会和特色，要有自己的认识、观点，并对读者有借鉴、启发和帮助的作用。一句话，就是要有让读者眼前一亮的内容。部分作者会抱怨自己的文字水平差，或编辑部过于挑剔，其实，这有些怨天尤人。因为，一篇论文只要有“闪光点”，即使文字水平不太好，编辑们也会尽自己的努力，使“闪光点”发光。因为，提高论文的文字水平是编辑责无旁贷的职责。可以这样说，公开发表的论文、专著，其文字水平无不体现出编辑的心血。

（二）如何提高中稿率

1.投对期刊

有经验的作者都知道，在决定投稿之前应该慎重考虑哪家期刊适合自己，会比较容易选用自己的稿件。所以，作者要对拟投期刊做到心中有数，也要对自己论文的学术水平、读者对象有初步的估计，并查阅有关期刊的稿约或投稿须知，以便整理的稿件从编排格式、标题序号到法定计量单位符号等方面尽可能符合拟投期刊的要求。作者如能自觉地注意到这些细节，将会给编辑一个好印象，取得事半功倍的效果。

2.不要盲目"高攀"

相信每一位作者都希望自己的论文能在中华系列期刊上发表，或在国内知名度较高的权威专业期刊上发表。因为这些期刊发行量比较多，影响面比较广，能在这些期刊上发表论文，客观上也说明了自己论文的价值。但是，这并不是说非中华系列期刊上发表的论文水平不高。事实上，在一些专业性很强的期刊上或某些高校学报上发表的论文，同样有不少高水平之作，而且容易被选中。

（三）对期刊等级的思考

在投稿之前，人们习惯于了解期刊的等级，是不是核心期刊或统计源期刊，这是因为在职称评审、报销发表费等方面的某些"土政策"造成的。因为职称评审论文评审量大，不可能像评科技成果奖那样就具体论文请专家评审，就简单地采取按所谓期刊等级评分的方法。在核心期刊或统计源期刊上发表的论文在职称评定上也具有较大优势。

实际上，在国内期刊有属中央级批准还是地方级批准创办，属公开发行还是内部发行，属高级学术期刊、中级学术期刊还是科普类期刊等之分，绝不存在与现行以期刊等级，或是否在核心期刊、统计源期刊上发表来评价论文水平的相关政策。直到目前为止，国家有关管理部门对上述做法并不认可，不但如此，还三令五申要坚持以具体论文的学术水平作为评价标准。客观地说，人们并不认可所有在"中华系列"或"国家级"期刊上发表的论文都是最高水平的论文，因为这些期刊也必须根据其读者对象选用合适的论文；制定“土政策”的有关部门也承认“以具体论文的学术水平作为评价标准”的客观性、公正性，只是具体操作难度太大。因此，这种局面还将继续存在，这样就会给投稿带来新的问题，即高级期刊、核心期刊或统计源期刊必然稿源丰富、选稿较严、淘汰率高、中稿率低，且发表周期长，对某些时效性要求很强的论文可能延误发表时机。因此，作者不能一味追求期刊的知名度，而要重视论文能否被采用，或是否会延误发表时机。

（四） 编辑部处理的流程

稿件寄出一两个月后一般会收到编辑部的回执，这说明稿件被初选上，正在编辑部处理或送专家审稿中。此后，如果再收到修稿通知，则说明稿件基本被采用，按要求修改，要等待数月甚至1年后校对清样。如果收到回执后5个月左右仍未收到修稿通知，则说明稿件可能已被专家否定。如果稿件寄出一两个月后未收到回执，甚至6个月左右仍无任何消息，则说明稿件初选时即被淘汰。对这类情况，各期刊的稿约均会做相应的说明。

（五） 不要一稿两投

虽然在非公开发行的期刊上发表的论文仍可以在公开发行的期刊上发表，但是绝对不可以把同一份稿件同时投向两家公开发行的期刊，也不可在没有编辑部许可的情况下，将稿件另投其他期刊，以免造成一稿两投。否则，将既有损职业道德，又有损编辑部对你的信任，为今后投同一期刊稿件自设障碍。

二、审稿

审稿一般分为编辑初审、专家审稿和编辑审修三个步骤。

（一）编辑初审

编辑初审是指分管编辑对分发给自己的稿件进行初步筛选，主要确定来稿有无发表价值。其判定依据有下面几点：①内容是否科学、先进、实用，有无新意。②研究设计是否周密，有无对照观察，观察样本是否足够，结论依据是否充分，统计处理是否可靠。③是否涉及保密问题，可否公开发表，是否属本刊用稿范围等，这些都是决定稿件取舍的关键因素。

其他如是否已有类似稿件待用、文字表达情况等只是参考依据。对初审被淘汰的稿件，绝大多数编辑部均不予退稿，因此，作者需要自留底稿，也有少数稿件，编辑部可能会告知作者另选议题、改投他刊或重新加工整理的意见。对初审通过的稿件将送有关专家评审，多根据具体情况采用单一审稿人制或双盲法审稿制。

（二）专家审稿

专家审稿是编辑部借助各学科专家的智慧，对稿件学术质量进行把关，以弥补编辑自身专业知识不足，避免用稿失误的通常做法。其审稿内容与编辑初审判定依据相似，侧重点在于审评论文的科学性、先进性、实用性、可重复性、伦理性和可读性等。专家通常根据对稿件做出很好、较好、一般或较差的总评价，提出可发表、修改补充后发表或不宜发表的建议，并对可发表的稿件写出发表理由和具体修改意见。

（三） 编辑审修

编辑审修是指编辑根据专家的评审结果对稿件是否采用做出选择，对采用、未经专家评审或约请专家撰写直接采用的稿件进行审修和编辑加工。编辑通常对总评价较差的稿件予以淘汰；对总评价一般的稿件则结合具体情况，如基层、边远地区作者的稿件多被采用，而大中型医院作者的稿件多被淘汰；对总评价很好、较好的，可发表或修改后可发表的稿件确定采用。

为了避免审稿人少有的失误，防止其相亲或相轻之偏见，送审稿件有时隐去作者姓名和单位、一稿两审或双盲法审稿，有的编辑有时甚至可能对专家评审意见采取既十分尊重，又不全相信的态度，这似乎自相矛盾。其实，这是为了保护作者利益，减少失误，力求公正的正确做法。

修稿与校稿

一、修稿

一般来说，作者收到修稿通知单说明稿件基本上已被采用，剩下的问题就是作者配合编辑的修改意见来进行修改了。

修稿是医学论文写作的重要组成部分。事实上，很少有论文不经过作者修改而直接被刊用，了解这一点对作者采取正确的修稿态度很有必要。因为有些作者不太理解审稿专家和编辑的苦心，过于计较退修稿意见中的某些不足，而忽视稿件退修本身就是希望作者将稿件认真改好后能够及时发表。因此，作者接到修稿意见时，首先应感激审稿专家和编辑所提宝贵意见，其次才是结合原稿仔细阅读审改意见、所提疑问等，并分析、判断这些意见是否正确，确定哪些意见应该采纳并遵照修改，哪些意见有待协商，哪些应该坚持自己的见解并与审稿专家或编辑商榷、探讨或说明等。对正确的意见应逐条修改；对有待协商的问题应开诚布公地提出自己的见解，并提出可供审稿专家或编辑参考的依据；对认为不正确甚至有重要错误的意见，应采取慎重态度，反复查阅有关资料，认真核实原始记录，并证明自己是正确的。对这类情况，作者不应该回避问题，而应该真诚地进行书面答辩或必要的解释。一般情况下，编辑会对答辩中涉及的问题做出自己的分析、判断，涉及审稿专家的内容，如有必要还可能请原审专家或另请专家重新评审。

对直接写在稿件上的批注，提出的疑问，同样应该认真对待，对每一处疑问，每一处修改，作者都必须确定是遵照修改还是坚持原来的写法。

特别是绝对不要忽视有疑问处，以致把问题交回编辑部，使编辑对所提疑问仍不置可否，或把问题搁置一边，或再次寄回修改，甚至因此而退稿，延误发表时机。

当然，作者如果认为修改意见难以接受，感到没有必要按这些意见修改时，有权另投其他期刊。但是，作者应该给编辑部或有关编辑回信，以便编辑部注销、备案，同时也为今后与编辑部的交往建立联系并保持信任关系。

稿件修好后最好在Word格式下编排、打印，有条件的可通过电子邮件交流，或邮寄光盘，并将编辑部寄来的所有原件一起寄回，以便编辑部复核修改的稿件。别忘了再留底稿，以便校清样时参照。

二、校稿

校稿分为作者校对清样和编辑部校对。作者接到清样后应认真校对，并按规定时间寄回。作者校对清样时首先应粗看大样，看有没有前后颠倒或遗漏；再仔细通校全文，注意文题、署名、各级标题是否正确，图表顺序、位置安排是否得当，图表的基本要素是否达到自明性的要求，正文相应处是否标注图表序号，有没有重复或遗漏的段句，以及错、漏、别字等。除非有重大原则错误或问题，原则上不允许作大段的增补或删改。凡属编辑部规定的编排规则，如标题序号形式、字体字号等，除非确实发现有误，一般不应改动。

在送作者校对清样的同时，编辑部也应该进行校对。其校对要求与作者校对清样是一致的，两者是互补关系。各编辑部在具体做法上可能有所不同，如采取二校次或三校次，一校次两位编辑进行交叉校对等。一般来说，编辑部在收到作者校回的清样时，已完成一或二校次，此时再将作者校对发现的问题一一核实，进行核校即可。不管是作者还是编辑部校对，都必须正确使用国家统一规定的校对符号，以便照排人员准确改错。

不被采用的稿件

稿件不被采用可能是作者水平的问题，也可能不是论文存在重大的质量问题，而是涉及一些别的情况。下面分别介绍一下，作者可根据具体情况做相应处理。

一、不符合用稿范围

有些作者投稿前没有注意去查阅已投期刊的稿约或投稿须知，结果稿件不符合用稿范围。例如，大部分医学高校学报主要刊用本校作者的医学论文，只刊用少数校友、协作单位或本校聘请兼职人员的医学论文；有的综合类医学期刊主要刊用适合临床读者的医学论文，而动物实验、基础研究类论文极少刊用。总之，具体期刊的用稿范围非常复杂，作者必须在投稿前对拟投期刊的用稿范围进行了解，才能避免这种尴尬。这种情况未被采用的稿件，通过咨询了解原因后或等待半年左右仍无信息通常可改投其他期刊。

二、写作问题

有的论文在科研设计、实验方法、所用材料或观察对象、实验操作等方面都没有什么问题，只是由于写作问题而未被采用，如结构安排很乱、没有抓住中心议题、写得太长或太简单、图表问题较多，或给编辑以东拉西扯、七拼八凑的印象等。这种稿件对稿源比较充足的期刊不被采用的可能性最大，除非研究本身有新颖、独到之处，编辑认为值得修改加工并编辑出版。对这类情况，了解原因后仍然是可以弥补的，如努力提高写作能力。作为急功近利的办法，可以多阅读几篇已经发表的同类论文，作为学习写作方法去读，然后反复改写，或在有写作经验者指导下认真改写。写好后再投原刊或改投其他期刊。

三、质量问题

质量问题主要是指科学性和先进性方面的问题。如实验设计、方法、条件问题，结果不可靠、结论不可信（如观察样本或例数太少、实验组和对照组选配不当或条件控制不严，缺乏可比性等）、重复他人研究、毫无新意等。这些都是科研设计中严重的、甚至是无法弥补的缺陷，以此为依据写成的稿件自然会被淘汰。

下篇

医学图书编撰

医学图书的出版方式

目前，国内医学图书出版的主要方式以出版社组织为主，其稿源分为自由投稿和出版社选题策划组稿。不管来稿方式如何，所有选题都必须经过严格地筛选、报批，并根据市场销售预测情况，由出版社确定其是由编著者本人或单位资助出版，还是由出版者免费出版。

约稿出版

出版社约稿是目前最主要的一种形式，也是最为传统的一种出版方式，它来自于计划经济时代。因为是传统方式，所以在一部分作者中容易形成误区，认为作者出书，出版社就应该承担全部的出版费用，并支付所有的报酬。事实上，在市场经济条件下，出版社约稿的内容已经发生了很大的变化，出版社约稿出书也是有条件、有选择的。

一、约稿出书的条件

社会效益是任何一个出版社应该首要考虑的。但是，现在大多数出版社作为自负盈亏的文化产品生产企业，每出一本书，都有成本在里面，都必须考虑经济效益，考虑投入与产出比，追求利益最大化，把效益与企业生死存亡挂起钩来，这无可厚非。

但凡出版社约稿的作者，选题一般都由出版社分析了图书市场前景后，自行策划并确定要付诸实施。所以要确保图书只要投放市场，都要有预期的效益，至少要收回投资。出版社约稿出书的主要条件是：

（一）作者要有一定的权威

作者必须在本专业领域具有一定的权威性、影响力和知名度，最好是学科带头人或者在某一领域具有话语权的人士。这些来源的作者，往往学术造诣高，写作水平高，能很好地理解写作主题，并高质量地完成写作任务。

（二）挂名的单位要有知名度

单位的知名度与优秀人才的聚集成正比，越是出版社自行承担出版费用和稿酬的选题，出版社越要从那些社会知名度比较高的单位中选择作者。

（三）名人效应

为了发挥名人效应，出版社往往邀请社会名人组稿，利用他们的社会影响力，达到社会效益、经济效益俱佳的预期目标。

二、约稿出书的利弊

约稿出书从表面上看，各种成本费用都由出版社承担，作者还可获取一定的报酬，似乎对作者很有利。事实上，约稿出书，无论对于出版社还是作者都是利弊共存的。

（一）出版社方面

从出版社的资源配置上来说，约稿出书肯定是有限的。出版社虽然可以通过约稿出书，可以有计划地落实各项选题目标和任务，有利于突出特点，推出重点，形成拳头产品。但是，出版社将承担全部的市场风险，会面临较大的压力，而且仅靠出版社自己的策划编辑常年专门开发有新意、有销路、有卖点、有看点的选题，也很不现实。

另外，选题的重点在策划，而图书策划领域也是人外有人，各级各专业的、非专业的策划编辑各领风骚，竞争异常激烈。出版社有时为了规避风险，对不是十分有把握的选题，不会轻易向作者约稿。但即便如此，出版图书的销售情况仍具有极大的不确定性，风险将全部由出版社承担。销售情况可能与最初预计相距甚远，投入的资金无望收回，生产的图书最终在书库积压。近几年这方面的失败案例举不胜举。

（二）作者方面

对于作者来说，约稿出书也是有利有弊。最大的好处在于省去前期策划、申报、审批选题的麻烦，只要按照策划好的选题和编写方案直接组稿就可以了，而且不必为出版经费担忧。如果顺利出版，无论赔赚，还可以从中获取一定的报酬，可谓旱涝保收。最大的弊端在于，不能发挥作者的创意和才华，只能在别人划定的圈子里写作，不能体会从选题策划、申报、审批到组稿、出书的喜悦与快乐。但是，在稿酬问题上，没有一家出版社愿意把大把的金钱无条件地奉送给作者。因此，作者试图通过稿酬途径以获取丰厚报酬的想法是不明智的。如果你从作品中拿到报酬，根据利益最大化原则，也是肯定有限的。当然，如果选题很成功，销路很好，在预先约定的前提下，你得到的报酬也有可能增加。

合作出书

随着图书市场的开放以及出版体制的改革，一些专业性强、读者面窄、发行量少的专著，部分出版社为了规避市场风险，改变传统的出书方式，开始走与作者合作出书的路子。合作出书的主要特点是：选题策划要由出版社或作者任何一方提出，然后进入申报、审批程序，直至加工出版，与出版社组稿方式都是一样的；所不同的是，作者要承担部分销售任务，即所谓的“包销”，作者需要花钱买回一部分图书，或者以支付出版费用的形式，给出版社一定的经费补偿，具体数目由作者和出版社商定，以双方均能接受为度。出版社则在图书出版后，返还作者一定数量的图书，作为经费补偿和稿酬补偿。

这种方式在某种程度上降低了出版社独家承担风险的系数，有利于调动作者出书的积极性，是一种接近市场调节机制的运作模式。

一、合作出书的优势

（一）符合市场经济游戏规则

合作出书最大的好处是符合市场经济游戏规则，出版社和作者地位平等，双方的责、权、利进一步细化，使双方在享受权利时，能带来利益的最大化，共同承担图书生产发行所带来的风险。

（二）调动作者的积极性和主动性

由于作者一开始就介入图书的操作过程，因此，除了全面了解、掌握图书的相关信息外，对于理解和把握图书选题，更好地发挥作者的写作潜能，最大限度调动作者写作积极性，有很明显的好处。而且自始至终，会使作者处于一种主动思维的地位，可以根据结构的需要自主的进行增删修补，围绕选题组织全部素材和资料，使作者的能力得到最大限度地发挥。

（三）有利于提高图书质量

合作出书在某种意义上是一种出书责任制。由于潜在的出书风险、前期的出版费用以及后期市场需求等多种因素的共同作用，也会给作者带来很大的压力，使作者在头脑中自始至终绷紧质量这根弦，一切过程以质量为尺度进行。还可有效地避免应付差事、敷衍马虎等不良倾向，对于提高图书质量，减少或降低图书差错是十分有利的。

（四）有利于增加作者收入

作者在承担出版费用的前提下，也有自己销售部分图书的义务。因此，只要是有市场的、适销对路的产品，都会收到良好的回报。关键在于作者事先一定要对自己的发行能力、发行方法和发行目标进行计划，做好预测，量力而行，防止造成积压。

二、合作出版的弊端

弊端在于作者发行行为的合法性，犹如果农生产的果子，既可自己食用，又可市场销售。作为一种市场经济合作机制，作者肯定不会拿成品书去送人或留给自己，而是希望利用图书的商品属性，从中赚取一部分利润。问题在于，众多作者可能不具有图书销售的合法手续，不具备图书销售的条件。这样，就存在自己卖书是否合法的问题。但目前还没有成文的规定限制作者卖自己的书，但作者的发行能力是否足够强，发行渠道是否足够完善，将影响图书的最终销量，成为作者能否获取利益的很关键因素。

三、注意事项

（一）签订合同要谨慎

准备合作出书的作者，在选择出版社时，不妨货比三家，从出版社的规模、出版量、版式设计、封面设计水平等各方面进行综合考察。各家的共同处或不同处，各自有什么优势和特长？为什么要选择某家出版社？对合作出书的全部条款，要进行仔细阅读，看看有什么对作者明显不利之处，最终选择一家可以合作的出版社。

（二）选择好的选题

选题如何，决定着图书最终的成败。因为，选题好、有新意，就意味着后期包销有市场。否则，选题不好，无论作者有多大的权威和名望，都会在读者的精挑细选中，在市场经济这只无形大手的操作中，败下阵来。

（三）减少投资风险

合作出书需要作者提供一定数量的资金作为出版费用，用以支付制作费用。而这笔费用的筹集、使用及回收，对作者都是一个严峻的挑战，一点都不比写书轻松。如何规避投资风险，防止资金打水漂？怎样尽量减少资金投入量？怎样最大限度地从出版社争取到优惠政策？以利于短时间内能保证投入资金的回收，甚至有盈余，这些问题也必须在写书的同时，与出版社签订合同之前考虑清楚，理出头绪，并有数条保障措施。为了防止“计划不如变化”的特殊情况出现，应对方案或思路应该最少不止一套，必须要有备用预案。这样，才能在瞬息万变的商战中稳操胜券，把失败的风险降到最低。

自费出书

自费出书也是目前存在的一种出版方式，但只有少数出版社具有自费出版的权限。

一、利弊分析

（一）作者有更多的自主权

自费出书同样要经出版社报批选题。但这种出版方式有利于作者从策划选题到组稿及出版发行各个环节，发挥个人的优势和特长，最大限度地按照个人预定的目标及要求把出书工作做得尽善尽美。但是，同时也要求作者对全程有一定的驾驭能力，了解出版发行的各个环节及操作过程。从这个意义上来说，自费出书对作者素质要求更高，作者对于出版知识掌握越多，越能控制整个进程，达到预期的目标。

（二）作者将承担更多风险

正因为作者要承担全部出版费用及根据自己的能力确定发行数额，也就意味着作者比前两种出书方式要承担更多甚至全部风险。因此，作者既要有承担风险的良好心理素质，又要有风险意识和思想准备。

（三）作者收益最大化

虽然出书动机不同，但出书可以获利，这是不容置疑的事实。自费出书虽然难度大、要求高，但相对来说，作者的回报也是最高的。只要选题新颖，书稿质量好，印刷精美，价格适宜，经济实用，适销对路，就会有市场，有需求，有客户，操作得当，有可能做到利益最大化。

二、注意事项

（一）遵守法规，量力而行

首先，作者要咨询自己大量卖书的合法性，要取得合法的售书手续。

自费出书虽然可以显示作者的经济实力和写作实力，但具体操作时也须三思而行。前期一定要做好选题的市场调查，对于预计的客户要做到心中有数，并且对估计发行数要留有充分的余地，不妨采用投石问路的方法，首次以2 000~3 000册为起点，如有销路，再逐渐增加印数。尤其要注意的是，当准备最后一次加印时，印数一定要压缩，尽量做到宁可少一点，也不可多印，以免市场饱和，影响效益。

（二）没有金刚钻，别揽瓷器活

大凡自费出书者，都是具有多种综合实力的作者，而且选题好，有潜在市场和目标客户、读者。因此，对于普通作者，尤其是那些初涉此领域的作者，万不可轻易行事。因为自费出书不仅需要极高的协调能力和处置各类难题的能力，还要熟悉每道工序、每个环节，否则，自费出书肯定不会达到预期目的。只有作者经过认真分析，在确有把握的情况下，才能走自费出书之路。

（三）注重出版质量

许多读者往往会被图书离谱的高定价吓得望而却步，因此，自费出书一定要做到价廉物实，要注意图书的实用性和指导性。同时，调动一切手段，尽可能从印刷、封面设计等多道工序进行把关和控制成本，力争做出来的书质量上乘，价格低廉，让读者认为物有所值，甚至物超所值。

版权转让

图书版权转让是指图书的版权所有者将其版权中的财产权利转让给他人享有。版权转让的方式有继承、赠与和有偿出让等。我们这里要说的是版权的有偿转让，

版权的有偿转让是版权交易的基本内容，在中国又称“卖版权”。版权转让可以是版权中全部财产权利的转让，也可以是版权中部分财产权利的转让；可以是在版权保护期中某一段时间内转让，也可以是在整个版权保护期内的转让。全部版权在整个版权保护期内有偿转让，在中国又称“版权卖绝”。

一、版权转让的制度约定

作者保证该论文为其原创作品，并且不涉及泄密问题和保密科研项目。若发生侵权或泄密问题，一切责任由作者承担。

作者保证该论文的署名权无争议。若发生署名权争议问题，一切责任由作者承担。

作者自愿将其拥有的对书稿或论文的以下权利转让给编辑部：印刷版和电子版的复制权；网络传播权；发行权。

作者不得再许可他人以任何形式使用，但作者本人可以在其后继的作品中引用（或翻译）该书稿或论文部分内容或将其汇编在作者非期刊类的文集中。

该书稿在本社首次出版后，编辑部应向作者按约定好的稿费标准支付一次性稿酬，并赠送样书。若编辑部再以其他形式出版该书稿，将不再支付作者稿酬。

二、版权转让的内容

权利转让合同包括下列主要内容：①作品的名称；②转让的权利种类、地域范围；③转让价金；④交付转让价金的日期和方式；⑤违约责任；⑥双方认为需要约定的其他内容。

三、版权转让与授权使用的区别

版权转让后，原版权所有者不再享有被转让的权利，受让人成为新的版权所有者；而在授权使用的情况下，版权仍归原版权所有者，被授权人只有按双方约定的使用方式和条件使用作品的权利。

版权转让后，权利受到侵犯，受让人有权向法院提起诉讼，而被授权人则无此权利。

版权转让后，受让人一般无使用作品的义务，而被授权人必须按双方约定的方式使用作品。

转让一般是永久性或较长时间的，而授权使用一般仅限于较短时间。

转让的付酬较高，而授权使用的付酬相对低一些。版权转让一般须通过签订书面合同的方式进行；有的国家还规定版权转让的合同必须登记。作品原件如书稿、画稿财产权的转让，一般不视为版权的转让。

医学图书的生产流程

同其他图书生产流程一样，医学图书的生产主要包括稿件来源、稿件审定、编辑加工、录入排版、校对、出片付印、印刷和装帧等流程。了解图书生产流程，有助于提高稿件质量，保证出版进度以及与有关部门协调配合。

一、稿件来源

（一）自行编著

这类稿件多是作者根据工作实践，认为某些内容可以编撰成书、推荐、介绍给广大读者。对有写作经验的作者而言，这类稿件比较容易通过出版社的选题计划，被出版社接收。但是，对缺乏写作经验的作者，可能在选题、编排体例、结构层次，甚至语言文字等方面存在某些缺陷，以至因某些问题不能通过出版社的选题计划。因此，出版社希望不管是有经验的作者还是缺乏经验的作者，着手编写时最好与相关出版社联系，把自己的选题思路、内容要点、市场需求判断等与出版社编辑们进行交流，以取得他们的帮助。

而且，选题是不是容易通过，与各出版社的稿源、工作量、经济效益等有很大的关系。总体上说，全国性医学专业出版社稿源比较丰富，且出版社自身的选题策划能力比较强，因此对自行编写的来稿要求比较高，稿件通过审查有一定的难度。作者在寻找出版社的时候，要对各个出版社有一定的了解，做到心中有数。

（二）出版社组稿

出版社组稿过程主要包括策划编辑选题论证、向选题会或主编报告选题计划、审查选题等。

1.选题论证

选题论证的首要根据是市场需求，即策划编辑要对社会效益和经济效益进行分析判断。判断社会效益和经济效益的前提：①不可出现有违反国家方针、政策、法规、民族和宗教习俗等问题。②判断读者群体，这既是社会效益问题也与经济效益紧密联系，例如医学科普书通常比专业医学图书有更广泛的读者对象；适合骨科、普通外科、妇产科等大科室医务人员阅读的专著，通常比某些读者面窄的基础专业专著有更多的需求。前者的社会效益和经济效益一般都比较理想。论证的其他内容还包括选定作者或主编、组成编撰队伍、对社会效益和经济效益进行预估等。

2.报告选题计划

主要是向选题会或出版社主编提供作者或主编选定情况、编者队伍组成情况，市场上是否有同类书出现以及其发行情况，本书预计完成时间、总字数，排版、印装要求，经费预算情况，并附主编和主要编撰成员简介、内容提要和目录，最好提供样章（或节）的编写稿。

3.审查选题

选题会或出版社主编将对策划编辑提供的选题论证和选题计划内容进行全面审查。审查的主要目的是判断出版的可行性。对论证充分、计划可行的选题，审批通过后即可开始着手编写；对选题论证和选题计划存在某些不足，经过事后可以弥补的，可着手组织编写，也可下次再报审查；对出版后社会、经济效益可能不理想，甚至带来负面影响的选题，将直接淘汰出局。

二、稿件审定

对于医学图书的选题，无论是作者自行编著的稿件还是出版社组织编写的稿件，都必须通过相关环节对稿件进行严格的审定。

（一）编辑审定

包括对作者自行编著来稿和出版社组织编撰稿件的审定。

1.对自行编著来稿的审定

初步审定主要由接稿时的编辑进行。由于自行编著来稿多没有经过出版社的选题论证和选题计划报批过程，因此接稿后编辑须按出版社选题论证的要求对稿件进行审定，并根据审定结果决定取舍，告知作者稿件是否采用、是否修改、是否要报出版社主编或选题会审定。对需要报出版社主编或选题会审定的稿件，接稿编辑还应写出报批理由及自己对稿件的评价，待批准后才能进行编辑加工处理。

2.对出版社组织编撰稿件的审定

主要由策划编辑按选题论证和选题计划审查的要求对稿件的“齐、清、定”进行全面审查，包括编排结构、体例、层次序号、图表质量、编号，以及法定计量单位符号、名词术语等标准化、规范化问题。同时，对文字加工编辑提出意见和建议，重大问题须与编著者协商修改。对基本达到“齐、清、定”的稿件，可直接进入编辑加工程序。

（二）质控审查

为了保证出版质量，出版社通常要对编辑加工后和即将付印的稿件进行质量抽查，前者为复审，主要复审编辑加工有无差错情况；后者为质控审读，主要审查编辑、校对差错情况。两者差错的评定依据及标准基本相似，只是质控审读比复审的标准更为严格。这两项工作通常由质控室或经验丰富的编审人员进行。

1.复审

1）一般在发稿前进行。按以下标准认定并计算差错率。编辑加工差错率不超过1/10 000，为合格；反之，为不合格。

2）有违反国家出版政策的政治内容，或存在严重的学术性问题的失误，编校质量一律被视为不合格。

3）知识性、逻辑性、语法性差错，封一、扉页上的文字差错，图表内容与说明文字不符，每处计2个差错。

4）一般性错字、别字、多字、漏字、倒字、外文、汉语拼音有误单词（词汇）、图表位置差错，计量单位、科技术语不规范，每处计1个差错。

5）不同文种字母混用，简繁体字混用，法定计量单位符号不标准，每处计0.5个差错；

6）数字使用不规范，标点和其他符号错用，序号、注码、移行等格式错误，每处计0.1个差错；

7）同样性质差错重复出现，同一页面上按1处计数，全书酌情按1处差错基数的2~4倍计数。

科普图书、中医图书的差错认定参照上述标准灵活掌握。

根据上述复审结果，审读人员应填写复审报告，并勾画处理意见，具体内容包括："原稿质量不合格"、"不符合'齐、清、定'要求"、"加工质量不合格"、"提交主编终审"、"退作者补充修改"、"退策编重新整理"、"退文编补加工和策编验收发稿"。

2.质控审读

一般在第二校次后进行。编辑、校对质量差错认定依据及标准：差错不超过1/10 000，为合格；差错率超过1/10 000，为不合格。审读要求与复审阶段基本相同。

经过质控审读后，除少数特殊情况，如确实发现有重要问题在前面的程序中未解决，需要作者或编辑解决外，通常可进入第三校次。

三、编辑加工

有的出版社将医学编辑分为策划编辑和文字编辑，策划编辑只负责选题策划，虽有编辑加工的责任，但不负责具体文字加工；有的出版社的编辑没有如此明确的分工，他们既做选题策划也做文字加工。不管是否分工，稿件进入编辑加工程序的目标是一致的，编辑加工的依据和质量评定标准也是一致的，即与质控审查的质量评定依据和标准完全一致。经过编辑加工，编辑（包括策划编辑）要填写初审报告，内容包括：

（一）原稿审查

如有无政治性问题，是否达到“齐、清、定”的要求，有无内容提要，图、表处理有什么要求，是退作者修改补充还是进入文字加工程序，对文字加工有什么具体要求等。

（二）文字加工

一旦进入文字加工程序，文字编辑应该做好加工记录：包括加工中遇到的自己没有把握，或有待作者解决的主要问题。加工记录一式两份，一份随稿件发稿，一份转寄作者校对清样时附上。最后，提出是否提交复审。

四、版式设计

版式设计人员接稿后，根据书稿的类别，是属于大型专著、手册，还是属于科普读物。要参考原稿的编排结构、编辑加工的层次序号及编著者的要求，按出版社的版式设计传统或规定，对各级标题标定字体、字号，提出占行、居中或缩两字距另起行等版式要求。有专职版式设计人员的出版社，版式设计有固定的程序，无专职版式设计人员的出版社，版式设计通常由加工编辑提出要求，或在编辑加工过程中标定。

五、录入排版

照排室接到经版式设计后的稿件，即将稿件分配给录入员进行录入和排版。

（一）录入

对非电子版的发稿，不管是手写稿还是打字稿，均应录入。录入员应在尊重原稿和编辑加工内容的前提下认真录入，对层次序号错乱、重要名词术语错误、内容移动勾画不清等有疑问处，不可凭自己的想象和臆断改动，一定要请教编辑人员，得到确认后才可改动；对手写稿个别不易辨认的字可用黑块（如“■”）代替。

（二）排版

对非电子版的发稿，不管是手写稿还是打字稿，录入的同时即排版；而对电子版发稿，在排版的同时即做补录或补改修正。排版时要尊重版式设计要求，严格按版式设计排版。对版式设计有疑问时，应与版式设计员协商后修改排定。排版时要特别注意图、表，应尽可能紧随正文中图、表的第一次标位后，除特殊情况外，一般不要出现跨页现象。

六、校对

录入、排版完成后，要经过三校次才能出片付印。一校次一般出两份校样，一份交校对员校对，另一份交作者校对；二校次、三校次出一份校样，均只交给校对员校对，作者不再校对。两者的校对标准、内容是完全一样的，校对重点则有所不同。

（一）校对员校对

校对员校对的原则是忠于原稿，只对原稿负责。要求一校次必须逐字逐句地通校原稿，除明确的原稿或编辑加工差错、遗漏等问题，校对员有责任修改或提出疑问，以引起编辑合稿时注意外，原则上不代替编辑做校对员以外的工作。在此前提下，其校对重点是编排结构、层次序号，图、表排位、编序，错、别、漏字，重复内容，文句不通等。二校次则根据合稿后的情况，重点复查合稿标示的内容，特别是对合稿上作者新增补的内容，应按一校次的要求校对。三校次基本完成对二校次的“核红”，重点对照二校样上的修改处进行复核。

（二）作者校对

作者校对的原则是在尊重科学的前提下，除原稿存在科学性问题必须增补、删节或调整外，原则上不允许对校样做可改可不改的增补、删节或调整。同样，其要求与校对员的一校次基本相同。由于作者不进行以后的校次，所以作者的任何增补、删节、调整或修改，除明显错误外，均被当作最终依据。如果由于作者校改引起的错误，其责任由作者自己负责。除特殊情况外，作者校对时不应把重点放在编排结构，层次序号，图、表排位，专业名词术语，法定计量单位符号上，因为这些方面可能被文字编辑按照出版社排版要求和版式设计，从宏观上进行了相对统一的调整。如果作者再改回去，不但徒劳无功，而且给编辑校对带来不应有的麻烦。

随着编辑手段的现代化，有的编辑在电子计算机上直接编辑加工电子版稿件，文字编辑可能对原稿有疑问或遗漏处提出质疑，并用醒目的标记标注在校对稿上，例如："此处概念不清楚，请作者核实？！"这个时候，作者在校对时，就应该特别重视解答类似疑问。

另外，应遵守出版的要求，及时寄回校对稿，以免影响出版进度。

（三） 文字编辑校对

文字编辑始终要陪伴校对员完成三个校次，并担当"判官"角色。校对员和作者一校次完成后，文字编辑要把两份校样合二为一，即合稿。在合稿过程中，文字编辑主要做下面工作：

1）要对两份校样的质量进行判断，以了解作者与校对员校对的认真程度。

2）要对作者校对稿中的增补、删节、调整或修改的必要性、合理性、准确性等进行分析、判定；同时，对校对员在校对稿中提出的疑问进行分析、判定，以及对校改的必要性、合理性、准确性等进行确认。

3）根据具体某页稿面校改的程度，确定是将作者校改的内容合入校对员的校稿上，还是将校对员校改的内容合入作者的校稿上；原则上要求合入校对员的校稿上，为加快工作进度，实际合校时可灵活掌握。

4）除特殊情况外，原则上不允许再留疑问进入二校稿，因此，文字编辑对两份校对稿中提出的不明白的问题，应及时与作者联系，并确认。

文字编辑的二、三校次重点是确认校对员校对的内容，解决校稿中提出的问题。

七、出片付印

通常完成第三校次修改后即可出胶片，签字付印。根据出版社的条件，可在社内出胶片，也可委托承印单位或专门的胶片制作公司进行。为了保证印刷质量，胶片出来后仍需有专人对照纸样检查有无胶片制作质量问题，同时注意是否存在编辑、校对方面的重大差错，以便及时采取补救措施。

八、印刷

印刷和装帧一般在一个单位完成。随着出版业的发展和激烈的市场竞争，出版社对印刷、装帧单位有更多的选择余地。因此，为了尽可能节省费用，越来越多的出版社选择异地完成的方式，即印刷是一家，装帧是另一家。不管采取何种印刷、装帧方式，各出版社印刷、装帧的质量要求和注意事项大体是一致的。

（一）印刷

1.质量标准

1）拼版规格应遵照印刷通知单中所注的尺寸要求；版口规矩一致，不歪不斜，版芯对正，书眉、页码对齐；“十”字线、边标及切口位置准确，必须达到装订要求。

2）版面外观整洁干净，无明显脏迹，无明显糊版、订痕，不压底，无坏页、小页，接版色调基本一致，文字完整、清楚，无缺笔断面。

3）版面压力、墨色均匀，以常用五号宋体的“的”字为准，精细产品的密度为0.27~0.33，一般产品为0.25~0.35。

4）各版面正、反套印准确，误差为精细产品＜1.5 mm，一般产品＜2.5 mm，图像套印误差≤0.20 mm。

5）层次分明、清晰。

6）彩印套色准确，封面精细套色误差≤0.1 mm，一般≤0.14 mm；正文精细套色误差≤0.12 mm，一般≤0.18 mm；精细网点面积再现率

2%~4%，一般3%~5%。

（二）注意事项

1）印刷厂必须严格按照出版社“图书印刷通知单”进行拼版、印刷，不得随意更改，如有任何不清楚事项，应及时与出版社联系。凡遇客观原因影响进度时，要及时通知出版部，以便调整。

2）按通知单的要求选定纸张、专色油墨等。

3）印刷之前应认真核查胶片、检查用纸质量，发现问题要及时通知出版社。

4）按通知单要求的时间按时完成印刷任务，一般不得延误下道工序。

九、装帧

（一）书芯质量

1）页码和版面顺序正确，以页码中心点为准，相连两页之间的页码位置误差≤4.0 mm，全书页码位置误差≤5.0 mm，画面接版误差≤1.5 mm，书页无油脏，无死折、“八”字折、折角、残页、破口、缺页、倒页、多页、白页等。

2）书帖与零散页张、图表的粘连位置准确，粘页平整，不漏粘、连粘，无掉页、损页。配页要严格按照页码顺序进行，无多带、少带、倒带、串带现象。

3）精装书锁线前根据开本与要求，调好订距、针数，并检查配页无差错。16开本上下针位与切口的距离为20~25 mm，针数6~10，针组3~5；32开本上下针位与切口的距离为15~20 mm，针数4~8，针组2~4。锁线松紧要适当，无卷帖、歪帖、漏锁、跳锁、扎破衬、折角、断线和线圈，线头不宜过长。

4）打捆时书背要平整，不缩带，浆背时胶要均匀完整，分本正确，书背无岗线，不割坏书页。

5）堵头布粘贴平服、牢固，不歪斜，外露线棱整齐，方背堵头布的长以书背宽为准，误差 ± 1.5 mm；圆背堵头布的长以书背弧长为准，误差范围1.5~2.0 mm。书背布应居中，粘正、粘平、粘牢，书背布的长应短于书芯长15.0~25.0 mm，宽应大于书背宽（方背）或书背弧长（圆背）40.0~50.0 mm；书背纸粘贴位置应准确，粘平、粘牢；书背纸的长应短于书芯4.0~6.0 mm，宽应与书背宽（方背）与弧长（圆背）相同。

6）书芯各种粘贴严禁使用植物类黏合剂。

7）平装书胶订、胶粘订用黏合剂应黏度适当，以使黏合剂能渗透到书帖最里页张上，并粘牢为准，严禁使用植物类黏合剂；书帖划口排列正确，均在最后一折缝线上；锯口深度2.0~3.0 mm，宽度1.5~2.5 mm；16开本的锯口数为8~10个，32开本为6~8个；铣背深度三折书帖为2.0~3.0 mm，四折书帖为2.5~3.5 mm，以书帖最里面一页能粘牢为准，铣削歪斜≤2.0 mm。

（二）成品质量

1）精装、平装图书书芯成品尺寸必须按标准裁切，允许误差0.8~1.0 mm，纸板尺寸误差±1.0 m，护封尺寸误差≤1.5 mm，书芯、纸板歪斜以对角线测量为准。精装封面外观要表面平整，不脏，不翘，不起泡，包角严密整齐。

2）精装书圆背要圆势适当，圆势在90°~130°，起脊高度为3.0~4.0 mm，书脊高与书芯表面倾斜度应在120°±10°。平背书背要平；上壳要正，书芯不出台阶。精装书书槽要直，深、宽度为3.0 mm±1.0 mm，槽形应牢固、整齐、深浅均匀；三边飘口一致，32开本为3.0 mm±0.5 mm，16开本为3.5 mm±0.5 mm；环衬无皱折，书背字要正，套书书背字上下误差≤2.5 mm。

3）平装书外观整洁，封面与书芯粘贴牢固，书背平直，无空泡，无皱折、变色、破损；岗线≤1.0 mm，无粘坏封面，无折角，粘口符介要求。

4）成品裁切后无严重刀花，无连刀页，无严重破头，成品裁切歪斜误差≤1.5 mm。

5）侧胶、书背胶匀称，厚薄一致，无野胶、溢胶，无空泡，无裂口，侧胶宽度为3.0~7.0 mm。

6）成品书书背字居中，以书背中心线为准：厚度在10 mm以下者，平移误差≤1.0 mm；10~20 mm者，平移误差≤2.0 mm；20~30 mm者，平移误差≤2.5 mm；30 mm以上者，平移误差≤3.0 mm。书背字歪斜误差均＜0.5 mm，套书书背字上下误差≤2.5 mm。

7）封面无白边，版框要方正，不折角，不毛边，不皱折，无脏迹；覆膜粘结牢固，无起泡和粉箔痕，不模糊，光洁度好；表面烫印文字图案不花不糊，清楚干净，套烫两次以上的封面版面无漏烫，层次清楚，图案清晰、干净、光洁度好，套烫误差＜1 mm。

（三）注意事项

1）装订厂必须严格按照“图书装订通知单”的各项要求装订，如有客观原因影响进度，须向出版社说明情况。

2）进行大批量加工前务必先向出版社按时、足量交送样书，样书验收合格（一般3天之内）后方可大批量装订入库。

3）如发现印数少、残页多等问题，应及时与印刷厂联系解决。

医学图书编撰要点

各类医学图书，无论科普类、专著类、中医类、药学类选题，还是医学教材类、译著类选题，都具有一般图书的共性，比如要考虑图书的政治性、科学性、实用性等；同时每类图书都有自己的个性，有不同于别的图书的特点，下面就详细一一介绍。

科普类

编写科普类医学图书，传播医疗保健知识，既是每个医务工作者义不容辞的责任和义务，也是为广大民众防病治病、日常养生保健服务的一种重要方式。

一、医学科普图书

医学科普图书，创作题材丰富，市场前景广阔，读者群体众多，但创作队伍相对缺乏，称得上精品的医学科普图书更是少见。市场销售的医学科普图书，绝大部分是专业人员编写的专业图书的“翻版”，缺乏科普读物的格调和风格。究其原因：一是尚未形成医学科普专业创作队伍；二是许多作者专业能力有余，科普写作技巧不足；三是不少作者还没有掌握科普类图书的编写要点，不善于把深奥、难懂的原理、机制、专业名词术语等，转化为易被广大群众阅读、掌握的语言文字。因此，医学科普图书的创作空间有待拓展。

二、题材特点

（一） 常写常新

人类对科学的探索，从来没有停止过脚步。医学界对疾病的认识，也沿着由表及里、由浅入深的轨道，不断得到深化和提高。正是因为这个原因，不同的作者在不同时期，对同一科普题材的观点、认识角度会存在很大差异。因而，此类书稿很难出现雷同或者到达顶峰、到达终点的问题，医学科普图书的选题是一个常写常新的话题。

比如，同样是防治高血压方面的话题，现在防治高血压的方法和内容与20世纪80年代防治高血压的方法和内容相比，一定会有很大的不同，会有改进和提高。有位作者，在20世纪80年代读研究生期间，曾和自己的导师二人联手出过一本防治高血压的小册子。这么多年过去了，他现在就很感叹那本小册子太落后了，许多药物及方法早已被临床淘汰，大量治疗高血压的新药、新方法不断涌现。他认为现在如果让他仍然围绕这一题材编写书稿，以前的内容几乎完全用不上，他现在编写这个书稿，一定会比以前编写的小册子更实用、更具指导性。这个例子告诉我们，医疗科普类题材，只要用心钻研和体会，不断开发，就会做到常写常新。

（二）选题范围广

可以说，凡是与生老病死、衣食住行、养生保健、祛病延年有关的题材，都属医学科普图书的写作范围；凡与医学有关的古今中外医疗保健知识，只要有可圈可点之处，只要有心得体会，都可“借题”发挥，进行创作。近年来，食疗类、美容类、健康新概念以及养生类选题，让医学科普图书层出不穷的出现，并不断创新，越来越多，这便是极好的佐证。

（三）角度不同，编写风格各异

有人担心，医学科普图书你写、我写、他也写，迟早有一天会出现很多雷同的情况。其实不然，写作好比用照相机给一个人拍照。人就是医疗保健题材，照相机是你要写作的角度和切入点。你对拍照对象，可以采取正面、侧面、顺光、逆光、远景、中景、近景、全景，以及在每天早、中、晚任一时段，从不同的拍摄角度、运用不同的拍摄手法进行拍摄，永远不会拍摄出完全相同的两张照片来。

同样，由于每位编者所处角度不同，看待同一题材的角度也会有所不同，对同一题材的认识理解更不会完全相同。只要对其中的基本要素重新进行排列组合，再溶入一些创新的元素，写出的书稿就会内容各异，并独具风格。当然，如果不经过酝酿、思考，没有投入大量创造性劳动，一味采取“剪刀加糨糊”、“照着葫芦画瓢”的“拿来主义”手法，出现雷同情况，那就很正常了。当然，这种情况应坚决避免。

三、题材范围

医学科普类图书题材范围丰富，只要是广大人民群众所关心的健康问题，比如，如何提高生活质量？如何倡导科学、文明、健康的生活方式？如何从卫生保健、生活保健、养生保健、药食同源、食疗保健、健康新概念等角度对大众进行科普教育，给予科学指导？这些都属于医学科普图书的取材范围。比如：

（一）预防为主的题材

宣传“预防为主”的健康方针，引导人们关注自身健康，并做到预防为主，防患于未然，提高健康意识，增强防病能力。如一些公共卫生话题、食品饮水安全问题、婴幼儿保健问题、孕产妇保健、老年保健、预防接种等方面的问题，都属于此范围。

（二）防治结合的题材

普及医学科学有关疾病诊断治疗的知识和方法，解决广大群众在疾病防治及寻医问药方面的难题，让广大群众自己掌握常见病、多发病的防治康复办法，做到有病早治、无病早防，对疾病做到早发现、早诊断、早治疗。

（三）面向基层、面向农村的题材

围绕卫生下乡，开展农民健康教育，把医疗科学技术和知识转换为医疗科技文化，源源不断地送向农村基层。这类选题以后会是一个趋势，值得关注。

四、编写原则

（一）明确写作目的

首先要明确为谁写？写什么？

如《院外康复丛书》各分册，就定位于如何填平患者院外康复鸿沟，指导患者疾病康复，为患者及家属亲友所写。

（二）题材要真实、可靠

围绕书稿主题，用心搜集相关资料和素材，选材要科学、真实。并在此基础上，巧妙“剪裁”，为我所用。避免添枝加叶，任意虚构，甚至张冠李戴的情形发生。

（三）精心构思

任何一个医学科普图书的选题，都要进行深入的思考，对谋篇布局反复修改，让全书的结构看起来重点图书，详略得当。

（四）言之有物、有理、有序

医疗保健书稿的特征，就是要求作者必须做到言之有物、言之有理、言之有序。

言之有物，是指不要讲空话、废话，要有实际内容，要具有实际的指导作用。

言之有理，就是要把医学科学的道理讲清楚，不能弄的云山雾罩。

言之有序，就是行文时不但要注重科学性，还要提高趣味性，并深入浅出，简明扼要，要具有明确的逻辑性。

（五）结构层次有序

书稿要条理分明，层次有序。不要偏题跑题，尽可能做到集中概括，避免结构过于分散。

（六）图文并茂

医疗保健书稿，虽然文字功夫是根本，但也要重视图和表的作用。好的插图，精练的表格，可对全书起到美化装饰作用，产生图文并茂的效果。

（七）讲究遣词用字

医疗保健书稿要把一些医学知识往科普的方面去说，就要做到通俗、流畅，必须讲究遣词造句。要求我们在写作过程中，反复推敲，多次修改。只有经过推敲，经得起推敲，才能准确表文达意，写出高质量的作品。

（八）表达恰到好处

医疗科普类题材的图书，应注意把握内容的深度和广度，既要通俗易懂，突出重点，又要详略得当，避免泛泛而谈。做到该说的一个不漏，不该说的一字不留，恰到好处。

五、编写要求

（一）通俗易懂

通俗也是科普类读物的最大特点。通俗不是指简单化、口语化，而是把老百姓喜闻乐见的一些语言通过文字加工，变成朗朗上口、符合语法规则的句子。医学科普图书的通俗，要适合人民群众、患者及家属防病治病的需要，要努力将深奥的医学理论、复杂的临床技术，经过作者的创造加工，变为容易让老百姓理解并接受的事物。

（二）由浅入深

编写医学科普类书稿，要由浅入深，先从简单的内容介绍写起，然后逐渐展开。可使用比喻、拟人等修辞手法，用形象的说法，针对读者对象的接受能力，把复杂的病种或发病机制等，采用简练的文字、清晰的语言，深入浅出地表达所涉及的医学知识。

（三）专业名词、术语尽量通俗化

医学的专业名词、术语是行业用语，一般没有医学知识的普通人很难理解。因此，医学科普读物尽量少用专业名词、术语及其缩写词，如果一定要用到专业名词和术语，也要尽量通俗化。例如，用简短、通俗、易懂的语言文字解释专业名词、术语，以风趣的比喻，恰如其分地举例说明复杂、难懂的概念、原理或机制，从而提高读者的阅读兴趣，引导读者加深理解。

（四）提倡适用与实用

对于广大读者来说，因为求知的需要，才会去选择阅读一些医学科普读物。因此，对于那些理论性强、抽象难懂的概念内容，尽量少写或不写，把读者需要的适用技术、实用方法等可操作性强的内容，作为重点进行介绍，让读者读后感到可行、可信，并付诸实施。

六、注意事项

（一）强调科学性

医学科普读物，首先是医学图书，医学图书必须严谨，必须做到内容正确、取材可靠、数据无误、科学实用。严禁编入迷信、错误，甚至违反科学的内容。尤其与药品种类、用法、用量等有关的内容，属于重大问题，容不得半点马虎。否则，哪怕是点错一位小数点，也可能酿成关乎性命的重大事故。因此，科学、准确是编者必须牢记的信条。

（二）注重实用性

医学科普读物重在科普，要有实用价值，能解决实际生活中遇到的一些问题，读者看得懂、学得会、用得上，这样才算有效。因而，实用性是编写医学科普读物的另一先决条件，医学科普读物是否具有实用性的重要标准是：编写内容是否有助于提高人们防病治病的意识？能否增强健康体魄？否则，书名、文笔再好，没有实用性的内容做根基，将很难起到传播医学科普知识、提高群众健康水平的作用。

（三）雅俗共赏，兼顾其他

不能一说通俗易懂，就随意降低写作质量和标准；一说高雅，又随意拔高作品质量和标准。既要雅俗共赏，又要兼顾其他。掌握好这个度，重在突出和把握医学科普读物的特性和作用，特别是多位作者参与编写时，更应该引起重视。

（四）可操作性

医学科普读物不仅要介绍和普及医疗、保健知识，还要具体、详尽的介绍所表达的主题和内容，尤其对于药物的用法、用量，医疗保健、护理及功能锻炼的具体操作方法等，必须完整准确地表述，以便读者学习、掌握和应用。

专　著

医学专著是指医学领域某一专题或某一专业技术领域的专门著作，一般要求在继承的基础上有所创新、有所发展，故专著更强调著述性和创建性。

一、主要特点

（一）突出“专”和“著”

“专”是指主题要专一，不能出现多个主题、多个领域。主题应是作者所从事的工作、所熟悉的领域。“著”是指学术领域或专业领域有较深造诣的权威人士单独完成或与同事合作完成的创作性著述。对专业学术问题有与众不同的见解和观点，专门介绍本专业、本领域学术方面的新成果、新进展和新问题，指明探索方向，预测研究前景等。

（二）读者群小、印数较少

医学专著的读者群体是专业人员，大部分具有较高的学识，因此专著的读者群小，图书印数较少。单纯从经济效益角度考虑，其发行量多数为几千册，第一次印刷极少超过1万册，为避免风险，出版社有时可能会与编者谈出版补偿条件。因此，打算编写专著的作者，首先要预测判断市场前景和自己的经济实力。

通常，面向临床大科读者的专著，如普通外科、骨科、内科、妇科或儿科等；面向较大读者群体的专著，如面向基层医师、全科医师的专著，市场前景相对来说会好一些。反之，专著专到以某单一病种，面向小专科、小群体读者，其市场前景就会不容乐观。当然，上述观点并非绝对，关键是要适度把握，学会审时度势。

（三）反映学科前沿，体现前瞻性

编写专著的作者尤其是主编，一般要对某一专业领域的新突破、新成果、新技术以及研究前景等有比较深入的了解和比较系统全面的掌握，唯有这样，才能写出能反映学科前沿，体现前瞻性的专著。

二、编写原则

（一）突出主题

编写专著最重要的一个原则是要突出主题，紧紧围绕重点，对涉及到不太重要的相关学科只做适度介绍即可，不要求面面俱到，要把握好主题与外延的“度”。凡离主题较远、关系不大、有可能冲淡主题的内容，都要删去，防止松散，重点不突出的情况发生。

（二）合理继承

要正确处理交叉学科和边缘学科的关系，但凡具有突破性、建树性科研成果或技术，都是在继承现有医学科技成果的基础上，以相关学科、相关技术为依托发展起来的。如果作者从编著完整性考虑，适度引述他人观点、资料或研究成果是必要的、允许的，但要以自己的观点、认识及研究成果作为重点和支撑。

同时，要注意知识产权和著作权问题。较恰当的办法是，充分利用书末或章末的参考文献，为读者提供进一步考证原作的参考依据，同时，也体现出对原作者的尊重。

（三）简繁适度

对于某些属于作者自己创新的、有建树的内容，要作为重点，充分展开讨论；对基础知识、一般概念、常规技术等已为人们熟练掌握和广泛应用的内容，则点到为止即可。特别是在引用他人的研究材料时，应尽量引用他们的要点、结论等，切忌不加选择地全部照搬。

（四）引经据典

撰写专著，对作者的学识水平往往要求很高，既要以本专业的工作为基础，又要广泛涉猎与本专题有关的文献、资料、数据、图表以及照片等，只有如此透彻地论述，才能够对选题和专业范围等把握得当。

三、编写要点

（一）内容上乘

与其他医学图书相比，专著类图书往往是医学图书中的精品，因此，要求编著者讲究整体效果，结构严谨，体例规范，逻辑严密，文笔流畅，内容上乘。

（二）取材合理

取材不合理，内容交叉、重合是专著中，特别是多人执笔的专著中容易出现的问题。从局部看似乎完整，从整体看却存在重复。因此，取材既要完整、紧凑，说明问题，又不致篇幅冗长，内容拖沓。把好内容交叉、重合关，要求统稿人必须做到尽职尽责，局部服从全局，删繁就简，妥善解决取材不合理，内容交叉、重合的问题。

（三）前后呼应

编写过程中要做到统筹兼顾，理论、观点、方法、结论、数据、图、表、公式等，要前后兼顾，予以呼应。如出现图或表，就必须在正文相应处标注图位或表位；在书末或章末提供主要参考文献著录，供读者对照或查阅，也属于“前呼后应”之列。

（四）独具匠心

由于专著读者绝大部分是同行或专家，要求编写者应棋高一筹、独具匠心。从结构、体例、层次、标题配置及编写手法和技巧上，都能体现选题自身的特色和作者独到的见解。

（五）文字表达沉稳、凝练、庄重

文章多用比喻、举例等表现手法，少用修饰类形容词，做到既沉稳、庄重，又言之有物。只要经过长期的知识积累和储备，反复对书稿进行修改和润饰，就能达到这一境界。

（六）文风淳朴

专著的内涵丰富，要求叙述练达，直奔主题，但对新的专业名词术语、边缘交叉学科等内容，必须交代清楚，着力阐明。同时，要求文风淳朴，不要过多用“连环套式”的句型或不着边际的长句。

医学教材

医学教材是根据教学大纲编写的供教学或学习参考使用的读物，是医学图书的重要组成部分。普通高等医学院校所用的教材，编写内容会受到教学时数的限制，一般会要求教材在规定的篇幅内能系统地阐述学科教学过程的基本内容。所以，医学教材的编写有许多自身的特点。

一、编写原则

（一）根据教学大纲培养目标和教学内容，确立编写内容和字数

教材的读者是学生，受教学大纲的规范和限定，须根据教学大纲或课程的基本要求，按照专业培养目标，适应特定对象（学生）、特定限制（学制、学时）的需要，组织编写。其内容的深度、广度和适用性必须根据学科的培养目标，适合学生的学习需要，利于教学和使用。

不同专业设置、学历层次培养目标，其教学大纲规定的教学学时数有所不同，教材大致的编写字数要求如下：

本科：5 000字/学时。

专科：4 000字/学时。

中专：3 000字/学时。

根据上述规定，教材可按每学时2 500~4 000字编写。基础课可从低估算，专业课可从高估算。

（二）不断更新内容

随着科学技术的发展，医学新理论、新技术、新成果不断涌现出来，编写教材除了介绍必须的基本知识外，还要与时俱进，不断更新，解决现有教材“老”、“旧”、“脱节”的问题。

如果新编教材仍用知识老化的材料，就不能代表和显示当代医学科技的先进水平。比如，关于临床氧气供应和使用问题，现在各大医院基本实现了床头集中供氧，如果教材仍介绍氧气瓶、氧气袋供氧，就非常守旧和落伍。另外，学生在课堂所学知识，学非所用、用非所学的现象必须引起作者重视，编写教材时应克服不足，推陈出新。

二、编写要求

医学专业培养目标及教学改革，要求全面落实素质教育，编写教材须与素质教育要求相一致。要求做到：

（一）思想性

教材应体现政治思想性，坚持马克思主义唯物辩证法的世界观和方法论，政治观点正确，思想方法科学，准确体现国家各项法律、法规，养成严谨的科学态度。教材中不允许出现违反国家法律、法规及政策问题，如民族政策、外交政策（包括政治、地理）、保密规定等方面的错误。

（二）科学性

医学教材类图书应做到概念清楚、结构严谨、详略得当，药物使用的剂量和方法准确，名词术语规范，使用法定计量单位，理论联系实际。

（三）先进性

反映现代医学科技成果，体现先进医学教学理念，培养学生创新思维和实际操作能力。内容编排、文字表述、图表使用，要有利于启发和培养学生的理解能力、分析能力、创造性思维能力及发现问题、解决问题的能力，不宜采取“填鸭式”编写模式。

（四）针对性

教材必须适合医学院校各专业教学的需要，符合专业培养目标，遵循循序渐进原则，完成规定的教学内容和知识传授点，内容分配与深度、广度和侧重点均衡，精讲与多练相结合，听讲与启发思考相结合，便于教学，利于培养学生的实践能力。

（五）适量选配例题和习题

为了便于理解教学内容，提高解决实际问题的能力，应在每个单元或每章后，针对教学重点和难点，适量配置思考题或练习题。题型必须“有的放矢”，与现行考试题型相结合，且题量适当，尽量做到与学时、课程内容一致。

三、注意事项

（一）掌握编写进度

教材一般分为秋季教材和春季教材，每年第一季度开始征订次年春季教材，第四季度供应春季教材；第三季度开始征订次年秋季教材，次年第二季度供应秋季教材。因此，编写教材应掌握编写进度，按时出版，保证教学用书。新编教材最好于供书前10~12个月交稿，给后期编校加工留有充分时间，以免延误出版，错过用书周期。推算编写教材的完成时间应为：秋季教材3月份交稿，不迟于5月份；春季教材头年8月份交稿，不迟于10月份。

（二）防止“千书”一面

有的编写人员认为，编写教材最省事，无非是把现有的教材拿来剪辑一下就行了。事实上没有这么简单，编写教材仍有大量细致的工作要做，丝毫不比编写专著轻松。编写教材之前必须做好教材使用情况调查，即通过调查，了解现行教材的优点、缺点；全面审查现行教材，弄清楚哪些内容是过时内容，哪些内容应保留，哪些内容应更改，哪些内容应增补，哪些内容应删除。编写时要做到主次分明，详略得当。该有的内容一点也不能少，不该有的内容坚决不要。

（三）尽量减少差错

这几年，读者反映最强烈的问题是差错太多，质量滑坡。在教材，特别是教学参考书或教学辅导读物中表现得尤为突出。有些作者以应付差事的心态对待编写工作，甚至对自写的内容不把关、不审查、不修改、不检查，把这些事全推给编辑。如果编辑、校对把关不严，就会漏洞百出、错处连篇，甚至以讹传讹，误人子弟。对此，务必引起编者的警戒和注意，尽量减少差错。

药学类

编写约学类书稿，要求符合《中华人民共和国药品管理法》等有关法规，不能收录已经被淘汰或禁止使用的药物，凡涉及《中华人民共和国药典》最新版所登载药物或试剂，包括介绍试验研究所用的对照药物或试剂，其名称要与《中华人民共和国药典》最新版相一致，还要注意介绍清楚处方药和非处方药的购买使用方法。

一、药学名词术语

（一）化学药物名词、术语

按照全国科学技术名词审定委员会公布的允许使用的名称，必须规范使用。

（二）给药途径术语

应使用全称或简称，做到全书统一，如静脉注射（iv，简称“静注”），静脉滴注（ivgatt，简称“静滴”），肌内注射（im，简称“肌注”），皮下注射（sc），皮内注射（id），腹腔注射（ip）。一般在专业医学书稿中，给药途径可以用英文术语的缩写、汉字属于全称或缩写。不管采用哪一种书写术语，全稿应统一。医学科普类图书给药途径术语最好采用汉字全称。

（三）药物试验方法名词

应使用规范名词，如长期毒性试验、急性毒性试验、层析、滤过等。

（四）化学成分名词

一般情况下，要求用正名，对于不常见的化学成分，应在名词后的括号内书写英文名，英文名词的字母一律用小写。

（五）非药学名词、术语应规范

一律严格参照全国科学技术名词审定委员会公布的生物医学名词为依据和标准使用。

二、药物名称

（一）《中华人民共和国药典》收入的药物

介绍动、植、矿物的药名、种名和拉丁文学名（英文名）以及药物的拉丁文名时，均以最新版《中华人民共和国药典》为准，其名称、种名及拉丁文名，应与现行版《中华人民共和国药典》所载名称一致。

（二）《中华人民共和国药典》未收入的药物

如果不属于最新版《中华人民共和国药典》所载品种，其药名可以使用通用名。种名和拉丁文名可参照《中国植物志》等权威的动、植、矿物学著作。

三、化学分子式和结构式

（一）化学分子式

正确书写化学分子式的元素符号、原子数（原子数应书写在相关元素的右下角）。元素符号和原子数不能有误。

（二）化学结构式

正确书写结构式中的元素符号、基团、原子数；正确书写化学键（如单、双、三键、虚键等）；化学键要对准所连接的原子（或基团中某原子）。对于化学结构式或算式，要注意仔细核查，做到书写、打印准确无误。

四、药物使用方法的书写顺序

药物使用方法，按照先写给药途径，再写药物剂量，最后写给药次数或时间的顺序。

（一）给药途径

给药途径与给药剂量、临床疗效、药物不良反应等直接相关，因此，在介绍某种具体药物时，给药途径是首先要介绍的。

（二）给药剂量

剂量过小（低于治疗量）达不到最佳治疗效果，剂量过大（超过常用量）会产生不良反应，甚至发生中毒事故。因此，介绍药物剂量不允许有丝毫差错，尤其是剂量单位（g、mg、ml等）和小数点的位置，均应反复核对准确。叙述药物剂量时，须写清楚是一次剂量还是一日剂量。

（三）给药次数或时间

准确写清给药时间（时机）和给药次数。

五、插图

（一）彩色图

1.手工绘制彩图

严格以原动、植、矿物为原型，尽量使图的颜色真实，不能变形或严重失真。

2.彩色图（照）片

要求药物品种品名准确，实物标本特征明显，构图美观大方，满足复制要求和效果。

（二）墨线图绘制

1.原动、植、矿物图

所绘制的药物品种名称正确，尽量突出特征，药物形态形象真实。植物、药物图须做标注时，可用代号标注其不同器官，在图题下分别予以说明。

2.药材组织图、粉末图

对图中细胞或组织的标注应准确无误。组织图的标注，须用标线引出，然后在标线外端注明标线内端处的细胞或组织，注意所有标线外端应处于一条直线上。对于粉末图，在图内一律用代号标注，再在图题下方分别注明所指的细胞或组织。

3.仪器描绘的图谱

仪器绘图一般使用坐标纸，由于有坐标线的干扰，出版社不能直接用于制版，故对于仪器描记的图谱，必先按照原样，重新进行手工绘制，作为书稿的插图。

4.薄层色谱图

在图内用代号标注斑点（在图题下方说明所代表的成分），可在板框右标注相应左边斑点的颜色（指具有不同颜色的多个斑点），一律以板框下端线为点样起点线。

5.化学结构图

对于复杂的化学结构图，如较多杂环构成的结构式，必要时可另用硫酸纸绘制。如果电脑能清楚打印则无此必要，直接提供打印稿即可。

译著类

一、编译原则

（一）注意回避外交、宗教、政治等敏感内容

对于原版书中有民族歧视内容的，要慎译或改译，甚至可以删掉；对涉及地区、国界及敏感问题时，一定要注意观点正确，慎重翻译；与我国国情不符的内容，如迷信、宗教、医学伦理等，应慎译或不译。

（二）真实体现原著思想和风格

保留原貌，对于体现原著思想和风格的章节，一般应准确反映原著内容，不要随意删节。编译过程中，应按中文语法行文，不能让中文读者读起来晦涩难懂，要力求做到语言流畅，言简意赅，用词科学准确。

二、整体要求

封面、内封、前言、序言、致谢、附录、后记和封底等原版的组成部分，均应进行编译。封面除了译文应标注原作者国名，如“[美]”外，还应署有主译的署名。内封除了原作者、主译署名外，还应有全体译者名单及校对者名单，排序由主译决定。若有必要可在译著中增加“译者序”，对该作品加以介绍。

人名、区域名、单位名以及以人名命名的疾病、综合征、实验方法、治疗等，除众所周知的中译名，如牛顿、约翰·霍普金斯大学、法洛四联症等，可以用中文表示外，凡较陌生的，宜直接用英文表示，介于两者之间的，可在中译文后用括号加注英文，如肥达（Widal）试验、许瓦茨曼（Schwartzman）反应等。

符号、公式、反应式、结构式、化学式、药量等内容，应反复与原版书进行核对。若有与我国使用药量不符时，应在括号内加注。

专业名词术语应使用全称表示，若有通用简称时，在该术语首次出现时使用括号加注简称，以后行文可直接使用简称，如磁共振成像（MRI）、甲状腺功能亢进（甲亢）。不得用不规范的术语简称，如“老慢支”等。

专有名词及医学术语的译名应做到全书统一。有争议的译名，以全国科学技术名词审定委员会公布的医学名词为准。无依据者，译文后使用括号加注英文。

原文中出现与我国法定计量单位不符的计量单位时，应换算成我国相应的法定单位，在原文中计量单位及数值后括号注明，如：kPa（mmHg），……kg（……lb），……° C（……° F）等。除文字叙述外，计量单位尽量用符号表示，如“25 m”，而不用“25米”。

药名中译名以《中华人民共和国药典》、《新编药物学》和《英汉药学词典》最新版为准。无依据者，译文后使用括号加注英文。

三、注意事项

1）必须使用英文表示的单词，人名第一个字母及缩略语，应使用英文大写，其余用英文小写，特殊的专有名词例外。

2）格式、体例、段落、字号、文体变化、标题级别等，原则上均应与原版署相同。

3）表及插图随正文走，图及图注尽量与正文在一起。样稿图及图注可使用草图示意。插图页应注明图的序号，注意与原文中图的序号相一致。表及图不翻译，直接引用原文。但其前应依原文的意思加“引自”或“摘自”字样。

4）参考文献不翻译原文，附在各“篇”或“章”的后面即可，但其前应加“参考文献”。

5）索引的编译应由译者与编辑共同商讨后决定。

6）其余要求与一般书稿相同。

中医著作

中医著作主要包括古籍和著作两种。

一、古籍

古籍著作的要求基本上同医学类图书的编撰要点一致，此外，应注意以下特殊要求：

第一，凡属中医古籍类整理书稿（指影印、点校本，下同）的，外封署整理者姓名。

第二，应在点校说明、前言或凡例中，说明版本、原作者、勘刻年代及此次整理的方法。

第三，插图保持原书原貌，为此，可以采取直接复印方法。若原图不清晰，可以摹绘。

二、著作

1）介绍古方或以引文形式引用时，组方药物用原名、原数字、原剂量，如“桂枝三钱”等。

2）中医书稿中涉及的处方用药，包括古方或古方加减用药，药名应以最新版《中华人民共和国药典》用名为准。对于《中华人民共和国药典》未收录的药名，可以原书介绍的正名为准。方剂中的重量数字应用阿拉伯数码（1、2、3）表示，方剂中的质量单位（指斤、两、钱、铢），一律折合成“克”，写作“克”或“g”。

3）引用书名或注明文献出处时，一般不能用缩写或者简写的书名，如《备急千金要方》不能省略为《千金方》，必须写全书名。如确属需要，应在第一次出现时注明，也可在前言或整理说明中说明。

4）不可用已废除或禁用的药物，包括中药饮片、中成药等，根据临床需要，可选用其他药物代替。要注意正确使用易名后的某些方剂，如“犀角地黄汤”易名为“清热地黄汤”，“犀角丸”易名为“西黄丸”，涉及虎骨之方名，应该改为“壮骨”。

5）引用文献出处（书证）要引到2级，个别可引到3级，但不可越级超出原书目录的标题。出处要求第一手资料，不引用类书、丛书，如《小儿药证直诀·病》、《证治汇补·内因门·水肿》等合乎要求。《诸病源候论》、《医部全录·医学纲目》、《河间六书》等不合乎要求。

6）注意减少文字差错。中医书稿会沿用许多古字、僻字、生字，如果编写、校对不严格，就会人为的造出一些错字、别字。

7）引用古籍文献，如果需要列出医家，则应用医家全名，不用其字或号。

电子出版物

电子出版物是以数字代码方式，借助于计算机产生的与纸介出版物截然不同的出版方式的产品。电子出版物将有知识性、思想性的内容编辑加工成信息以数字形式存储在磁、光、电介质（软盘或光盘）上，通过计算机进行阅读。

一、编撰工作程序

电子出版物分类较为复杂，以光盘形式出现的多媒体电子出版物较为常见。多媒体电子出版物涉及图、文、声、像、动画等多种，要求人机交流。因而，此类电子出版物的编撰至少需要三方面的人才，即学科专家、计算机专业人员和美术人员。其工作程序是：由学科专家写出文字脚本→改编为适合于计算机表达及制作的制作脚本→由计算机专业人员完成交互式界面的设计和媒体表现方式的设计→制作成CD-R（测试盘）交由出版社审定。

二、脚本编写要求

医疗专业技术人员要了解电子出版物脚本的编写要求，以便编写高质量的脚本，供专业人员继续制作。对电子出版物脚本的编写需要注意下面几点：

（一）开发选题

开发电子出版物选题，与图书基本相同，好的多媒体医学光盘，一定要有良好的创意，考虑到市场需求。故电子出版物的选题，也要广泛论证和分析，方法和内容与纸介图书相同。

（二）编写脚本

图书的写作成稿叫书稿，而多媒体的写作成稿叫脚本。脚本源于电影，是电视制作术语，指为了对剧本进行创意加工，加上编导的一些关于画面、音乐、场景、人物对话或旁白等，所得到的本子叫脚本。根据脚本，进一步分解成若干更为具体的拍摄单元，叫分镜头脚本。摄制组以此为依据，进行拍摄、制作。

多媒体脚本，类似于影视制作过程中的剧本，分为内容脚本和技术脚本。内容脚本是多媒体出版物对文字作者提出的基本要求，要求写出总体结构及内容。技术脚本则是技术开发人员根据内容脚本编写的。

（三）其他要求

内容脚本除了遵循脚本编写的基本要求之外，科学性、法定计量单位、自然科学名词、文字和符号书写规范、数字用法等，与出版社的文字书稿要求基本相同。

三、制作流程

在完成多媒体出版物的前期选题、论证、内容脚本和技术脚本的编撰后，将根据脚本采集素材进行制作。完成后，通过集成软件或计算机编程，对素材合成和集成，进行安装调试、产品测试，使其成为具有一定特定功能的产品。最后经出版社审读、编辑加工、内容审查、技术测试，各项指标合格后，方可送交光盘复制厂（相当于图书印刷厂）复制。合格产品，将作为正式多媒体出版物投放市场。

四、网络出版物

网络出版物是继纸质、多媒体电子出版物之后的另一类新的出版方式，正在逐步进入人们的生活，应该引起重视。业内人士认为，网络出版其实是传统出版方式的延续和拓展，本质与传统出版方式并无区别，也需要阅读者付费，也可以进行交易等。只是载体形式、阅读及发行形式与图书传统出版方式不同而已，改为从电脑或因特网上阅读。

与图书出版发行相比，网络出版在以下方面比传统出版方式具有优势：

一是，低成本，高效率，节省资源，保护环境，跨越时空交流互动，使读者不受地域、国界、时间的限制，任意时间和地点都可以付费下载或阅读，可经邮箱、BBS等反馈信息，供作者和出版商参考。

二是，生产周期短，发行量大，复制简捷、方便，只要作品一传到网络，瞬间就可供世界各地读者使用，无限量发行。更重要的意义在于，它打破了传统的出版发行方式，对传统出版方式形成挑战和冲击。

三是，直接面对读者，减少中间环节，实行即时网上交付和结算。

尽管如此，目前网络出版仍存在一些显而易见的问题，如著作权和知识产权保护问题，缺少网络出版技术人员，网络安全人员等，成为制约网络出版发展的最大瓶颈。

当然，网络出版对于医学书稿作者来说，不失为一种新的投稿方式。它使作者对出版方式有了更大的自主权和选择权，为作者提供了更大的出版发行空间，使每个人距离把知识变为资本、人人成为“知本家”更近了一步。但这同样需要作者具备纸介图书选题、组稿、写稿、改稿的素质，因此，医学作者应提高写作技巧和水平，以面对网络出版带给大家的财富和机遇。

医学图书的构成要素

书稿的基本构成，就是要求作者交稿时要交齐必须交的内容。但是，不是每一本具体的书稿都要一项不少地提交，其中的有些项是由作者和出版社协商确定的，例如，主编简介、序、出版说明或凡例、索引、附录和后记就是选择项，其他项，比如书名、封面、版次、作者名称等则是必不可少的。下面就说说这些必选项。

书 名

书名具有直接表达或象征、隐喻图书内容及其特征的功能。因此，书名是否起得好，将严重影响图书的社会效益和经济效益。

一、书名的分类

从反映图书内容和图书性质的角度，书名一般分为正书名（包括单纯书名、交替书名、合订书名等）、副书名及说明书名文字等数种类型。

（一）单纯书名

正书名的一种，指书名前后不附加其他文字，但可在书名内含有阿拉伯数字、外文字母及标点符号。

例如，《医疗纠纷问答》、《Windows2000入门》、《电脑？电脑！》。

（二）副书名

又称解释性书名，解释或从属于正书名，包括分卷、分册书名。

例如，《养生全图解·推拿》、《临床技术操作规范·物理医学与康复学分册》。

（三）说明书名文字

指在书名前后、上下出现的，对图书的内容范围、编辑方式、体裁、读者对象及用途等进行说明的文字。

例如，《健康在线——糖尿病就医指南》等。

（四）交替书名

同一图书的书名页上印有两个或两个以上交替使用的不同书名，是同书异名的一种表现形式。交替书名之前常以“又名、原名、亦名”等字样连接。

（五）合订书名

指一种图书由几种著作合订而成，设有一个共同书名，内容各自独立，它们之间是并列关系，没有主次之分。

（六）并列书名

在书名页上用两种或两种以上文字相互对照时，第二个及其以后的书名，称为并列书名。

二、书名的类型

一个好书名是图书的眼睛或窗口。名字如果起得成功响亮，可以为图书起到增辉添彩、画龙点睛的作用。

另外，从市场的经济角度来看，好书名对图书的销售很有好处。书稿再好，如果书名不能让人眼前一亮，往往会事倍功半，影响图书的效益。好的书稿加上响亮的书名，就会珠联璧合，事半功倍，起到良好的社会效益和经济效益。

纵观已经出版的医学科技图书，书名的类型大致有以下数种：

（一）直接式书名

书名直截了当地表达图书的内容和性质。

例如，《实用眼科学》、《牛津医学大辞典》等。

（二）象征式书名

用比较形象的说法来说明图书的内容和特征。

例如，《家庭小药箱》、《健康直通车》等。

（三）合成式书名

由两个语种组成。

例如，《胸部CT与MRI诊断学》、《SARS的基础与临床》。

（四）并列式书名

在医学科技图书中，有时根据需要，将封面上的中文书名同时辅以对应英文书名或其他外文名。

（五）复合式书名

一般由正书名 + 副书名构成。

例如，《家庭小卫士：用药指南》、《健康加油站：肝病家庭护理》。

也有以时域、地域、专业领域等加以区分的方式构成复合式书名。

例如，《现代妇科学》（上卷）、《现代妇科学》（下卷）。

（六）隐喻式书名

书名中隐喻着图书的内容。

例如，《吃出来的健康》、《女人挺好》。

（七）纯外文式书名

例如，《Office2010》。

三、好书名的特点

好的书名，表现在有内涵，有实在意义。因此，作者从选题之初、策划之前，就应该对如何起一个好书名予以重视。总结前人经验可以看出，但凡好的书名，一般都具有下列特点：

1）精练简洁，书名字数不宜太多，名称不宜过长，越简练越好。

例如，《温病学》、《针刺疗法》等。

2）具有画龙点睛之效。

例如，《二十四节气养生》、《小老爷们那些事》等。要做到贴切、恰如其分，符合本书的主题和中心思想。

3）主题词搭配得当。

例如，《中老年内分泌系统疾病诊断与治疗》、《微创手术治疗原则与技巧》等。

4）主、副书名搭配得当，相得益彰。

例如，《我是如何战胜脑血管病的——脑血管病人康复与养生指导》、《笑是治病的良药：90%的疾病都可以自行终结》等。

5）紧紧抓住市场热点和读者心态，做到有市场、有卖点。

例如，《动出健康动掉疾病》、《适时求食》等。

6）有创新。书名富有创新，有亮点，不落俗套，能揭示、表达书稿的中心和重点。

例如，《药枕无忧》、《掌握健康》。

7）内涵深刻，能准确反映图书内容。

例如，《小老爷们那些事》。

8）朗朗上口。书名朗朗上口，好记、易颂。

例如，《笑一笑病全好》、《姜葱养生法》等。

四、确定书名注意事项

确定书名的过程，是一个很细致的过程，要经过反复的推敲修改、提炼等才能确定。有时甚至书稿已经完成，书名还没确定，要直到出书前才最后敲定。

如何确定书名，并没有什么固定的套路。对于第一次涉足的作者，编者建议不妨先根据书稿中心内容，列出若干待定书名，然后再逐一进行推敲和比较。对过长的书名，要进行精简和改造，最终选择一个既短又贴切，还能恰如其分反映书稿主题的作为书名。

精选确定书名应注意下列几点：

（一）防止名不符实

书名一定要和书的内容相符，书名不能只考虑迎合读者，或者为了包装而包装，使内容与书名相去甚远；更不能只有好书名，而没有好内容。这样的书，也许在初期会造成一定的轰动效应，暂时会有一点市场，但是经不起时间的验证。而且，还会引发一系列的负面影响。比如，使读者对编著者的崇拜度下降，对出版社的出版质量和信誉度产生怀疑，最终将影响图书的整体效益。

（二）策划之初，书名先行

医学图书在策划选题的时候，就要提前考虑到书名的问题。作者要下工夫，力争起一个好书名，使书名有新意，名副其实。

（三）不要让书名拖了市场的后腿

书名的好坏，关系到对读者的吸引力，会潜在影响图书的市场销售。如果图书内容很好，书名却过于呆板直观，就不能吸引读者，会直接或潜在影响图书的销售，影响图书的效益。

（四）不能离题、跑题

如果书名脱离主题，标题和内文是两张皮，不匹配，就会出现书名与内容错位、缺位、不到位的情况，让读者不知所云，这会严重影响图书的经济效益。

（五）防止云山雾罩

现代社会，由于人们生活节奏加快，没有时间、也不愿意浪费时间去为某一个书名钻牛角尖。因此，书名不宜过于含蓄、笼统或抽象，要让读者一目了然地知道作者想表达什么。

（六）防止作茧自缚

书名尽量不要用带有时限性、地域性色彩的词语，如“最新、新编”之类的词。它们不但易随时间推移而略显滞后，且容易自我限定，时过境迁后自我否定，出现作茧自缚的结果。

（七）冗长，不上口

书名不但要字数少，还要言简意赅，而且上口容易记忆，使人过目不忘。书名冗长，不上口，既不便读者记忆，更不利于图书的传播。

封面与作者署名

封面是对订联成册后的书芯在其外面包粘上外衣的称呼，封面也称书封、封皮、外封等。封面是书籍装帧设计艺术的门面，它是通过艺术形象设计的形式来反映书籍的内容。在当今琳琅满目的书海中，书籍的封面起了一个无声的推销员作用，它起着美化书刊和保护书芯的作用，它会直接影响人们的购买欲。所以，在图书制作领域，封面也是一个必须重视的环节。

一、封面

封面指的是封面和内封。一般一两位作者编写的书稿，其封面和内封是一致的。多作者编写的书稿，特别是有主编、副主编和编委会，或作者群体编写的书稿，其封面与内封是不一致的，如封面只有主编署名，而内封则包括加上所有参与编写作者署名或单位、学位或学术职称的所有内容；有的内封需两页才能排完。

（一）封面内容

包括书名及其汉语拼音或英文书名，丛书还应有丛书名（不必有汉语拼音或英文丛书名），主编署名、出版社名。

（二）内封内容

包括书名及其汉语拼音或英文书名，丛书还应有丛书名，主编署名（有时加名誉主编署名或主审署名）、副主编署名、编委会成员或参与编写者署名、出版社名、出版社所在城市。大型专著的编委会成员或参与编写者署名有的还加上署名者所在单位、学位或学位职称。

（三）封面设计

作者可提供设计思想或设计草稿供策划编辑和美术编辑参考，由出版社设计和确定封面，或完全由出版社考虑、设计和确定封面，作者可要求查阅设计的封面，并评价和提供改进意见，同出版社一起确定封面。

另附几本书的封面，以供赏析。

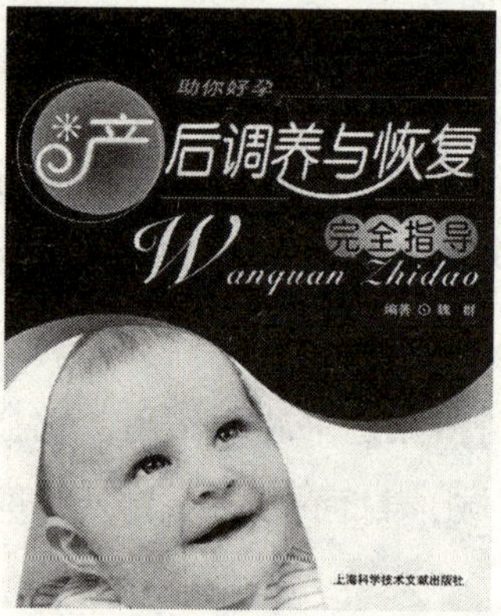

二、作者署名

（一）封面署名方式

一般只有主编或编者署名，可写作“主编×××”，也可写作“×××主编”。有的加副主编、名誉主编或主审署名（多为大型专著有名望的学术权威），书写方式同主编署名。

（二）内封署名方式

通常是“头衔+姓名”，如“主编×××”。一般顺序是主编、名誉主编、主审、副主编、编委会成员或群体作者、学术秘书或其他参与者（如绘图员）。

编委会成员或群体作者署名存在几种排名方式，根据具体协商，同一书稿只能采用其中一种。

1.按姓氏笔画顺序

是采用最多的一种方式。通常写作“编委会（以姓氏笔画为序）”，或“编者（以姓氏笔画为序）”。排名顺序按姓氏笔画少的在前，笔画多的在后；同姓的单名、少笔画在前，双名、多笔画在后；同笔画不同姓，则按姓氏首笔画“横、撇、竖、捺、点、折”顺序排序。时有发现，不少作者虽然写作“编委会（以姓氏笔画为序）”，实际没有计算姓氏笔画或计算不准，并没有真正“以姓氏笔画为序”，而是自由排序。

2.按汉语拼音排序

是较常采用的一种方式。即按姓氏汉语拼音字数的顺序排序，同声母的姓则按四声的声调排序，如“王（wáng）”、“汪（wāng）”，“汪”（一声）在前，“王”（二声）在后。

3.其他

如按承担编写内容章节先后排序和自由排序，较少采用。

三、主编简介

通常，书稿是否需要提供主编简介，没有成文的规定，主要由作者确定，出版社一般会尊重作者的意愿。根据惯例，大型专著类、专著类丛书多需提供主编简介。这是因为，一般能担当这类图书主编或总主编的不是学术造诣较高的专家或学者，就是某一领域的权威名人，如两院院士。科普类、实用类、手册类、教学辅导类、复习考试指导类、辞书类等书稿，一般不提供主编简介。

当然，也有例外，如长期从事科普创作的主编，有名望、有专长的实用类，手册类主编的书稿，他们组织编写的书稿也会有提供主编简介的。一本书是否提供主编简介，也要看情况。通常排印在肋口、封二或封四。

内容提要

内容提要，又称“内容简介”，是一本书的高度概括和缩写。通过阅读内容提要，读者可以初步确定图书内容，确定自己是否需要。发行人员可以有针对性地向读者推荐。编写内容需要语言高度凝练，需要掌握一定的方法和技巧，才能符合要求。

一、基本作用

除了篇幅较短、字数不多、内容不太复杂的图书，诸如有些书仅有数万字、几十页，内容简单，不需要编写内容提要外，绝大多数的医学书籍，均应该提供内容提要。内容提要对读者有很重要的导读和导购作用，对图书发行起到信息发布作用。

（一）导读、导购作用

内容提要的主要功能在于反映书稿的内容梗概、独有特点、读者对象等，使读者浏览内容提要之后对图书内容有一个大体印象，以确定该书对自己是否有参考价值，是否需进一步阅读或值得购买。因此，内容提要编写是否到位、能否反映图书的丰富内涵，对于推介图书、引导读者购买具有重要的作用。

（二）图书信息发布作用

出版社在上报国家新闻出版总署的图书目录、在图书展览会上的文字介绍、新书预告等，均需要参考内容提要对外发布图书信息。另外，图书馆录入书目数据、作者或出版社准备出版图书的评奖文字介绍材料等，均需要用到内容提要。可见，内容提要在图书的整个制作过程中，有很重要的作用。

二、主要特点

（一）短小精悍

内容提要一定要简明扼要，讲述重点突出，能以寥寥二三百字的篇幅浓缩全书主要内容。

（二）简洁、经济

无论是读者、图书中心、文献资料部门或书目编制部门，均需要在较短的时间内，用最快的速度，借助于内容提要，简明扼要地了解图书的主要内容，力求在最短的时间内，采集最核心、最有用的图书信息。所以，内容提要一定要简洁、经济。

三、编写要求

（一）提纲挈领

图书的厚薄，内容的多少，可以千差万别，但每本书的内容提要一般会限制在二三百字以内。所以，必须要求作者具备高度提炼、归纳和总结的能力，以及较好的写作功底以及熟练的写作技巧，在内容提要中反映出图书的核心内容，突出图书的要点、重点和特点，如图书适合什么人看，希望解决什么问题，有何参考价值以及含金量等，都是在编写内容提要时需要考虑的问题。

（二）如实介绍图书内容

内容提要一定要真实反映图书的内容，介绍要恰如其分、客观中肯、实事求是。不要只是简单罗列出图书的章节目次，应该写成翔实具体、语气连贯的一段文章。切忌言过其实，冗长烦琐，令人费解。

（三）内容高度浓缩

撰写内容提要，不需要面面俱到，但一定要介绍清楚一本书的主题思想、主要内容与特点、学术价值或实用价值和读者对象。

（四）独具匠心

内容提要在写作手法上，虽然没有固定的模式，但也要力求文笔流畅，用词朴实，独具匠心，能用传神的语言介绍出一本书的主要特色。

四、注意事项

（一）一定要具有充分概括的功能

内容提要是全书要点和精华的浓缩，能否撰写出好的内容提要，既需要责任心，也需要文字功底。编写内容提要时一定要反复修改，并进行润色。每一位作者，都要通过努力实践，成为善于概括、精于表达、驾驭编写内容提要的高手。

（二）注意整体风格保持一致

丛书或系列书的内容提要，要注意整体风格一致。如系列丛书《挂号费丛书》，全书计划出数十本分册，这就需要每本分册的内容提要既要体现作为整体套书的共性特征作为指导就诊指导的医学科普读物，为患者及其家属服务；又要体现作为独立分册的个性特征针对本分册所涉及的病种，写出它所涉及的主要内容和特点。

（三）考虑读者对象

内容提要应考虑读者对象。因为不同的读者对象，其语言的表达方式也应该有所不同。同是内容提要，面向医疗卫生专业同行的专著，与面向社会读者的医疗保健科普读物内容的表达方式，一定要有不同的体现。前者需注重专业，后者要强调通俗。同时，内容提要应与书稿内容的语言风格基本保持一致。

（四）体现版次变更情况

如果是为修订版图书准备内容提要，不但需要对图书内容进行介绍，而且需要在内容提要中简单介绍一下新版书与旧版书相比有何特点，较前一版有哪些较大的增删或突出变化。

前　言

前言和序，属于书稿的辅文部分，但却是极为重要的部分。序，也称序言，一般由某一团体、某一专业领域有名望的知名人士或权威人士撰写。前言，也称前记、引言，由作者本人写作，用来说明写作意图、经过、资料来源，主要特点以及值得特别强调的问题等。一般而言，序根据需要而定，可有可无；但前言是几乎每本书都需要准备的。这节就主要说一说前言的问题。

一、主要特点

前言是从宏观描述全书的整体面貌，由作者本人撰写，从中可以谈自己的认识观点、想法做法等，对一切提供帮助或协助者表示感谢、表达自谦等。前言可以起到与读者对话，向读者做出必要的交代和说明的作用。

撰写前言时，要重点突出，简明扼要，字数不宜过多，控制在1 000字以内即可。图书的再版（修订稿）前言，属于对老版前言的补充和说明，只需说明本版修订的原则、目的，与上一版比较有何异同等，故篇幅更短，一般字数控制在400~500字，置于上一版前言之前。

二、基本要素

（一）编写目的和指导思想

编写目的和指导思想一般位于前言的第一部分或第一自然段，开宗明义，介绍编写目的和指导思想，立意要高，主题背景要有广度和深度。

（二）体现全书的中心思想和主要特点

前言与内容提要有相似之处，但比内容提要要深入和具体，是在内容提要的基础上做更为具体的描写和叙述。

（三）对学术主题的分析、认知

围绕本书的客观背景分析、补充、说明、介绍，使读者对本书所描述的内容提前有所了解。此部分内容，在专著类前言中应用较多，其他种类的图书可有也可无。

（四）编写原则、方法和过程

对编写过程略做交代，说明编写意图、主要内容、结构布局、编写特点、编排体例、编写经过、编写分工等（不一定每项必写）。此项是前言的重点部分，必须下工夫归纳总结，也可以在编写大纲的基础上进一步完善。

（五）读者对象和适用范围

与内容提要处相似，可以参考借鉴。

（六）致谢与自谦

对协助、支持编写的单位和个人进行必要的说明、鸣谢，表示自谦、自勉。

对于上述规律和要素，要在理解的基础上灵活运用，不要机械照搬。只要作者认为应该向读者交代介绍的问题，都可以在前言里谈及。但要注意文笔简练，抓住核心内容，做到言简意赅。

三、排列顺序

书稿如果有序，“前言”应排在“序”的后面、目录的前面。图书目录中，不应列出“序”、“前言”的字样。

再版书需增加“再版前言”，如果某某图书的“前言”增至两个以上排序方法时，最新版本前言在前，旧版前言在后。例如，某书出版了一次，再版了两次，每次都有1个前言，则3次前言的排列顺序应该是：第三版前言、前言（即首版前言）、第二版前言。

四、注意事项

（一）防止冗长

前言不要过多、过细的介绍已在正文中描述的内容或者与本书主题关系不大的其他内容，不要让可有可无的文字占去过多篇幅，否则，读者会感到空洞乏味。前言最重要的是介绍本书的特点。

（二）防止纲要式

前言要避免过于简单，只列主要内容、分工之类，平铺直叙，不注重文字修饰和润泽，这样文字会显得过于单薄。

（三）避免缺乏激情和铺垫

防止基本要素处理简单化或任意舍掉某些要素，没有做必要的铺垫和引述，不曾进行过渡或说明，表达过于单薄，缺乏应有的内涵，读后令人感到突兀，不自然。

（四）注意与时俱进

撰写前言，要有特色、有时代感，要与时俱进。要运用具有时代特色的语言、表现手法等，使读者感受到时代气息和新鲜感，防止概念化、模式化，千篇一律等。

（五）不要遗漏致谢

尤其注意对可能触及到的知识产权问题，如参考资料的来源等，应借此机会做必要的说明和交代。

（六）署名

正确的署名方法是，对于作者较多的书，可以采用著作主要责任人（第一主编）个人名义署名，也可以采用编委会、编写小组等称谓。如果系个人编著，末尾可以直接署名，也可署以“编者”或“作者”，并注明署名时间。

（七）其他

如果“前言”由第三者代笔，或冠以“写在前面的话”之类的标题，或者带有自定标题的短文，即所谓代前言时，则不管撰写人是谁，撰写者均须在末尾署名并注明时间。

目 录

目录是书籍正文前所载的目次，是将正文所含标题按层次顺序编排出来，并标明其所在页码，这部分辅文就叫目录。目录是指导阅读和检索图书的工具。

目录可以方便读者查阅正文。对于处于撰写阶段的书稿，编制目录有助于作者确立、修改、完善图书的整体框架和结构，便于作者对书稿内容进行调整、充实和增删。某些单行本和查阅方便的图书，可以不编排目录。

一、作用

（一）便于读者查阅

目录是书稿结构层次和主要内容的反映。图书出版后，可以使读者在较短的时间内，通过目录了解图书的全貌，便于查阅，有助于读者认识、了解全书的概貌，起到吸引读者以及导读作用。

（二）提示图书的内容

一本书的篇、章、节、目层次，是按照图书整体构架结构和叙述的次序拟订出来的，它具有勾画全书整体面貌、提示图书涵盖内容的作用。一份好的目录，既能反映图书涵盖面的广度，也能反映叙述程度的深度。

（三）检索作用

图书的目录不仅包含了全书的标题和层次，而且标题和层次的页码正好与正文相对应。读者在选购、浏览图书或利用目录查阅资料时，不仅可通过目录大致了解图书的内容，而且可以“按图索骥”，迅速便捷地找到自己所需要的内容，目录有很明显的检索作用。

二、收编范围

（一）序和前言不在目录收编之列

凡正文中有一定层次级别、又有一定内容篇幅的标题，都应编制在目录之内，在目录中得到反映。但序和前言不应收编在目录内。

（二）目录以后正文之前的内容应收编

凡书稿目录以后正文之前出现的内容，比如凡例、缩略语一览表、本书所用符号说明等，均应列入目录。

（三）正文后面的有关内容也应收编

正文后面的附录、索引、参考文献等，也应在目录中列入序号标题，予以收编，防止遗漏。

三、编制目录的要求

（一）书稿整体层次得当得体

在一部书稿中，虽说“篇”、“章”、“节”、“目”均属目录标题，但在具体编制目录时，一般编排“篇”、“章”、“节”层次的标题较为容易，难点在于如何把“目”这个书稿的“骨架”搭起来，使其既得体又得当。设置“目”级别的标题，应以能反映书稿主题，较好完成所要叙述文字内容，层次分明，详略得当。

（二）目录标题层次尽可能一致

进入书稿目录最低一级的标题层次，一般到第四级“一”为止。选题框架结构一旦定下来，全书就应该尺度一致。

（三）目录的文字、页码标识应与正文绝对一致

书稿经过多次修改，正文和题目都可能会发生一系列变动，但目录上可能还是初期的内容和页码。所以，当书稿进行到定稿阶段，作者务必及时按照正文标题次序，对目录标题进行校对，无论页码、文字或者题号，如有错漏，应予以改正，使目录与正文标题一致、层次一致。

四、编制目录的方法

如何编制目录？何时编制目录？这是许多作者关心的问题。编制目录，不妨采取下面介绍的方法。

（一）设计好初稿目录

当着手设计图书编写大纲时，尽量设计好初稿目录。大纲是选题写作的框架，也是书稿未来目录的雏形。因此，在构思起草编写大纲时，要统筹兼顾，尽可能把书稿篇、章、节、目的构架搭好，把所能想到的标题及内容都罗列出来，不一定要十全十美，但是要涵盖最基本的内容。初稿目录设计得尽量完善，将对以后编制目录和编写具体内容十分有益。

（二）根据内容和篇幅确定标题级别

编制书稿目录，一般以“篇”、“章”、“节”、“一”或“（一）”的形式，把三级或者四级标题编入目录。这里面如何编制标题，是一门很深的学问。如何编制标题，往往需要作者动一番脑筋、下一番工夫。想要标题确切、恰当地反映书稿内容，不但要求作者有好的语言文字功底，具有使标题凝练、有涵盖性的能力，还要有较好的逻辑思维能力，当标题一层一层往下延伸时，应当体现其内在的逻辑性。只有每一级标题都经过认真推敲，才能提示全书整体内容，反映图书的主干框架和内涵。

（三）在写作中不断完善

在写作实践中，可能会出现这种情况，本来已在目录中已经确定好的标题，尤其是“目”下的标题，经过搜集资料着手编写后才发现，标题下仍有十分丰富的内容。要想叙述清楚，其容量会远远超过其他“目”的篇幅。此时就需要及时调整。比如，根据书稿表达需要，可以将这类“目”级标题升至“节”。反之，如果预定标题级别较高，但要写的内容太少，也可以将原来“节”的标题降级到“目”的层次，或者将内容相近、意思相关的标题合并。

（四）电子版书稿目录的编制

在计算机上录入或编辑加工的书稿，不必先录入或单独编制目录，可待书稿全部录入或编辑加工后，另外复制一份全稿，然后依次删除不属于目录层次的内容，保留的即是应列入目录的各级标题。这样编制的目录，优点在于工作效率高，且内容与正文标题完全一致。

（五）保证书稿标题间篇幅大致相当

虽然每“章”、“节”的层次篇幅和字数，并没有硬性规定，但在实际写作中，应力求书稿上下左右基本相当，相互之间协调匹配。否则，书稿容易给人造成长短不一，凌乱不堪的感觉。

五、注意事项

（一）防止出现错题、错号

作者在全稿完成后，需要对目录进行改动，防止出现目录标题与正文标题文字和内容不一致或不完全一致的情况。作者可先根据正文内容确定正文标题，然后随正文标题校正目录标题。

（二）注意纠正错别字

一般而言，标题中是绝对不允许出现错别字的。如果目录中有错别字，往往正文也会存在相应的问题，所以改正标题错别字时，须在正文和目录两处同时进行。

（三）不要漏编

有时正文中出现的标题，在目录中却找不到。产生此类失误的原因，可能是由于作者在对正文进行修改时，没有处理相应目录的问题。为防止此类情形出现，作者应在稿子最后全部定下来后，仔细校对正文和目录的标题。

（四）列入目录的标题级别尽可能一致

书稿各章、节编入目录的标题级别，应该尽可能保持一致，以求平衡。初次写书的作者，由于经验不足，有时出现目录中各章节标题级别不一致的情形，把应该到第四级“一”的级别，却延伸到“（一）”，这种情况特别需要注意。另外，在实际编制过程中也有特例，应根据具体编写内容的需要而定，不要墨守成规。例如，可以在“章”以下设“节”和“一”，也可以在“章”以下不设节，直接列至“一”，这种编制手法也是允许的。

（五）目录标题要规范

除外文书稿外，一般不要用外文做标题，要附加解释性的缩写词，如“一、脱氧核糖核酸（DNA）”。在送出版社的书稿目录中，可以不加注页码，留待出版社校样后按照成品书的样式编排页码。作者上报出版社的打印稿，应从第一页代封面起，以阿拉伯数字“1”开始，逐页编排页码。

标题层次

书稿结构需要标题层次来体现。任何一位作者，要根据书稿的内容需要和篇幅，安排好标题层次。标题层次要求严谨清晰，紧凑利索，符合逻辑，章节间的层次要力求一致，以保持书稿总体结构的平衡。标题层次不宜烦琐，各层次要相对协调和统一，以免凌乱。

一、标题层次的分级

医学书稿常用的全套标题层次排列顺序及位置举例如下。

（一）普通分级排序形式

是一种大多数书稿经常采用的方法。

第X篇　XXX（居中）

第X章　XXX（居中）

第X节　XXX（居中）

一、XXX（居中或靠左边缩进两字距）

（一）XXX（靠左边缩进两字距）

1.XXX（靠左边缩进两字距，后空1字距，接正文）

（1）XXX（靠左边缩进两字距，冒号后接正文）

1）XXX（靠左边缩进两字距，冒号后接正文）

①XXX（接正文，一般不单独作为标题，常接排。但是，如果后接内容较长，且同级问题较多，为方便阅读，也可根据需要另起行）

（二）特殊情形分级排序形式

书稿中，属于定义、病因、病理、症状、体征、诊断、预防、治疗等反复出现的标题，应该用鱼尾号（【 】）表示，以示醒目。但无论采用哪种表示方法，注意做到全书相对统一，格式一致。例如：

【病因】XXX（靠左边缩进两字距，后空1字距，接正文）

（1）XXX

注意：根据需要“【 】”级标题，可用于章、节中的“一”、“（一）”之后，但不可用于“一”、“（一）”之前，即“【 】”级标题原则上只排在“1.XXX"级标题之前。否则，书的结构杂乱无章，理不清层次关系。

（三）数字分级排序形式

对于某些层次特别多，呈树状结构的著作，如计算机操作类书稿，可以采用国际通用的数字排序方法表示标题层次。例如：

第一级：（此级标题按中文排序习惯，一般仍用章的名称，如第一章XXX）。

第二级：1（另起行，顶格，相当于节）。

第三级：1.1（另起行，顶格，相当于“一”）。

第四级：1.1.1.（另起行，顶格，相当于“（一）”）。

第五级：1.1.1.1.（另起行，顶格，相当于“1.”）。在以上各层次下，不可再出现以“1.XXXX”为标题的排序，否则，引起层次序号混乱。但根据编写需要，可用（1）、1）、①等层次序号。目录中一般最多列至“1.1.1.1”级。

（四）其他形式

除了上面介绍的三种标题层次分级排序形式外，有时出于提高图书质量、从图书版式设计上进行创新和突破的目的，也会出现许多新的形式，如“章”排完以后，省去“节”，直接进入“一”的层次。因此，实际写作中，作者在此基础上根据选题内容和编写需要，在有利于图书编撰的前提下，借鉴最新图书层次方式，寻找最能反映自己著作内容的标题层次设置形式，进行尝试和变化。

二、层次结构类型

（一）“层进”式结构

“层进”式结构，就是标题的结构要从大到小并逐层深化。这种结构方式，可以按照书稿主题的内在逻辑关系进行，也可遵从一定的科学体系，按照自然法则进行。

医药卫生图书结构设计顺序，一般先设计出一级标题层次，即篇或章，继而在每个一级标题层次下，设计二级、三级、四级标题，即“节”或“目”甚至更低级的。

上述方法，常常用于书稿的整体结构构思阶段，常用于写作之初。因为，书稿的最初构想很可能是当时的某个灵感而突然产生的一种想法，会迅速被忘记。而随手记下来一个大致轮廓，这种素描式的勾画很重要，许多有价值的选题，就是源于在一张纸上简单的写下几行字，描述出一个大概轮廓，随后进一步的思考和修改，并进行充实和完善，直到一部新的作品问世。

（二）并列式结构

并列式结构又可分为两种形式：按照成书的基本单元设计；按照学科或专业的技术内容设计。

按预定成书的基本单元设计时，基本的单元结构即主要单元结构不分主次，没有隶属关系。比如，《糖尿病保健知识999问》的结构，就可以看作是一种并列式结构。成书后基本单元包括“基础知识”、“检查诊断”、“特殊人群”、“日常起居”和“饮食保健”，各篇之间不分主次，相对独立，没有隶属关系。

例：《糖尿病保健知识999问》标题层次

基础知识

什么是糖尿病?

什么是糖尿病患者首先要知道的?

何谓“三多一少”?

糖尿病分为几种类型?

世界糖尿病的流行情况及现状如何?

我国糖尿病流行情况及现状如何?

引发糖尿病的生理因素有哪些?

引发糖尿病的病理因素有哪些?

引发糖尿病的生活因素有哪些?

易患糖尿病的人群有哪些?

糖尿病的危害有哪些?

……

检查诊断

……

特殊人群

日常起居

……

（三）主次式结构

主次式结构用于专业性较强的医学图书，具体操作时，可以根据选题的需要，按照某一专业领域的专业分级方法设计安排结构。如《临床呼吸生理学》的标题结构设计，就是遵循由浅入深由基础到实践，逐一从前往后排列的。

例：《临床呼吸生理学》的标题层次

第一篇　呼吸生理的基础知识

第一章　与呼吸生理相关的物理学知识

第一节　基础力学

第二节　流体力学

第三节　热力学

第四节　呼吸的概念和衍变

第五节　气体的物理特性

第二章　呼吸系统的解剖和功能

第一节　呼吸道结构的特点与功能

第二节　肺与肺泡

第三节　肺的血液循环

第四节　胸廓和胸腔

第三章　肺的容量

第一节　肺容量的基本概念及测定原理

第二节　肺容量的特点和临床意义

第三节　影响肺容量的生理因素和病理因素

第四节　肺容量测定结果的评价

……

第二篇　呼吸生理的应用

第十四章　孕期、新生儿和儿童的呼吸生理

第一节　孕期的肺功能

第二节　胚胎期的肺生理

第三节　出生时呼吸和循环的变化

第四节　新生儿的肺功能

第五节　儿童时期的肺功能

……

第三篇　疾病对呼吸生理的影响

……

（四）混排式结构

无论先并列后分主次，或者先分主次后并列，均属于混排式。比如，《肿瘤病人就诊手册》的整体结构，就是采用先并列，后主次来安排的。该书将“就医指导”和“医疗资讯”并列分为两大部分，在“医疗资讯”中按照先省、市级医疗机构，再区、县级医疗机构，先国有后民营的形式排列。

三、章、节以下层次结构类型

章节以下结构设计，是在书稿篇、章、节结构确立、框架搭起后进行的对较低层次标题所进行的设计。此类标题层次设计较为复杂，可以借鉴数学运算中解“大、中、小括号”的过程进行。

在数学运算中，解括号的顺序是先解大括号，再解中括号，最后解小括号。书稿标题层次设计也可仿照这一原则：先列出大括号（篇或章）的标题，然后在每一大括号下设计出若干中括号（节）的标题，最后，在每一中括号下设计出若干小括号（目）的标题。写作时按此逐级展开。章、节以下层面的标题类型，有以下几种：

（一）紧扣标题式

此类结构要求哪一级层次就讲哪一级层次的内容。在大括号层次，列出属于大括号的标题，讲属于大括号讲的内容，以此类推。一般情况下，展开讨论均放在较低的标题层次。如果打算对上一级层次标题展开叙述，就需要设计出下一级层次的标题及内容；而下一级层次的标题和叙述，则要围绕上一级标题层次的中心思想和内容。书稿编写过程中，在对不同层次标题展开叙述时，要注意做到各级层次内容紧扣各自的主题，做到该讲的不漏，不该讲的不讲。如果必须展开讨论，但又会超出层次标题涵盖范围的情况时，可以适度予以调整，通过增加同级层次新标题的途径解决。

（二）逐级层进式

逐级层进犹如剥老玉米。在针对某一确定的主题设置层级标题时，可按照大、中、小括号的标题设置顺序，先一层一层设置标题，然后一层一层地展开叙述。大括号讲大括号所辖的问题，中括号讲中括号所辖的问题，小括号讲小括号所属的问题，层层相扣，层层递进。需要注意的是，防止写作中信马由缰，涉及到哪儿就顺着哪儿写下去。结果形成枝上分叉，叉上分枝，写着写着，层次就脱离了主题。

（三）类比规范式

这在并列式结构的图书中比较常见。比如《内科疾病诊治》就属于这一类型，凡从属于同一层次标题下的疾病，其叙述均是采用“疾病名称”、“临床表现”、“发病机制”、“诊断方法”、“检查方法”、“治疗方法”、“护理及康复”等内容来介绍。全书结构层次规范，整齐划一。

四、层次标题制作要求

（一）高度概括书稿层次标题

无论属于哪一级的标题，都要具有高度的概括性和凝练作用，能贴切地反映主题，涵盖主题思想。在表达方式准确无误的前提下，讲求语言艺术，遣词用句符合汉语语法规范。做到概括而不省略，精练而且通顺。

（二）叙述完整

书稿的所有内容必须作为一个整体来考虑，共性内容在叙述共性的章节中交代，个性内容在叙述个性的章节中交代，各司其职，泾渭分明。平时我们经常见到一些图书分为总论和各论两大部分编写，就是处于这种考虑。每个标题下的文字叙述必须是一个完整的意思，并且要紧扣主题，界定明确。当涉及另一个概念需要呼应时，应采取使用脚注、夹注或写提示语等处理方式去解决。

（三）既交叉又呼应

一部书稿出现内容上的交叉是很正常的。这种情况，在多人执笔编写内容较长、字数较多的同一书稿时极容易出现。即便作者一人编写，书稿前面与后面的内容，有时也有可能出现重复或交叉。解决文章重复，删去重复之处即可。解决交叉，可以掌握这样一个原则：书稿内容允许交叉，但不能是重复。当共性部分涉及个性内容时，宜点到为止，不要“枝上分叉，叉上分枝”；个性内容涉及共性部分时，可以采取“拿来主义”或写提示语的方式。无论怎样解决交叉，注意交叉处要前后连贯，相互呼应。

例如，已经在A处详述，那么在B处只须一带而过，做到先出现处先讲，后出现处不讲，但需在书稿中说明前面何处已做交代，以“请参阅本书XX页，这里不再重复介绍”等方式，“点到”即可。如果先出现处不属于主要介绍的部位，可以暂时不进行叙述，采用提示语的方式，点出后面何处还将展开讨论；如果交叉处涉及到相同的内容，除非有特殊因素，如不介绍会影响到内容的完整性时，可以根据需要介绍外，一般只需做简短的补充性叙述。

表格

医学图书中经常会涉及到一些表格。表格的编排要合理和简明，一般统计表、数据表采用“三线表”；文字表最好以分隔线分隔，以方便计算机排版和阅读。表格随正文，不必另用纸画出。表格应有表序、表题，并在正文相应位置上予以标注。表格内容多、单面容不下时，也允许制成插页表，折叠后与书装订在一起。

一、类型、特点和用途

医学图书中多使用横排表，横排表又可分为无线表、二线表、三线表及卡线表多种，不同表格特点和用途不同。医学类图书表的类型、特点及用途见“医学图书表格分类简表”。

医学图书表格分类简表

类别	特点	用途
无线表	没有线，而以空间来隔开的表格。无限表的优点是简单明了、一目了然	适用项目较少、表文比较简短的文字表。医学图书比较常用，例如，介绍检验项目的试剂配制等
二线表	只保留卡线表中的顶线和底线	适用于表格比较简单、没有横表头的文字表
三线表	经卡线表简化改造而成，只有横线，没有竖线。以卡线表为基础，取消了项目头中的斜线，省略了行线和栏线，只保留了顶线、底线和栏目三条线。三线表实际使用中不一定只是三条线，根据需要，必要时可以加若干条辅助线。但不管加多少条辅助线，一般仍称为三线表。三线表既保留了卡线表的全部功能，又克服了卡线表的缺点，还增加了表格的简洁性。缺点是，遇到表文比较复杂时，读起来容易串行	主要用于统计表或数据表
卡线表	优点是分隔清楚，每一行、每一列都被线隔开，隶属关系一一对应，读起来不易串行，且便于计算机排版，不会因字号放大而发生错位混乱、相互关系不清的现象	主要适用于文字表

二、结构及用法

下面以无线表为例说明表格的结构及用法。此类表格通常由表序、表头、表题、表身和表注五部分组成。

（一）表序

表序即表的序号，是表格在书稿中位置的编号。序号应与正文呼应。无论在本页、转排到下一页或在书的任何地方叙述此表时，依据表格序号读者很容易找到它。

医学图书中表的编制方法与科技刊物中表的编制方法有所不同。科技刊物中的每一篇论文都是独立的，一般都以“表+单组数”为序，且每篇都从“表1”开始。有些医学图书中的表格也这样处理。但是如果遇到书中表格众多，如果采取全书统一编流水号，则序号偏大，既不方便叙述，也可能因为出错和遗漏，给序号调整带来麻烦。所以，遇到表格众多的情况，会采用二级或三级编序法，尤以二级编序法应用最多。二级编序法通常由“章序+表序”组成，两序号中间以半字线连接。例如，第五章的第五份表，其表序为“表5-5”，其他表序同理类推。三级编序法通常以“篇序+章序+表序”组成，或“章序+节序+表序”组成，序号中间以半字线连接。例如，第一篇第三章的第七份表，其表序为“表1-3-7”；第十章第一节的第十份表的表序为“表10-1-10”；其余类推。

一般书稿不管是否设篇，其章序通常采用连续编序法，因此，表序中加上篇序并没有意义，而且增加编序，会给录入和校对带来麻烦。同样，表序、节序有时也会出现问题。例如，有的章内容没有设节，则该章的表序就无法编节序，只好二级编序，这样就会出现二级编序和三级编序在一部书稿同时存在的现象，给人很混乱的感觉。所以，一般情况下，我们建议采用二级编序法。二级编序法的优点在于，如果某章的表序有变，只要改动该章的表序即可；如果采用流水编序或三级编序，如果章节有变，会影响整体布局，造成图书的混乱。

图的编序方法与表的编序方法相同。除另置书之末尾的彩色图须另外编序，书中各章插图排序方法，仍采用二级编序法，按“章序+图序”组成，注意彩色图的图序不要与该章其他图序混编。例如，第八章第二张彩色图，图序写为“彩图8-2”。

（二）表题

表题就是表格的标题，应该符合标题的一般特性，如要简洁和切题，确切概括表的内容，具有说明性，尽量避免单独使用“数据表、性质表”等泛指性词语。

一般书稿中表题与表序结合，作为一个整体使用，置于表格上方居中或齐左排。如果表题字数较少，可以放大字距，以取得美观的效果；如果表题字数较多，可以回行，回行可以居中排，也可以齐肩排（与上表题首字对齐）。不管哪种排法，表题宽度均不得大于表格的宽度，在表序前和表题末，宜至少各留有两个字的空格。

（三）标目

标目分为纵标目和横标目。

1.纵标目

指统辖纵排内容的项目名称，位于表的上方，分为一层和两层标目，一般不允许采用三层标目。例如：

表X－X　重型颅脑损伤两组疗效比较

疗效评价	亚低温组（n=55）		对照组（n=57）	
	例数	百分比（%）	例数	百分比（%）

2.横标目

指统辖横排内容的项目名称，位于表的左侧。

（四）表身

表身，指表格的实质内容，即表格中的数据或文字。

1.数据的排法

采取小数点或个位数对齐排。

2.文字的排法

采用首行空两字距排或首行顶格排。以第1种排法较为常用。无论采取哪种排法，最应该注意的是：末尾不能使用标点符号。

（五）表注

表注指表内容的注释性文字，排在表格下方。这个不是必须的，应该根据具体需要而定。

表注文字前冠以“注：”字样，然后接排文字。如果表题、标目或表身注有注释符号或序号，表注的符号或序号应与上述标注一致，以免混淆。如果表题、标目及表身注没有注释符号或序号，且为多条注释内容，应分别标注圈码，如“①”、“②”等字样。表尾不用标点符号。

（六）无线表注意事项

医学书稿中，一些药物的用量，各种消毒剂和培养基的配方，常常要用到无线表。制作无线表时，要注意以下事项：

1.不宜有表注

如果遇到一些句子要进行说明，要放在正文叙述。如果确实无法避免注文的情况，可以采用综合性表注。也可把呼应注同页脚注形式。

2.防止串行

无线表最应该注意的问题是防止串行。由于中间没有表线，故左右、上下行必须对齐，文字不宜太长。如果某行左边或右边文字较多，需多行排列，更要注意两边对齐。

3.设置规范

无线表简单直观，如果每章只有一个表，可以不列表序、表题。但是，大多数情况下，一般每章都会有两个以上的表格，无线表也需要列出表序和表题。

三、表格的设计要点

（一）只能表达一个主题

表格的设计要简单明了，一份表格只能表达一个主题。

（二）以简洁为宜

表格的设计有多种方法，一般要采用内容叙述合理、版式最为简单的表格。

（三）大小、详略得当

凡文字能叙述清楚的内容，就不要设计表。较为复杂的内容，为了归纳整理方便，可以采用表格表达。但表格幅面及表身要大小合适、详略得当。

（四）避免与文字或图片重复

如果统计数据内容，可用文字描述，也可设计成图表时，就要判断出用哪种表达方式较好。一般来说，简单的事物或数据，可用文字表达。如果想让读者了解复杂准确的数据，则用表格来表达；如果想让读者了解形象特征，则用图来表达。

四、编排注意事项

（一）表文相宜

图书表格的设置，必须与正文文字密切配合，要统筹兼顾，做到相得益彰。因此，作者要把握好书稿中宜文不宜表、宜表不宜文的地方，努力做到宜表则表，宜文则文，表文相宜。

（二）穿插得当

表格在图书中的另一重要作用，在于穿插于图书之中，如果运用得当，可使图书获得图文并茂的视觉效果。但是，置于正文中的表格和叙述性的注文要穿插得当，安排得体。要注意避免几个表格连续同时出现，而中间却没有过渡行文的情况，或者一部书稿中表格过多、过滥的情形。这会让图书看起来凌乱，没有层次。

（三）总量控制

一部书稿的表格数量，宜少不宜多，宜精不宜滥，要在服从主题表述需要的前提下，从总量上予以控制。如果一部书稿，连篇累牍的都是表格，一定会使读者大倒胃口、失去阅读兴趣。

（四）删繁就简

表格设计一定要简洁，要删繁就简，用最简洁的言语表达清楚要说明的事项，对于无实质内容的项目头（诸如阿拉伯数字编号）应尽量取消。

插　图

插图也称为插画，插在文字中间用以说明文字内容的图画。对文字内容作形象的说明，以加强作品的感染力和书刊版式的活泼性。

可见，书稿中配置适当的插图，可以使图书图文并茂，既能直观地对正文内容进行说明、解释及强化，又能帮助读者加深理解，提高阅读兴趣。这就是图书插图的重要作用。

一、基本要求

在医学图书中，插图的类型很多，除线条图外，一般多采用人体组织、手术步骤、病理解剖、影像学检查、电镜观察、文字框图等图片、图形等。

（一）线条图

1.图稿不宜过大或过小

一般要求不超过16开本的幅面尺寸，即A4纸幅面大小。也可在一张A4纸上，分别绘制数张图稿。图的尺寸应以图书预计开本及预留的位置为参考，一般不能超过开本的1/2。图稿过小，会不清晰，也会使许多细节难以表现出来，影响图书的风格及美学效果。

2.图稿符合出版要求

图形、线、图字要规范，符合出版规定，满足出版要求。有条件者可借助扫描仪或请专业绘图人员帮助绘制；也可提供草图、参考图，由出版社绘图员帮助完成。

3.图字少而精

图上的文字不宜太多，外文应该译出。如果图稿较为复杂，可加引线引出，然后注图字或标注阿拉伯数字编号。前为直接在图上注图字，方便阅读和排版，属于较多采用的制图方式，但制图过程比较麻烦；后者须在图题下添加与图中标号对应的图注说明。

4.图的绘制

交给出版社的图稿，用铅笔、专用绘图笔或采用机绘制，图内文字和符号一般用铅笔书写，供出版社绘图员植字参照，切忌以碳素笔、圆珠笔、钢笔等直接写在图稿上。因为绘图员要根据图的缩放比例，确定植入字体、字形和字号的大小。图中线条的粗细、线条间的疏密程度，尽可能绘制清楚，为出版社后期加工制作提供方便。

（二）照片图

黑白照片、彩色照片、反转片、印刷图片和网上下载的灰度图，均可作为照片图稿使用。要求做到：

1.文字资料

另附照片正面，不能写字或涂改，需要标注文字、字或图号时，可复印一份，在复印件上进行标注，作为参照粘贴在书稿的相应位置，并在供制版的照片背面标注与正文内照片完全一致的序号，防止图位错乱。

2.提供高质量照片

照片必须清晰，无污损、无折痕，反差适度。彩色插图需提供彩色照片，正片、负片、反转片均可，最好是正片，不可提供翻拍或复印的照片。

二、编排方法

插图要主题明确，线条清晰，比例适当，并有明确的针对性。选用插图的首要原则是要能说明具体问题。书稿插图中常用的有线条图、照片图、彩色图、水墨图等，应根据书稿的性质和需要进行选择和绘制。插图的使用方法与注意事项有以下几点：

（一）插图编排

各类解剖图、坐标图、仪器图、光谱或色谱图及化学结构式图等，均须另行绘制，并在正文内留出图位，图位下提供图序、图题和图注；文字框图、流程图等可直接插入正文的相应位置，即随正文编排。

（二）图序

图序编号要求与表序基本相同，主要采取“章序＋图序”的方式，章序与图序中间用半字线连接，如第6章第8张图，其图序为“图6-8”，如果一幅图内有若干分图，则直接在分图下或分图内标注大写的“A”、“B”、“C”……，并在图题下提供与“A”、“B”、“C”……对应说明。如果分图内需要标注进一步的说明标识，可用“1”、“2”……，也可用小写的“a”、“b”、“c”……图注下再做进一步说明，其标识用“1-”、“2-”……或“a”、“b”、“c”……可把半字线统一改用圆点连接，也可把圆点统一改用半字线连接。

在正文的相应图位标出图序，如“肝癌的细胞学特征（图6-8A、B）”。注意不要把本应独立的两幅或多幅图，勉强编排成图，而应根据编写内容或图所说明的问题，分别编排图序和图题。

（三）不随正文编排的图稿的处理

1.单幅图稿

非照片图可直接在图的正面标注与正文内一致的“章序＋图序”号，如第二章第四张图，写作“2-4”；照片图则将序号写在其背面。

2.组合图

同一图序的多幅分图，最好初步拼组，即把几幅按序拼贴在一起或提供拼图参考图，以供加工编辑或绘图员参考。

（四）其他

1.人像

要对一些非关键的特征部位做遮挡处理，如生殖器等。

2.光镜、电镜照片

应在图内、图题后或图注处注明染色方法和放大倍数，同时全书要注意相对统一。

3.不随正文编排的彩色图片

1）图序仍按“章序+图序”的排法，但不可随正文编排的图序连续编序，应另起序号，如第六章第一张彩色图，写作“XX（彩图6–1）”，且不留图位，也不提供图题和图注。

2）在该章或该节末，应在圆括号内注明：“（彩图6–1见第X页）”。

3）集中编排彩色图片页，应对每一章的彩色图片提供引读正文的提示说明，并按上述要求编排图序、图题、图注等，即属于哪章的彩色图片，其开头要注明“第X章　XXXX（章题）彩色图片见正文第X页，或见正文第X~X页”；多幅彩色图片时，也可在每一张图题后或图注后的圆括号内说明，如“（见正文第X页）”。

4.正文内引见前图

如果正文前面已经提供图，后面的文字叙述还需引证前图时，可在正文相应处标注被引见的图序，并在图序前加“见”字，如“……癌的细胞学特征（见图 9 – 6 ）”。同样，正文内引见前表的处理方法也是这样的。

三、交稿要求

（一）无须装订

各种线条图、黑白照片图、彩色照片图，一图一页，按序整理，分类汇集。图稿无论多少，不必装订，但须标出页码，并提供与正文标序完全一致的图序号。

（二）图稿粘贴

图稿要粘贴在与正文纸同样大小的衬纸上，并且标注清楚图序。图序、图题、图注应按要求直接贴在正文内留出的图位下。

（三）正确绘制

线条图可直接交打印稿，由出版社进行后期加工。图稿要求线条均匀、圆滑、清晰，颜色鲜明，注字引线的疏密、长短、方向等适宜。

（四）保证制版需要

黑白照片必须层次分明、重点突出；彩色照片应色彩逼真，保证制版效果。图序、图题、图注按上述要求，直接随正文制版。

参考文献

参考文献、附录、索引等是书稿的辅助部分，可帮助读者在必要时查证与正文相关的内容。参考文献，大型书稿常常列于章、节之后，一般书稿既可列于章、节之后也可统一列于书末。附录绝大部分列于书末，少数列于正文相应处。索引均列于书末。本节主要讲一下参考文献的相关内容。

一、引用目的

（一）说明文献来源

读者可以从中看出文献来源于哪里、是否可靠等。

（二）便于读者查阅

读者如果对正文内容有疑问，或者想进一步探究相关问题时，可根据参考文献的线索进一步查找和核实。

（三）节省篇幅

编写中如果有关内容在相关文献中已有详细具体的介绍，即不必重复阐述，只需引用文献即可。

（四）尊重知识产权

注明参考文献，这种一种尊重知识产权的做法，尊重被引文献作者的劳动成果，尊重著作权与版权。

二、引用原则

（一）重视普赖斯指数

现代医学科技研究已进入高、精、尖的阶段，文献更新速度极快，除了中医中药类书稿，可以引用《黄帝内经》、《金匮要略》、《伤寒论》等经典文献外，人们一般用普赖斯指数来评价生物医学论文的发表价值。

1971年普赖斯提出了一个衡量各个学科领域文献老化量度指标——普赖斯指数。即指在一个具体学科内，把对年限不超过5年的引文数量与引文总数之比当做一个指标，用以量度文献的老化速度与程度。

普赖斯指数=近五年的被引用的文献数量/被引用的文献总量×100%

可见，被引用的最近5年内文献数量越多，普赖斯指数就越高。实际上，它反映的是被引用文献的老化程度。对生物医学文献引用来说，普赖斯指数应在50%~70%。如果普赖斯指数低于50%，作者可以对自己的论文做如下判断：

1）由于缺乏查找条件或没有仔细查找5年内发表的相关最新文献。

2）由于本学科专业发展缓慢，最近5年内发表的相关文献少。

3）研究课题、实验方法、认识水平等落后于本学科专业发展

如果普赖斯指数高于70%，可说明本研究课题紧跟或代表了本学科当前的最高水平。因此，普赖斯指数可以扩展，用以评价1个科室、1所医院、1个研究所或1位科学家不同时期的科研质量。普赖斯指数原理，医学图书的编者应尽可能多的引用5年内的最新文献。当然，理论上是这样提倡的，但不排除必要时引用5年以前发表的，甚至更远的文献。

（二）重视权威性与专业性期刊或出版物

一般情况下，在权威性、专业性杂志社或出版社上发表的文章、出版的著作，最能代表相关课题的研究水平和现状，应尽量被标注。因此，在标注专业性杂志社、出版社文献的同时，应当查阅综合性杂志出版社的相关文献。

（三）亲自阅读文献

因为编者亲自阅读过的一次文献，与转引二次、三次文献或直接转引杂志等文献比较，在阅读、理解上有不同，一次文献往往更有说服力。有的作者对此往往不以为然，采取转引文献，甚至转引他人综述文献的做法。

阅读二次、三次文献或文献综述作为科研设计的论证考虑是可行的，但是，在具体编写书稿时，应当尽量强调引用亲自阅读过的原始文献，以免转引文献有误而以讹传讹。

（四）引用公开发表的文献

尽量引用公开发表的文献，不要引用非公开发表的文献或内部资料，因为这类文献发行量小，发行范围窄，不易查找到原始文献。对于确有必要标注的非公开发表的文献，可在正文的相应处写清文献的出处，并置于括号内。

（五）准确无误

引用文献一定要忠实于原文。直接引用文献内容比较容易掌握。间接引用时，则应忠实于原意，不要断章取义、歪曲原意。

（六）少而精

引用参考文献应兼收并蓄，精挑细选，要少而精，不要多而杂。只需列出最必要的“主要参考文献”，不要不做任何选择，就大量罗列。

（七）著录格式规范化

参考文献著录，俗称参考文献表。一般要求按“温哥华格式”著录，应避免缺项，以至每一个标点符号都必须书写正确。编者若不重视参考文献著录格式，到最终定稿时才发现缺项、写错，将给自己和编辑带来麻烦。

（八）其他

对于有可能泄露国家机密，或者有可能触及敏感的涉外问题、民族问题、知识产权问题的文献，应尽量不加引用。

三、著录格式

参考文献录著格式有两种，即温哥华格式和哈佛格式，前者为国际通用格式。由于书稿与论文不同，不提倡在正文中标注引用文献角注。图书参考文献表的编排方法如下：

（一）依次编号

无论在书末或章末编排参考文献，都应按照书稿中引用文献的先后顺序，用阿拉伯数字依次编排文献序号。

（二）避免重复著录

同一参考文献如果被多次引用，著录时只按首次出现时序号著录，并且只允许出现一次，以免重复著录。

四、编排方法

书稿编排参考文献一般有三种方式：一种编排于各章或节末，按引用先后排序；一种集中编排于书末；还有一种是随正文列出。

（一）列于章末或节末

大、中型书稿引用参考文献较多，宜采用这种编排方式，有助于读者有针对性的查阅相关参考文献。

（二）列于书末

书稿字数少，引用参考文献不多，可集中列于书末。

（三）随正文列出

如果直接引用文章的具体内容，为方便读者更直接地查阅所关心的内容，也可把文献的著录项直接随正文写出。例如，“……动脉斑块有减轻趋势【王玉琴.中国针灸，1994，14（2）：32】。”为节省篇幅，可不写出参考文献的文章题目。

五、著录顺序

医学图书参考文献著录方法

文献类型	著录顺序	举例
专著	依次为编著者姓名、书名、版次（第1版不注）、出版城市名、出版单位、出版年、起页和止页	王世臣.癫痫康复之路.北京：人民军医出版社，2005：10–15
专著中析出文献	依次为被引用文献章或节，编著者的姓名、被引用文献章题或节题、封面作者姓名、书名、版次（第1版不注）、出版城市名、出版单位、出版年、起页和止页	丁静秋.获得性免疫综合征，见：金大鹏，朱宗涵主编.全科医师实用手册.北京：中央广播电视大学出版社，1999：15－25
译著	依次为原著作者国籍、原著者名（姓）、书名、译者姓名、版次、出版城市、出版单位、出版年、起页和止页	（意）卡斯蒂廖尼.医学史.程之范译.南宁：广西师范大学出版社，2003：25－30
期刊	依次为作者姓名、论文题目、刊物名称、年、卷（期）、起页	周东明，郁兴明，唐雨德等.某海岛战备坑道夏季环境卫生学检测分析.人民军医，2004：47（12）：686
报纸	依次为作者姓名、文章题目、报纸名称、年、月、日	孙昌林."支架"病死率比"搭桥"高两三倍.健康报.2005－6–3

第一，"举例"栏中的每一项及每一项后面的标点符号，均是按照标

准化、规范化的要求写的，编著者可依样仿写，特别是要重视标点符号的正确书写。

第二，专著类文献作者姓名后，不加“主编”或“编著”等。

第三，不管哪类文献，作者为三人或三人以上时，只写前三人的姓名，三人以上的后空1/4格，或加“，”逗号，再加“等”字。

第四，专著文献引用为多页时，尽可能写全起页和止页，整本书作为被选文献可只写出版年份。

注 释

医学类书稿中常常会用到注释。注释又称脚注，一般用于说明引文出处或解释正文中某些内容，脚注用脚注号，常用的排序形式为①②③或[1][2][3]，也可用星（*）号，放在要说明文字的右下角。每页书稿中的脚注内容，写在本页正文下方空白处，即地脚处。脚注内容的上方画一条约为稿纸1/3宽的横线。每页书稿脚注的数量和内容不宜过多。

一、使用方法

1）凡引全集或选集的文句，应先注作者姓名和篇名，次注集名，再依次注明卷数、版本。

2）凡引用单行本文句，先注作者姓名，依次注书名、版本。

3）引用报刊文章的文句，先注作者姓名和篇名，再依次注报刊名称、年份、期数（年月）。

4）引用古籍的文句，一般只可注书名、篇名或卷数。

5）如果全稿反复引用某一本书的文句，首次引用应按上述格式做注，以后引用只注书名及页码。如果所引书名、篇名过长，第一次引用时应用全称，以后可用简称，但在第一次做注时应交代清楚。如正文中已说明引文作者是谁，做注时可省去作者姓名。如果正文已将引文交代清楚，则不必做注。

6）属于解释正文中某些内容的注释文字，如译文书稿，应注意分清其注释文字是原书作者的还是译者的。如系译者注，在页末注的注号后面应写上“译者注：”，在文中注里则应在注文后面写上“译者”或在注文前面写上“译者注”。

二、注释编排

（一）格式统一

检查书稿注释方式是否正确，无论采用脚注（页末注）、文中注（在正文中的引文后面写括号做注，不用注号）还是采用文末注（在段落末或篇末作注），均要符合各自的注释规格。段落注要随正文排在每一段落末，同时使用“注”或“注1”等字样。篇末注则需要排在每篇文章之后，并编制顺序号。在书稿很长、注释很多的情况下，可采用篇末注或书末注（全书的注在该书的末尾）等形式。注文短、注文少时，适于页末注，便于读者阅读。无论采用何种注式，全书格式须一致。

（二）注号规范

注号可以使用阿拉伯数字，也可以使用星号（*）等符号，一般应尽量用阿拉伯数字书写，外面用圆圈圈住，如“①”。

（三）注号对应

要确定写在正文中的和写在文后的注号要一一对应，防止牛头不对马嘴。

（四）分开做注

为了排版或转页需要，对于书稿一页内多条同处的注，不能仅排一条，应该逐一排列序号。例如，某位作者在著作同一页中转引人民军医出版社《临床新技术操作规范·儿科学分册》中的两条内容，就应写成：

①中华医学会.临床技术操作规范·儿科学分册.北京：人民军医出版

社，2004：27

②同上书，第52页

如果注②与注①的页码相同，则可写成："②同上。"而不能写成"①、②中华医学会.临床技术操作规范·儿科学分册.北京：人民军医出版社，2004：27–52"。

三、中医古籍注释

引用古籍，原则上要注上书名和篇名，无篇名者要注名书名和卷数。词牌名附有题目的，可在书名号内先写词牌名，次写间隔号，再写题目。中医古籍注释在编排上有其自身的一些特点，在书名号内先写书名，中用一间隔点，然后写篇名。例如，"《小儿药证直诀·病》"不能写成"《小儿药证直诀》，《病》"；也不能写成"《小儿药证直诀》中的《病》"。

索引和附录

一、索引

将文献中具有检索意义的事项（可以是人名、地名、词语、概念或其他事项）按照一定方式有序编排起来，以供检索的工具书。

索引一般用于大型学术著作或内容项目繁多的书稿，目的是方便读者查阅，提高使用价值。索引不是书稿的必要项，作者可根据内容和读者对象等确定是否编制索引。索引一般分为主题内容索引、人名索引、地名索引、学名索引、中文索引、外文索引、中外文条目对照索引等。编排索引应注意以下两点：

（一）选编原则

应做到“精而不失其详”。中文稿应由作者提供编好的索引条目。翻译稿原书有索引者，应予以保留，逐条译成中文，然后按中文格式重新编排，也可以在中文译名后附原文，以供参考。

（二）编排方式

1.索引词提取

书稿编写定稿后，先确定每章的关键词或主题词（选词范围可适当扩大），并在正文内用红笔或其他彩色笔以下画线标示，然后按编排规则分别抄录中、英文索引词。

2.索引词编排

医学书稿索引编排多采用首字字母汉语拼音顺序排序，汉语拼音在同一音部中又按四声顺序排列，即阴平、阳平、上声、去声。现已较少采用汉字笔画编排顺序。

3.索引词筛选和调整

将从各章抄录的关键词或主题词，按编排规则全书统编，进行筛选，发现重复的索引词和选取、归类和编排不当的索引词，予以调整。重复的索引词保留一个最具代表性的词，删除选取不当的索引词，调整归类和编排不当的索引词。

（三）建议

人们习惯于传统思维，似乎一部大型专著，没有索引是不完整的。事实上，在信息资源如此丰富、检索手段如此高超的今天，单本专业图书仍坚持编排索引的做法没有多少实际意义。相反，编制索引工作量大，选词、编排、调整、校对、查找和核对、填写页码等一连串的工作很烦琐。同时，因为篇幅大了，字数多了，编辑加工校对费、纸张费、印装费等均会相应增加。

因此，有人主张，在编制索引问题上摒弃单本图书编制索引的做法；也有人采用编制“名词术语汉英对照”的方法（不用填写定版后的页码）替代编制索引。广大编者可以采纳他们的方法或效仿他们的做法。

二、附录

附录主要提供与书稿内容有密切关系的参考资料，以更好地为读者服务。附录通常包括相关文件、标准、规程、图形、表格、计算公式等。附录也不是书稿的必要项，作者可根据内容和读者对象等确定是否编排附录。

（一）主要作用

1.使结构、层次编排更合理

对某些书稿，可能有不少重要的资料，但是，如果把这些资料编入正文，可能会淡化图书主题，影响结构、层次编排等。

2.方便读者

有些与本书内容有关的资料，可通过直接查阅附录即可基本解决问题。

3.参考作用

一些正文里不便引用而又要经常应用的资料，如“计量单位换算表”等，可直接参考附录。

（二）注意事项

1.不宜过多

“附录”顾名思义，是图书的附属内容，不宜过多。应根据“必要”的原则确定收入附录的内容。

2.附录资料应反映新变化

例如，提倡使用法定计量单位符号近20年了，如果提供的附录仍是旧制单位及其符号，会引起混乱，起不到附录为正文服务的作用。

3.附录必须尊重原件

例如，某些政策、法规文件、规范、标准等，可能有某些条款与现行要求不一致，甚至相抵触，但在新的政策、法规文件、规范、标准等出台之前，不能对它们进行任何删改，只能对部分重要条款做注释性说明，以解决与现行做法的矛盾。同样，对它们的结构、层次、序号等，也不能因为与图书的不一致或不协调而做调整，必须保持原件形式。

编者须知

本章是专门给初涉医学书稿的作者开设的一章，目的是告知作者一些医学书稿的编写和图书出版的有关事项，使作者尽快进入角色。

编写须知

编写医学书稿的许多要求和须知与编写医学论文有很多相似之处，只是更宽泛一些。但是，编写医学书稿毕竟不同于写医学论文。写医学论文只是对研究的目的和方法、结果与结论等进行归纳整理和分析报告，对临床经验进行总结提高等。编写医学书稿，特别是大型医学专著、系列丛书等，很多时候是一项很庞大的系统工程。如果事先没有出版社专业编辑人员的参与与协助，只靠作者自己的构思和设想，埋头编写是很难写出满意的书稿的，对缺乏编写经验者，尤其如此。因此，下面几个问题需要作者注意。

一、遵守相关法规

有些人会认为，医学书稿的编写，基本上都是一些纯学术的问题，怎么会出现一些与相关法规相抵触的问题呢？怎么会违规、违法呢？其实不是这样的。医学类书稿的编写除了必须遵守一切出版物必须遵守的相关法规，如《中华人民共和国著作权法》、《中华人民共和国保守国家秘密法》及其相关的配套规定外，还必须遵守有关管理部门就涉及领土主权、国防机密、外交政策、社会公德、伦理道德、宗教信仰、民族风俗等问题发布的相关规定和要求。如医学科普书稿中出现引证（用）已故、健在，甚至在位的党和国家领导人未公开发表的题词、谈话等，则必须层层报批，得到允许才能引用。由于法规问题无小事， 因此，编写前必须广泛了解和熟悉这些法规法则。在整个编写、修改、审定的过程中，凡触及到这些问题时均应该慎重审查。

二、寻求编写指导

笔者在编辑加工，或质控复审准备付印的医学书稿时常常发现这样一些问题：有的自然投稿，作者可能并没有进行认真构思，在编写体例、结构编排、层次序号、章节容量、各级标题与所辖内容符合程度、图表设计安排等方面随意性较大，有点信马由缰、想哪儿算哪儿，以至于后期的编辑加工难度很大，这给后期工作造成了很大的麻烦。这些缺陷在初涉编写者或缺乏编写经验者，表现得尤其突出。因此，建议作者在着手编写前要尽量通过以下方法寻求编写指导：

（一）找同类图书参考

找同类图书参考，这对于初涉编写者或缺乏编写经验者，是最简单和方便的途径。多看、多比较一些已经出版的同类医学图书的编写特点，找出一些更适合自己的编写指导。例如，打算写一本消化道系统疾病防治的科普图书，找一些同类或接近的参考样本。即使不是消化道系统的图书也没关系，可以只参考这些书的编写体例、结构编排、层次序号、章节容量、各级标题等与所辖内容的符合程度、图表设计安排等。特别要提醒的是，不同的出版社和作者在同一题材方面的表述会不尽相同。即使是同一出版社、同一作者的再版本也会有差别。因此，任何的参考只能是相对的，在参考的过程中要学会“择其善者而从之”，不要把它们奉为范本，更不要把其中不合理和错误的东西拿来引用，甚至作为自己这样做也是正确的依据。实际工作中，我们常常遇到有的作者，甚至编辑人员，对自己不合理，甚至错误的编写或修改，常常引述某某书上也是这样操作来作为申述理由，这是不可取的。

（二）请教有编写经验的专家、教授，或同事

在设想编写医学书稿期间，一定要多与有编写经验的专家、教授，或同事交流，把自己的设想谈出来，从多方面听取他们的意见和建议，获取他们的指导。这样会取得事半功倍的效果。

（三）与编委会或合作者讨论

多人合作编写的医学书稿，一般会组成编委会，就具体编写细节问题提出明确的要求，以使所有参与作者的书稿基本符合统一的编写体例、结构编排、层次序号、章节容量。各级标题与所辖内容的符合程度以及图表的设计安排等，均会统一安排。即使不组成编委会，合作者之间也尽量会就上述问题达成一致意见。

（四）争取对口专业出版社的编辑指导

争取对口专业出版社的编辑指导，这是最有效，也是最值得提倡的方法，尤其是字数较多（如50万字左右）的专著，如果事先取得编辑的指导，则会取得事半功倍的效果。因为，编辑是一门非常专业的学问。对于非专业的作者而言，就会产生有隔行如隔山的障碍。所以，在编写前和编写的过程中，如果有编辑就选题论证和谋篇布局等问题（像约稿出版一样）进行全面策划，并提供一些很具体的参考意见。那么，其书稿质量一定较高，并为后续缩短出版时间打下良好基础。

三、熟悉和重视标准化、规范化要求

编辑、出版行业，有许多国家标准和行业标准，而且不少是强制性标准。尽管这些标准是对编辑、出版行业的，但是却体现在字里行间，需要在细微处多加注意：如汉语拼音姓名如何拼写、数字如何书写、法定计量单位符号如何书写、参考文献如何标注和著录等。又如医学名词术语规范、图表设计、外国人姓名书写、缩写词书写、元素符号及其化学价要求，以及英文字母大小写（包括符号）、上下标等，均有极其明确、具体的标准化、规范化要求，比较常用的就有几十种之多。因此，作者如果在编写前、编写过程中，不了解、不熟悉、不掌握，甚至不执行这些标准和规范。特别是多人合作编写时不统一，各行其是，其原稿必然在许多所谓“细节”上会出现很多质量问题。所以，作者熟悉、掌握标准化、规范化的要求是非常重要的。当然，这些标准化、规范化要求，对于作者多数是熟知的，实际工作只需要参照执行就行。只是很多时候，由于一些历史原因（造成混乱）和沿用习惯，平时运用不够重视，以至于比较混乱。但是，作为正规出版物，在编写时必须严格执行这些标准化、规范化的要求。

交稿要求

齐、清、定是交稿时最基本的要求。无论是电子稿，还是书面稿，都必须达到这个要求。而这个要求也是最难做到的要求。因为不少作者由于不太重视这个问题，或者疏忽，常常会出现丢三落四的现象，所以，这里再重申一下齐、清、定的具体要求。

一、齐

齐，指稿件要一次性交齐，保证书稿的完整性，稿件要包括的内容有几个方面：

（一）前辅文

主要包括内容提要、序、前言、目录等，有的可能需有编写说明。

（二）正文

包括按序编页码流水号，插入正文的图、表章序号、图序号。如果图不插入正文，其图序号、图题、图注必须紧随正文相应处编入，同时在图的下面空白处标注与正文内完全一致的图序号。对这个要求，有很多作者往往会出现一些错误的做法，比如在正文相应文字处没有图序号，也没有留出图位，更没有按要求编入图序号、图题、图注，而是把图序号、图题、图注直接编写在脱离正文的图上，以致编辑加工时还要把这些内容再抄入正文，或剪贴到正文上，造成了很多麻烦。随着电子排版技术的普及，全部图最好插入正文，需要重新绘制的图稿应复印一份，单独装袋，以便出版社重新绘制。手写书稿最好交一式两份图（包括照片），一份直接随正文，另一份单独装袋，以便出版社制版时使用。

（三）后辅文

包括附录、索引、参考文献和后记等，但这些都不是必须项，不是每一本书稿都需要编写后辅文，也不需要后辅文包括的项目都必不可少。

是否编写后辅文，一般根据书稿的性质和内容由作者和出版社共同商定，以作者意见为主。但如果是大型巨著，字数100万字左右，或更大型的书稿则一般都要编写附录或索引，其参考文献多直接编写在每章的章末。

二、清

清，即不仅仅是指打印稿或手写稿清楚，更重要的是所有的内容必须清楚，包括各种辅文、正文内容、图表及其题、注等。

（一）稿面清楚

1.计算机打印稿

一般用A4纸连续打印，正文一般用5号字，2倍行距，公式、数字、外文字母大小写、上下角标，每个汉字、标点等都要清晰可辨，以利于编辑加工和校对。简化字以国家公布的《简化字总表》为准，除特殊字、词需要标注外，一律不得使用繁体字、异体字等。

交稿时，光盘稿（现在更多的是电子稿）一式两张，打印文字稿1份，打印稿与光盘内容完全一致。不少作者往往在打印稿出来后，发现错误后只修改光盘稿（不再打印），不修改打印稿，造成两者不符，以致编辑、校对时不知以哪个为准。对这种现象，如果不是重大问题，作者最好不再改交出版社的光盘稿，也不改打印稿，但应该自己做标记，留待一校稿时再修改补充，或者既改光盘稿，也改打印稿；或者重新打印1份。因此，为避免编辑、校对疑惑和打印浪费，不要急于出打印稿。

2.手写稿

在正规稿纸上用蓝色钢笔或圆珠笔书写，公式、数字、字母大小写、上下角标，甚至每个字和标点必须字迹清晰、端正，易辨认。随着计算机录入技术的普及和提高，目前手写稿只占出版社来稿的2%左右。可以预见，手写稿不久将一定会彻底被电子稿所取代。

（二）内容清楚

除语言文字表达必须清楚，使读者易于读懂，不产生歧义、误解外，作为医学专业著作、科普读物等，凡涉及专业名词术语的基本概念、定义等必须简明扼要、准确无误、清楚无疑，并浅显易懂。

三、定

定，即指所有内容已经确定，不留疑问，确保在校对样稿时不会进行较大的删节、调整等。如果作者认为还无法达到十分“确定”的要求，就不要急于交稿。因为，一旦交稿，出版社就要进入出版流程，如安排编辑加工、录入排版、校对等环节。作者再见到的书稿已经是编辑加工过的基本定型的一校稿，如果作者再对一校稿进行较大的删节、调整，不仅影响出版进度，造成浪费，更重要的是原来的编辑加工等于白做，并要对作者删节、调整后的一校内容再进行编辑加工。这种情况是出版社、加工编辑最不愿意见到的。因此，作者应极力避免发生这种情况。另外，原稿上不能留下任何疑问、黑块代字等。因为编辑人员并不能做到与稿件内容所涉及的专业对口，对留下的疑问、黑块代字等，除少数容易判断的外，加工编辑不能妄加推测。否则，成书后如果出现错误，会出现责任不明的情况。

出版合同

图书出版合同，是指图书出版者就出版作品和报酬等事宜与作者或其他著作权人达成的协议。同其他合约一样，图书出版合同也是一种合约，即把双方合作约定的权利、责任、义务以签订合同的形式加以明确，以便合作顺利、愉快；同时，合作过程中一旦不顺利、不愉快，需要追究责任，甚至诉诸法律解决时，以便有据可查。

一、合同的主要意义

出版合同就是将双方合作约定的权利、责任、义务以签订合同的形式加以明确，一旦双方签字，它就具有法律效力，即以法律的形式约束双方必须履行自己的承诺。当然，签订合同的基本意义在于保证出版合作的顺利、愉快进行和完成，而不是为了打官司。但是，毫无疑问，既然它是双方签字生效的合同，具有法律效力的文件，又是为了必要时诉诸法律而准备的。因此，作者应该完全搞清楚合作条款，真正明白自己的权利、责任、义务，不要盲目签合同，要防止不合理条款，自己完全不能接受或无能力承担的条款，甚至霸王条款和合同陷阱。当然，正规出版单位多以诚信为本，合作双赢是它们的宗旨，一般不存在霸王条款和合同陷阱问题。

二、主要形式

合同通常以合同书的形式表述，包括甲方（著作权人）、乙方（出版者）姓名或单位、书稿名称、协议条款、双方单位盖章、负责人签字、联系方法等，出版合同大体也离不开这些内容，其中最核心的是协议条款。对于合同未尽事宜，双方还可能以补充协议的形式商定，它具有合同正本同样的法律效力，主要形式仍包括上述合同的几个方面，只是协议条款有所不同。

三、协议条款

协议条款是合同的最核心内容，是作者应该特别认真审查的部分，不仅要注意涉及对方和双方的条款，更要注意涉及自己的条款。因为每一个枝节疏漏，都有可能在发生法律纠纷时，让自己处于不利地位。协议条款主要包括以下内容：

（一）达成协议

签订协议时间通常只是一句话："甲乙双方于X X X X年X月X日达成

如下协议。”

（二）明确著作权与出版权

申明著作权人（甲方）拥有书稿的著作权，并授予出版者（乙方）出版权。同时，明确甲方侵犯他人著作权和专有出版权必须承担的经济损失等后果，也就是说甲方要对抄袭、剽窃、盗印等行为负责，书稿出版后由此引起的法律责任与乙方无关。

（三）明确乙方的责任

（1）*承担书稿的出版工作*　包括组织编辑加工、装帧设计、排版印刷、宣传发行。

（2）*支付稿酬的标准与方式*　根据双方商定的付酬方式不同，甲方享有相应的稿酬标准。目前计酬方式有版税制、传统稿酬制、一次性付酬、不付稿酬或以稿酬折购图书等。合同书上会写明具体结算标准、方法和付酬方式。

（3）*赠送样书*　首次印刷后，一般免费赠送甲方样书20~30本，以后每重印一次，仍应赠送甲方样书5~10本。

（四）对甲方的约束条款

1）书稿不得有违背国家出版方针政策、损害国家形象、泄露国家机密、侵犯他人权益、违背社会公德和科学道德的内容。一旦违犯，甲方要承担全部责任，包括由此造成的乙方、第三方的经济损失，并且乙方有权终止合同。

2）总字数要求：对约稿出版的书稿，乙方一般会约定总字数，并规定不得超过多少和少于多少。对过于超量的书稿，乙方可提出：

*同意继续出版，并按约定的稿酬标准和实际字数付酬；

*同意继续出版，只按约定的稿酬标准和约定的字数付酬；

*要求甲方压缩至约定的字数；

*终止合同。

3）交稿时间：甲方一般应按约定的交稿时间交稿，如有特殊情况延期交稿3个月以上，应向乙方作书面说明，并征得乙方同意。同样，乙方也可提出是继续出版，还是终止合同的要求。注意：如果乙方因此终止合同，而甲方在终止合同后一年内将约定书稿交其他出版社出版，甲方应向乙方说明，并且乙方有权要求甲方赔偿相应的违约金。

4）清样校对：甲方接到一校稿清样后，应以通读的形式认真校对，并签字负责。校对中对非重大原则问题，不可大增、大删，并按要求的日期交回出版社。如因增、删，或校对延期，影响出版进度，造成经济损失的，甲方应承担赔偿责任。同时，甲方可对版式、封面、开本、用纸、装帧、定价、印数等提出自己的建议，但这些事项的决定权在出版社，应予尊重。

5）变相出版：指甲方在合同有效期内，将书稿的全部或部分改头换面再找另外的出版社出版，或仍在原出版社出版（不是双方商定的重印或再版），或将电子版交另外的出版社出版电子图书、光盘销售，或在网上公开，甲方应承担全部责任，并赔偿乙方的经济损失。

（五）对乙方的约束条款

1.出版时间

按双方约定的出版时间，如非甲方因素造成出版延期，或更改出版计划，应征得甲方同意。否则，甲方也有权选择同意继续出版或终止合同。

2.其他出版方式所得收益的分享

甲方一旦授权乙方出版，合同上一般会写明由乙方承担国外、境外合作出版（包括翻译版、繁体字版）、发行事宜。同时，也可能出版电子图书，或网上销售。按相关规定，甲方可获得这两种出版所得收入的40%左右。如果以光盘方式出版，甲方也可获得相应的稿酬，具体份额可双方约定，一般为原稿酬的5%~7%。

3.手写稿丢失或损毁

乙方丢失或损毁手写稿，造成不能出版后果的，应向甲方支付赔偿金。具体金额双方商定，一般为每千字10元。电子稿不在此列，因此，甲方应自行备份，以防丢失或损毁。

4.印数

甲方有权核查图书印数。如发现乙方隐瞒印数，甲方有权要求补齐应付的稿酬和赔偿金。

（六）对双方的约束条款

1.作者署名

包括署名方式、排序由甲方定，乙方予以尊重，但署名应符合著作权法、科学道德准则和出版惯例。一旦发稿付印，甲方原则上不得改变署名方式和顺序。

2.删改分歧

在不改变作者基本学术观点的前提下，乙方有权更改书名，并与作者协商确定；同时，有权对内容、文句、结构、层次、序号、顺序、图表等进行修改、删节和调整。重大删节和调整应征得作者同意。如果双方就此类问题出现较大分歧，又不能协商解决，均可提出终止合同的要求。

3.绘图费用

图稿未达出版要求，需要重新绘制的，可由乙方安排重绘，其费用各分摊50%。

4.重印

乙方有权根据市场需求和销售情况决定是否重印。甲方有义务审查已出版图书中的差错，并将重大差错以书面形式通报乙方，以便重印时纠正。

5.再版

在合同有效期内再版，由双方商定，并签订再版合同；单方不可做出再版决定。如甲方同意仍由原出版社再版，即不可自行决定交由其他出版社出版，由此引起的出版权纠纷由甲方负责。一般前版书出版4年后可安排再版事宜。再版稿酬一般采用版税制标准和方式支付。

6.终止合同

甲方在交稿前终止合同，并交由其他出版社出版，或乙方在出版前终止合同，终止合同方均应向对方支付赔偿金，赔偿金额由双方商定，一般为每千字10元。

7.合同生效期

应有生效期的起止日期，具体时间由双方商定，可5年，也可10年。

8.合同仲裁

合同一旦签订，双方各执一份，具有同等法律效力。如认为对方违反合同，可通过双方协商、上级主管部门或版权管理机构调解，直至向人民法院起诉。

四、注意事项

各出版社的出版合同大同小异，大体都包括上述条款。作者在签订合同前必须认真弄清每一条款的约束对象和条件，并结合自己的情况，分析哪些条款可接受，哪些条款应协商，哪些条款不能接受。对不理解或有异议的条款应及时咨询，特别是涉及出版时间、经费、质量问题的细则，可能牵扯法律纠纷的问题，要明确责任，以便有据可查，有法可依。

著作权益

我国著作权法规定：对未经著作权人许可发表其作品的；未经合作者许可，将与他人合作创作的作品当作自己单独创作的作品发表的；对于没有参加创作，为谋取个人名利，在他人作品上署名的；未经著作权人许可，以各种方式使用，甚至篡改、歪曲其作品的；使用他人作品未按规定付酬的等均被视为侵权行为。同时指出，应当根据情况承担停止、消除影响、公开赔礼道歉、赔偿损失等民事责任。对剽窃、抄袭他人作品的；未经著作权人许可，以营利为目的，复制发行其作品的；出版他人享有专有出版权的图书（包括音像制品）的亦属侵权行为。对上述行为，享有著作权的任何公民、法人和其他组织，均可依法向人民法院诉讼，并将得到有效的司法保护。作者在编写书稿前有必要熟悉和掌握这些内容，或组织所有参与编写的人员学习这些法律文件，其根本目的是避免侵权和维权。下面就具体介绍一下相关的著作权益。

一、避免侵权

侵权是指自己在编写过程涉及侵犯他人权益的行为。医学书稿的编写过程，尤其是大型专著，不可避免地会引用一些他人的观点、实验方法、结果、结论，甚至文献、资料（如图、表），这是很平常的现象。可就是这些很平常的现象，如果不注意也可触犯著作权法或公民肖像权，这就是为什么对书稿中引用的重要图表、图片等资料要注明出处，前言中要表示致谢，引用人像时要遮挡眼睛或面部的主要原因之一。因此，为了避免侵权，作者必须做到：

（一）严格遵守著作权法

即未经著作权人、合作者的许可绝不以任何名义、任何形式发表著作权人或者合作者的作品；绝不篡改、歪曲、抄袭、剽窃，甚至翻印出版他人作品；一旦出现侵权行为，应该承担停止、消除影响、公开赔礼道歉、赔偿损失等民事责任。因此，不管是引用或出版已经发表，还是未发表的相关资料或作品，首先应尽可能征得著作权人同意，注明出处、致谢，甚至按相关规定付酬。

（二）按著作权法的规定审查全部书稿

特别是审查有无抄袭、剽窃行为，或引用有抄袭、剽窃之嫌的内容，一旦发现应做相应的处理；采用的图片资料，特别是可能引起肖像权之争的相片，是否进行了遮挡处理，或引注出处。书稿的所有参与编写者要这样做，主编统合书稿时更要这样做，因为编辑人员很难发现书稿中的这类问题，一旦发生纠纷，本着文责自负的原则，承担责任的首先是作者和主编。

二、维权

维权，是指著作权人的作品受到他人的非法出版，或抄袭、剽窃侵犯，而采取的维护自己作品权益的行为，这也是作者应该关心的问题。不管自己的作品是否公开发表，只要发现未经本人同意被非法出版，或被篡改、歪曲、抄袭、剽窃，甚至翻印出版，都有权采取维权行动，直至依法向人民法院诉讼，要求得到司法保护，追究当事人相应的责任。

医学书稿的基本质量要求

出版社对书稿质量都有一定要求，完全符合出版要求的，可以出版；质量低劣，不符合要求的，退回作者，或请作者修改，仍达不到要求的，则谢绝出版。因此，作者需要高度重视书稿质量，在交稿前，应对书稿进行一次全面的整理和审查，消除差错，不留死角，力求符合交稿质量要求。

一、交稿前要做的几项工作

1）对全稿进行认真的通读，要对全稿的主题思想、主要内容、各部分比例、编排体例及文笔风格等，对照编写大纲的要求再次认真审核，并进行必要的修改和调整。

2）对药物剂量、重要数据、公式、目录、正文标题、插图、表格编号及图题、表题、参考文献、索引等要进行认真核对，并统一全稿的名词术语。

3）稿面要干净整洁，解决各种遗留的问题，编制全稿统一的页码、图号、表号。

4）必要时，可将书稿中不太确定、需要编辑配合的问题和特殊要求，写一份书面材料，供出版社审稿、编辑加工和排版时参考。

二、交稿注意事项

（一）稿件齐全

原则上是全部书稿必须一次性交清，要做到正文、辅文齐全，文稿、图稿齐全。电子书稿应打印样稿，并交软盘或光盘。

（二）结构编排、体例、层次、序号相对统一

结构编排、体例、层次、序号等，要求做到全书风格相对一致和统一。

（三）图稿齐全、清晰

图稿要齐全和清晰，没有缺图、损坏的现象，最好达到直接制版的要求，提供的样图应该比例关系恰当、条纹清晰可用，以方便出版社按样图绘制新图。图序、图题、图文、图注要规范，图与文呼应，可将图稿直接扫入正文相应处，然后，将用来制图的书稿分章整理、编序，或在正文相应处留出插图的位置，把图序、图题、图注按要求放在正文相应处，做到先见文后见图。图量较多、可直接制图的照片，最好先按章整理、编序后另刻录光盘，与样稿一起交出版社。

（四）表格规范

表序、表题、表头、表文、表注以及表中插图符合规范，表格不能过大、过小，尽可能避免折栏、折页，表、文呼应。表格必须编入正文，不必另附表。

（五）专业名词术语、化学药命名符合标准

所有专业名词术语、化学药命名应符合全国科学技术名词审定委员会和国家药典颁布的命名，做到全书统一。对尚无标准的专业名词术语要按有关规定或专业习惯处理。

（六）表述准确，文笔流畅

书名、序、前言、凡例、目录、标题、正文、图、表、注等表述要准确无误，文笔要流畅。

（七）物理量与计量单位符号准确

严格执行国家法定计量单位的相关规定，数值换算符合要求，物理量

与计量单位符号的书写、表述准确规范，常用物理量符号和单位与国家标准一致。

（八）参考文献安排合理，著录项目齐全，书写格式规范

参考文献应分列在章末或书末，全书文献较少时，可在正文内标注，参考文献著录项目和书写格式应符合国家标准。

三、出版社书稿审查重点

除了审查政治方面的问题外，出版社审查书稿还会有一些侧重点，主要体现在：

（一）全书结构布局是否合理

整体结构布局是全书的构架，构架是否合理是书稿审查的一个重要环节。所以，出版社首先会审查书稿的结构编排、层次设置、序号和标题，即可对书稿的质量做出初步判断。

（二）是否符合图书类别的要求

医学专著、科普、手册、教科书、辞书等因为特点不同，其编写要求也会各不相同，即使是同类图书，具体到某本书稿，也会有不同的具体要求。因此，书稿是否做到大格局要求严格，小格局灵活变通，各章节的基本格局是否相对统一，也是出版社审查的重要工作。

（三）辅文、正文、图稿是否齐、清、定

出版社将由责任编辑或指派专人验收稿件，检查辅文、正文、图稿是否符合齐、清、定的要求，验收所交光盘或软盘、打印稿等。对于出版社组稿或作者的书稿质量较高，市场前景预测良好。如果书稿出现缺页或者缺项的情况，一般会要求及时补上。如果是自行投稿的稿件，且缺项较多，出版社可能建议补全项目，调整、修改部分内容后再谈。假如自行投稿缺项很多，质量不好，市场前景预测又不理想，出版社则会委婉拒绝接收其书稿。

（四）书稿接收后的再审查

经过初步审查，书稿接收后，出版社还要通过再审查，但绝大部分书

稿可以顺利进入出版程序。

四、出版社拒绝选题或退稿的可能原因

出版社拒绝选题、退稿的主要原因，一般可能出于以下几方面考虑：

第一，不适合市场需要或市场上已有同类图书，且市场销售情况并不理想。

第二，不适合读者需要或读者群较小。

第三，与现行政策、法规相抵触或涉及保密、隐私权、医疗纠纷。

第四，存在国家主权、外交、民族、宗教、信仰问题。

第五，语言文字、结构编排、体例层次或规范化、标准化不符合出版要求。

第六，可能涉及著作权、版权纠纷，存在抄袭、剽窃嫌疑等。

成品书的常见遗憾

有人以“无错不成书”来戏说出版界。图书的问题在于，虽然在编撰、组稿、修改、审校若干道工序中会不断修改和完善，但等到图书出版后仍会发现种种瑕疵和失误，会出现一些无可挽回的遗憾。成品书的遗憾，主要表现在以下几方面。

一、错别字

图书属于一种传播知识的精神产品，容不得半点瑕疵，以免导致读者误入歧途。可是，图书中的错别字却是一个很常见的现象，也是最典型的、最易出现又最难以根除的遗憾。诸如把“似是而非”误写成“是是而非”的错误，有时很难发现或避免。出现这些低级的错误，并不完全是作

者文字功底不深，也不是三审三校不负责任。原因在于人不同于机器，人脑会有疲惫的时候，眼睛也会发生疲劳。加之一部新作品，更多注意的是关键部位和内容，反而对于耳熟能详的词语，会"随大溜"逃过检查，造成遗憾。

所以，对于作者还是编辑来说，苦练基本功，消灭错别字，力争做到虽然不能保证一字不错，万无一失，但也要把差错和失误降低到最小程度。尤其对于封面、内封、辅文、标题等关乎图书"脸面"的关键部位，努力把差错率控制在国家规定的万分之一以内。为方便大家查阅易出现差错的常见字，本书将常见的二字词和四字词中的错别字以附录的形式单独列表，以供参考。

二、标点符号

标点符号作为表示书稿语句的停顿，语言及词语性质的工具和符号，其中的学问也很深奥，值得研究。正确使用16个标点符号，可以使语句通顺、锦上添花，否则会出现文不达意的情况。比如该用逗号处使用了分号，整个句子的意思和性质就会随之改变。对于长句子，如果不适当停顿就会读起来拗口，很不通顺。事实上，标点符号并不是可有可无，而是一门需要掌握并精通、灵活运用的学问，它属于写作的基本功之一。因此，要重视标点符号的作用，不可随手点画，要正确使用标点符号，减少差错，避免遗憾。

三、遣词造句

中国文字博大精深、丰富多彩，同义词、近义词、反义词、褒义词、贬义词，种类繁多。遣词犹如选择服装面料，造句犹如设计大师，只有好面料配以好设计，才有华丽的服饰。也就是说，只有挑选那些最能表文达意的词语，才能起到最佳效果。否则，表达同样一个意思，用词不当，或用做句子的成分不同，就会影响语意的表达。因此，需要作者反复推敲、辨析，提升遣词造句的能力。

四、封面

封面上出现的遗憾虽然主要责任在美工，但根源在作者，因为设计者是为作者服务。如果作者不严格把关，那么好端端花费心血写就的书稿，会被一个什么也说明不了的平淡无奇的封面所埋没。

因此，若要减少封面遗憾，不妨采取一听二找三比较。听是听业内人士的指点和建议；找是自己从出版行业或图文设计工作室寻找合作者；比较，就是不要盲目确定，要货比三家，看究竟哪一家的封面设计对主题理解的更为深刻。然后，提前准备好封面设计的参考资料，并提供必要的文字或图片，提出自己的意图和要求，最后确定设计者，从最大限度上减少封面产生的遗憾。

五、电脑出错

电脑出错导致图书差错，也会给图书留下很大的遗憾。录入、修改、排版、转换系统格式、压缩与解压缩、使用电子邮件等，任何一个环节，任何一个疏忽，都可能出现差错，甚至不排除电脑与人“作对”的情形发生。如果某个软件使用过久，可能会使其中某些程序出现错误，反映在电脑上，往往设定了命令，它会以种种对话框拒不执行，或者明明此处错误已经修改，等到采取别的转录复制方式后，却发现又恢复了原样，和没修改前一样了。甚至个别情况下，电脑字库里的字、词是错误的。在这种情况，电脑出错往往是防不胜防。所以，对于经常借助于电脑工作的作者，要及时检查电脑，排除可能出现的故障。

在此，特别提醒作者和录入人员，要慎用计算机的字、词替换功能。即使是采用黑马校对系统对全稿进行了校对，并检校出差错和参考差错，如果单个替换，一般不会出现特别严重的差错；如果做批量替换，则可能由于某些相邻字与被替换词的相邻关系，出现意想不到的差错。例如，“粘连”、“粘膜”、“粘液”、“粘稠”等，按照规范用词，后3个“粘”字应改为“黏”字，如果不按词组替换，仅批量替换1个

“粘”字，则会把“粘连”替换为“黏连”，发生替换错误。又如把标题“一、病因”、“二、发病机制”……替换为“【病因】”、“【发病机制】”……的标题，如果只批量替换“病因”、“发病机制”…，则把凡是前面没有“一、”和“二、”标识的“病因”、“发病机制”……都替换成“【病因】”“【发病机制】”标题，使整本结构发生混乱。因此，作者应根据黑马校对的提示，逐个进行判断后再确定是否替换，尽量不要批量替换。

总之，出版图书是一件严肃而慎重的工作，错误可能会随时发生，遗憾处处可以出现。故每位作者在提笔之时，一定要慎之又慎，不要把遗憾留在图书出版后。

医学图书撰写技巧

作者完成第一稿后，充其量只完成了选题资料的收集工作，大量的工作在于反复对原稿进行修改和加工。其中一些撰写、修改和定稿技巧，需要大家了解和重视。

医学图书作者应具备的基本素质

一、专业功底

医学题材的图书包罗万象，同时对于医学这一学科门类来说，各专业、各学科分工很细，如果对专业的医学知识不熟悉，即使是一位高材生，也很难胜任此项工作。一般来说，编写医学专著对于作者的专业程度和学术造诣的要求较高；编写医学实用型普及性著作，则不一定要求作者具有多么高深的知识和理论，只要具有一定的专业知识，同时具有一定的文字功底，能对所拟定的题材写出自己的感受和见解，并通俗易通即可。

作者如果具有一定的专业知识，又有较好的文字表达能力，就可以试着去编写一些感兴趣的医学选题。通过若干写作实践，逐步积累写作经验，就一定会成为编写医学图书的行家里手。

二、知识积累

作者要善于积累知识，只有在积累知识的进程中，才能做到博学、慎思、明辨、笃行。如何去积累知识？试试从下面几个途径去努力：

（一）多读多看，广泛涉猎

多读多看是每个作者必须具备的条件，尤其对与编写图书相关的各种资料，要尽可能多的查阅、占有，并进行比较、分析和思考，博采众长，取其精华，才能为我所用，得到提高。

（二）虚心请教

在编写图书的过程中，要养成多向别人请教的良好习惯，兼收并蓄，用分析、归纳、总结的方法，去观察问题和发现问题，并寻找出解决问题的方法和途径。

（三）做摘抄、记笔记

做有心人，在读书的过程中，养成做摘抄、记笔记的好习惯，随时注意收集有用的资料。以此练笔，不但可以培养写作兴趣，提高写作能力，并熟能生巧，对作者编写著作，会带来很大的方便。

三、文献查找能力

图书编写是一项很严肃和严谨的工作，容不得“差不离”、“凑合”的想法和做法。加之在书稿编写、修改或校对过程中，对明显存在问题或疑问的内容，不能依赖出版社的责任编辑、加工编辑及三审三校，要靠作者提前自行解决。所以，作者只有掌握一定的文献查找能力，以“文责自负”的责任心，认真把关，努力负责，才能更好、更快地了解国内外本专业的权威文献，并解决编写过程中遇到的问题。

四、写作经验和写作热情

写作离不开实践，写作是一项实践性很强的工作，没有捷径可走，只有凭借执着的探索精神、高昂的写作热情，勤学苦练，反复实践，才能逐渐成熟，成为出类拔萃的医学书稿编写者。

医学图书的一些常见错误

医药卫生类书稿总体上分为中医和西医两个门类，每个门类下又有许多的分支。因为涉及医学的问题，便“人命关天”，所以在对医学类书稿的校对过程中除了要仔细核对基本概念和数据外，药名和剂量一定要准确，一点都马虎不得。此外，随着现代医学科学的迅速发展，新的医学名词、术语和药名不断出现，这也对校对人员的水平提出了更高的要求。下面就谈谈医药卫生类图书中会常常出现的一些错误。

一、象形字的正确用法

医药卫生类书稿，特别是中医、中药类图书，由于作者的不小心，许多非常相近却代表着不同意思的字词往往会混淆使用，或者产生录入错误。如：三阴、三阳；少海、小海； 少阴、少阳等。另外，还有一些因作者的个人习惯而容易出错的字（文中括号内的字是正确的），如：致热源（原）、芽胞（孢）、硷（碱）中毒、石腊（蜡）、影象（像）、寒颤（战）、复（覆）盖、分枝（支）、抗菌（生）素、电介（解）质等。这种情况，作者要多加注意。

二、相近字的不同用法

许多字很相近但意思却有很大的差别，要认真加以区分。如：征、证、症。“征”，指表露出来的迹象，在西医类书稿中多用作“综合征”；在中医类书稿中多用作“征象”，表示征候的一种表象。“证”，表示证明和证据，多见于中医类的书稿，如证见胃脘胀痛等。“症”，是指因生病而出现的异常现象，在西医类的书稿中多用作炎症、症状等。所以，在书稿的校对过程中，一定要联系上下文，理解这个字在这句话中的含义，才能做到准确无误。

三、数据、剂量、单位的准确性

医药卫生类书稿中会出现很多数据，稍不注意就会造成很严重的后果，作为校对人员一定要认真核对。遇到百分比时，要特别小心，应使各个分比数加起来与总数相符。剂量也是医学类书稿中需要关注的问题，一个小数点、多一个零或少一个零，都会酿成大错，危及人的生命。单位也一样，如mg和g、%和‰、ppm和ppb等，在校对的过程中要多看两遍，确保正确。

四、书稿中的药名要统一

书稿中的药名要规范，如有不妥之处应向编辑和作者提出质疑。许多的药品名称来源于国外和民间，在校样上要注意统一，应该按照国家的规定正确使用。如：阿斯匹林（阿司匹林）、潘林西林（青霉素）、维他命（维生素）、红药水（红汞）、紫药水（龙胆紫）等。这些药名在全书要做到统一。

五、认真核实图片

医药卫生类书稿中有许多的插图，除了手绘图外，还有大量的心电图、X片图、B超图、CT图等，图中的骨骼、细胞等形状极其相似，粗看不易识别，很容易张冠李戴或上下左右颠倒，遇到这种情况时，应仔细对照原图，找出细微的差别。

医药卫生类书稿除了以上一些校对技巧外，其他书稿中的校对规则也必须遵守。总之，在校对医药卫生类书稿时要慎之又慎。

掌握语法规律

语法是语言中词、词类、句子等的构成规律，从惯用且公认的规律中归纳出来的法则。说话、写作时都要遵守这些法则。

一、语句的定义

（1）句子　前后都有停顿，并带有一定的句调，表示相对完整意义的语言单位。

（2）陈述句　用来说明事实的句子。

（3）祈使句　用来要求听话人做某件事情的句子。

（4）疑问句　用来提出问题的句子。

（5）感叹句　用来抒发某种强烈感情的句子。

（6）复句、分句　意思上有密切联系的小句子，组织在一起构成一个大句子，其中大句子叫复句，复句中的每个小句子叫分句。

（7）词和短语（词组）　词，即独立运用的最小语言单位。短语，即由两个或两个以上的词按一定的语法规则组成，表达一定意义的语言单位，也叫词组。

二、词及词汇的概念和用法

词是最小的、能独立运用的，有一定意义的语言单位。词汇是指一种语言复词的总和。汉语的词汇极其丰富，为正确描述客观事物，准确表达思想感情提供了便利条件。但是，要做到用词准确并不是一件容易的事情。

（一）弄清词义

每一个词语都有一定的意义，有的词只表示一个意义，叫做单义词，例如，“诊断”、“股骨”等。有的词则有两个或两个以上的含义，叫做多义词，例如，“深”的基本意义是指从表面到底部或从外面到里面的距离比较远；但“意义很深”是指意义量大；“关系很深”则表示相处得很密切；“夜深了”则是指时间长。

（二）辨别词性

意义相同、相近的词叫做同义词或近义词，这类词很多。例如，“明白—清楚”、“缺点—毛病”、“勇敢—英勇”等。使用时，要求对同义词的词义进行细致、深入的分析，辨别词义之间的异同，还要注意词义的感情色彩。意义相反或对立的词，叫做反义词。例如，“虚心—骄傲”、“进步—落后”等。用这些由反义词组成的词组来揭示思维深化的过程，准确、鲜明而且生动。

（三）注意搭配

某些词之间是可以搭配的，某些词之间不能搭配，某些词之间要有连接词才能搭配。例如，“医生正在（为患者）做手术。”这是动词“做”和名词“手术”的搭配；括号内的“为患者”是“手术”的承受者，往往可以省略，因为隐去后并不影响原句的完整性和理解。如果词语搭配不当，句子的意思就会含混不清。恰当使用形容词，可以把话说得准确、具体、生动、形象，如果用得不贴切，就会使句子的意思含糊不清。

例如，“他严肃而精细地处理了这起医疗纠纷。”

“严肃”可以修饰“处理”，但“精细”不能修饰“处理”，应将“精细”换成“细致”。

三、词的分类及用法

现代汉语的词，可分为实词和虚词两大类。

（一）实词

1.名词

是表示人或事物名称的词。例如，“医师”、“患者”、“心脏”等。方位词是名词的附类，是表示方位和关系位置的词。例如，“上”、“后”、“南”、“里”、“旁”（称单纯方位词）；“以上”、“北面”、“外头”、“中间”（称合成方位词）等。

2.动词

是表示动作、行为、变化的词。例如，“学”、“做”等。趋向动词、能愿动词、判断词是动词的附类。

1）表示趋向的词，称为趋向动词。例如，“来”、“出”、“上”、“回去”等。

2）表示可能、必要或者意志、愿望的词，称为能愿动词。例如，“能够”、“会”、“可能”、“应该”、“愿意”等。

3）只有一个“是”称为判断词。它的主要用途是表示判断，说明甲、乙两种事物之间相等或相属的关系。例如，“护士是白衣天使。”

3.形容词

是表示性质、状态的词。例如，“伟大”、“好”、“清楚”等。

4.数量词

数词和量词常常组合在一起用，称为“数量词”。例如，“一个”、“五件”、“八辆”等。

（1）数词　是表示数目的词。例如，“一”、“三”、“千”、“亿”等。

（2）量词　是表示事物或行动单位的词。例如，“尺”、“寸”、“艘”、“趟”等。

5.代词

是指代人物、行动、性状、数量的词。例如，“他”、“我”、“自己”、“大家”（人称代词），“这”、“那里”、“这么样”（指示代词），“谁”、“什么”、“几时”（疑问代词），“今天”、“明天”、“今年”、“明年”、“大前年”等（时间代词）。

（二）虚词

1.副词

表示程度、范围、时间等的词，经常用来修饰动词或形容词，不能用来修饰名词。

例如，“此手术操作难度很大。”

副词“很”修饰形容词“难度”（表示程度）。副词有：“很”、“非常”、“都”、“全”、“只”、“泛泛”（表示范围）；“正在”、“马上”、“常常”（表示时间）；“再”、“又”、“还”（表示连续、反复）；“必”、“准”、“没”（表示肯定或否定）；“居然”、“竟然”、“难道”（表示语气）等。

2.介词

表示方向、对象、处所、目的等的词。用在名词或代词前边，组成介词结构。

例如，“这个教授是从上海来的。”

“从”是介词，“上海”是名词，“从上海”是介词结构（表示

“来”的方向）。介词有“从”、“往”、“向”、“在”、“沿着”（表示处所、方向）；“自”、“从”、“到”（表示时间）；“按照”、“依照”（表示状态、方式）；“为”、“为了”（表示目的）；“对于”、“关于”、“把”（表示对象、关系）；“比”（表示比较）；“除了”（表示排除）；“被”（表示被动）等。

3.连词

连接词语和词语、句子和句子，帮助它们表达彼此之间各种关系的词。

例如，“虽然各地卫生部门一直在抓乡村医师培训，但收效甚微。”

“虽然”、“但”连接两个句子，表示转折关系。连词有：“和”、“与”、“并”、“而且”、“因为”、“所以”、“如果”、“才”等。

4.助词

附着于词语或句子，表示动态等某种语法意义的词，一般读轻声。

（1）结构助词 “的”、“地”、“得”的用法：它们常常附在词或词组的后边或前边，在句子中起结构作用。名词+名词用“的”，如“我的书”；动词+形容词用“得”，如“跳得高”；形容词+动词用“地”，如“更好地治疗”、“愉快地唱歌”。

结构助词“的”，还可以跟它前边的词组组成“的”字结构。

例如，“医学科技发展的春天到来了。”

（2）时态助词 “着”、“了”、“过”的用法：“着”附在动词后边，表示动作、行为正在进行；“了”附在动词后面，表示动作、行为已经完成；“过”附在动词后边，表示曾经有过什么动作、行为。

例如，“医师应详细询问个人史，包括到过哪些地区。”

“近年来核医学诊断技术有了飞速发展。”

“近年来，生物医学面临着巨大挑战。”

（3）语气助词 “啊”、“吗”、“吧”等的用法：“啊”附在句末，表示感叹语气。“吗”附在句末，表示疑问语气。“吧”附在句末，表示祈使语气。

例如，“肺结核患者家属必须服药预防结核吗？”

"今天天气不好，真烦人啊！"

"你就批准吧！"

5.叹词

表示感叹、呼应的声音或客观事物的某种声音的词。叹词是一种特殊的虚词，它独立于句子结构之外。有的用在句首，有的用在句末，也有的用在句中。书面上要用标点符号将它们同别的词语隔开。

例如，"砰的一声，门关了。"（模拟声音）

"哎！他可真痛苦。"（表感叹）

"喂，你们走吧！"（表呼应）

四、句子

表达一个完整意思的语言单位叫句子。按照句子的语气，把句子分成陈述句、疑问句、祈使句和感叹句；按照句子的结构，分成单句和复句，单句又可分为主谓句和非主谓句。主谓句是由主谓词组成的单句，非主谓句是由主谓词组以外的其他词组成或由一个词形成的单句。复句又可分为一般复句和多重复句。

五、句子成分

在句子中担任一定"职务"的词语叫做句子成分。在现代汉语里，一般的句子成分有六种。

（一）主语和谓语

主语是谓语述说的对象，表示"谁"、"什么"，谓语对主语加以述说，表示"怎么了"或者"是什么"。

例如，"医疗事故的构成特征有哪些？"

其中"构成"是主语，"特征"是谓语。

（二）宾语

宾语是用在动词后边，表示"谁"、"什么"等意思的成分。

例如，"医疗纠纷的焦点是医患双方对医疗后果的认定意见不一致。"

其中，“焦点”是主语，“是”是谓语，“医患双方对医疗后果的认定意见不一致”是宾语。

（三）定语

定语是在主语、宾语前边，表示“谁（的）”、“什么样（的）”、“多少”等意思的成分。

例如，“医疗纠纷的焦点是医患双方对医疗后果的认定意见不一致。”

“医疗纠纷”作为主语“焦点”的定语，表示“什么样（的）”。

（四）状语

状语是用在谓语前边，表示“怎么样（地）”、“几时”、“哪里”、“多久”或肯定、否定等意思的成分。

例如，“医师立刻确定了治疗方案。”

“确定”是谓语，“立刻”是它的状语。

（五）补语

补语是用在谓语后边，表示程度或者表示“怎么样”、“多久”、“多少次”等意思的成分。

例如，“这台手术做得很成功。”

“做”是谓语，“很成功”是它的补语。

在上述六种句子成分中，主语和谓语是主要成分。一般情况，一个句子不论长短，都有主语和谓语。

此外，定语后常跟“的”；状语后常跟“地”；补语前常跟“得”。普通话中，“的”、“地”、“得”都可念“de”，但在书面语言中，却有严密的分工。这样分工可以加强语言的准确性，减少对语句的误解。

六、复句

句子分为单句和复句两种。单句，一般是具有一个主语部分和一个谓语部分的句子；复句则是指由两个以上的分句组成的句子。一般来说，复句的每个分句都具有自己的主语部分和谓语部分。

例如，“正确诊断和治疗疾病很重要。”和“正确诊断疾病很重要，正确治疗疾病也很重要。”

前一句是单句，只包括一个主语部分“正确诊断和治疗疾病”和一个谓语部分“很重要”。后一句是复句，由两个分句组成，每个分句都有自己的主语部分“正确诊断疾病”、“正确治疗疾病”和谓语部分“很重要”、“也很重要”。

在复句里，分句和分句之间常用一些词语联系起来，表示各种各样的关系，这种起联系作用的词语叫做关联词语。

关联词语一般由连词或某些有关联作用的副词充当。例如，“不但……而且……”、“如果……就……”、“因为……所以……”、“只有……才……”等。

复句里分句与分句的关系，主要有下列几种。

（一）并列关系

表示句子或词语之间具有的一种相互关联，或是同时并举，或是同地进行的关系。并列关系的，可以是相互关联的不同事物，也可以是同一事物的不同方面，还可以是同一主体的不同动作。

主要关联词有：“一边……一边……”；“既……又……”；“不是……而是……”；“一面……一面……”；“既……也……”。

例如，“肺结核的传染源可以是开放性肺结核患者，也可以是患结核的家畜或动物园的猴子。”

（二）递进关系

递进关系是指能够表示在意义上进一层关系的，且有一定逻辑的词语。

分句之间的这种关系，必须用恰当的关联词语来表示。表示递进关系的常用关联词有：

（1）单用的　例如，“不但”、“不仅”、“不光”、“而且”、“并且”、“并”、“甚至”、“更”、“以至”、“何况”、“况且”、“尤其”、“还”、“甚至于”等。

（2）配对使用的　例如，“不但（不仅、不光）……，而且（并且、还、也、甚至）……”；“尚且（况且）……，何况……”。

例如，“医护人员不但要治病救人，还要不断学习医疗新技术。”

（三）选择关系

这类复句，表示在几种情况中选择一种，分句间常用的关联词语有：“或者……或者……”；“是……还是……”；“宁可……也（决）不……”；“与其……不如……”等。

例如，“患者是继续保守治疗，还是进行手术治疗？”

（四）转折关系

这类复句，后一个分句的意思，不是顺着前一个分句的意思说下来，而是转到与其相反或部分相反的方向去。分句间常用的关联词语有：“虽然……但是……”；“可是”；“然而”；“不过”；“却”，等等。

例如，“肺外结核病，90%以上继发于肺结核，但是，没有患肺结核者，也可以患肺外结核。”

（五）假设关系

这类复句，前面的分句提出假设，后面的分句说出结果。分句间常用的关联词语有：“如果（假设、倘若、要 是）……就……（表示假设和结果是一致的）”；“即使（哪怕、纵然）……也……（表示假设和结果不是一致的）”。

例如，“如果父母或祖父母患有活动性肺结核，常常会传染给孩子或家庭其他成员。”

（六）条件关系

这类复句，前面的分句提出条件，后边的分句说出结果。常用的关联词语有：“只有……才……”；“只要…… 就……”；“除非……才……”。

例如，“患者在抗结核治疗过程中， 通过定期查痰菌，才能检查并掌握抗结核药物的治疗效果。”.

（七）因果关系

这类复句，一般是前一个分句表示原因，后一个分句表示结果。

常用的关联词语有“因为……所以……”；“由于……因此……”；“因

而”等。

例如，“因为小腿肌肉内静脉丛的血栓形成，不影响小腿血液回流，所以患者起病较隐匿。”

有时候，表示原因的分句在后，表示结果的分句在前，分句用的关联词语是“之所以……是因为……”。

例如，“中医学认为，之所以引起静脉血栓，是因为气血瘀滞，阻滞气机，内外二因合并。”运用这种方式目的在于强调原因。

有时，也可用“既然……就……”表示由原因推论结果，或由结果推论原因。

例如，“既然这种工具书很好，买的人就一定很多（由因推果）。既然买的人这么多，这种工具书就一定很好（由果推因）。”

上面列举的复句，都是一层意义关系的复句，叫做一般复句。有些复句则不同，它们包含三个以上的分句，具有两层以上的意义关系，我们把这样的复句，叫做“多重复句”。

例如，“只要你把工作中的问题搞清弄懂并介绍给他人①，就可以促使自己知识和技能得到升华②，而且从中也得到乐趣③。”

这个复句，包含三个分句，有两个层次。分句①表示条件，分句②和③合成一个大分句表示结果，用“只要……就……”关联，这是 一层次。②和③分句是递进关系，用“而且”关联，这是第二个层次。这种包含两层关系的多重复句，叫“二重复句”，有的包含三层或四层关系的，就叫做“三重复句”或“四层复句”。

注意修辞表达方式

修辞是修饰文字词句，即采取各种表达方式使语言表达得更加准确和生动的方式。修辞主要有以下几种。

一、比喻

比喻可分为明喻、隐喻、借喻三种。

（一）明喻

明喻是本体、喻体和喻词都出现的比喻。

例如，“发炎的支气管近端，就像自行车胎的气门一样，形成一种单向的活瓣，气体只进不出，或者进多出少。”

（二）隐喻

隐喻也叫暗喻，是只出现本体和喻体而不用喻词的比喻。

例如，“马克·吐温是美国的一面镜子。”

（三）借喻

借喻是本体和喻词都不出现，直接把喻体当本体来说的比喻。

例如，“这轮晓日从我们民族历史的地平线上一跃而出，闪射着万道红光，照临到这个世界上。”

二、借代

不直接说出人或事物的名称，而是借用与它相关的事物名称去代替它。

例如，“他身边有一位美丽的白衣天使，在细心地照顾着他。”

三、比拟

根据想象，把物当作人来写叫做拟人，把人当作物来写叫做拟物。

例如，“他静静地站立着，像一尊雕像（拟物）。”

四、夸张

是故意“言过其实”，以突出事物某些特征。

例如，“他的嗓子像铜钟一样，十里地都能听见。”

五、双关

是借助语言或语句的关系，使语句同时关涉两种事物。它在表面上说的是这件事，实际上指的是另一件事，即言在此而意在彼。

例如，“东边日出西边雨，道是无晴却有晴（情）。”

六、对偶

结构相同或基本相同，字数相等，意义上密切相关的两个词组，成对地排列在一起。根据两个语句在意义上的关系，一般为正对、反对和串对三种。

例如，“墙上芦苇，头重脚轻根底浅；山间竹笋，嘴尖皮厚腹中空（正对）。”

“横眉冷对千夫指，俯首甘为孺子牛（反对）。”

除此而外，还有反复、衬托、排比、顶真（顶针）、粘连、反语、回环、设问、反问、仿词、摹绘、婉曲、对比等许多修辞形式，这里不再列举。

正确使用标点符号

标点符号是文章的重要组成部分，除了作为辅助文字记录书面语言，用来表示停顿、语气及标示语的性质和作用外，对准确表达意图、丰富内涵、活泼语言形式等，也具有非常重要的作用。从某种意义上说，标点符号运用是否正确、是否自如，是写作水平高低的重要体现之一。

一、标点符号的分类及作用

常用的标点符号分16种，有点号和标号两大类，其中点号7种，标号9种。

（一）点号

点号的作用在于点断，用来表示说话时的停顿和语气。点号有句末点号和句中点号两种。

（1）句末点号　包括句号（。）、问号（？）和叹号（！）三种。

（2）句中点号　包括逗号（，）、分号（；）、冒号（：）和顿号（、）四种。

（二）标号

标号的作用在于标明，主要标明语句的性质和作用。标号包括引号（分为单引号‘’和双引号“”两种）、括号（）、破折号（—）、着重号（.）、连接号（--）、间隔号（-）、书名号（《》）、专名号（_ _）、省略号（……）。

二、标点符号的使用

（一）句号

句号的一般形式为“。”。句号还有另外一种形式，即一个小圆点“.”，在医学科学文献中常常用到小圆点。下面说说句号的两种用法。

1. 用于陈述句末尾的停顿，一般用句号

例如，“医疗纠纷和医疗事故不是一回事。”

2. 在语气舒缓的祈使句末尾也用句号

例如，“口腔方面的疾病应挂口腔科号。”

（二）问号

问号的形式为“？”。

1. 疑问句末尾的停顿，用问号

例如，“高血压患者能吃鸡蛋吗？”

2. 反问句的末尾，也用问号

例如，“难道健康就是身体没有疾病吗？”

（三）叹号

叹号的形式为“！”。一般出现在感叹号中，表示感情强烈的句子末了的停顿。

1.感叹句末尾的停顿，用叹号

例如，“这位老先生的医德真高尚！”

2.语气强烈的祈使句末尾，也要用叹号

例如，“请您不要干扰医院的正常工作秩序！”

3.语气强烈的反问句末尾，也得用叹号

例如，“难道我们医务人员就没有自身的合法权益吗！”

（四）逗号

逗号的形式为“，”，逗号有时亦称逗点，表示一句话中间的一般性停顿。

1. 句子内部主语与谓语之间如需停顿，用逗号

例如，“医师的职责，就是解除患者的病痛。”

2. 句子内部动词与宾语之间如需停顿，用逗号

例如，“应该看到，科学需要一个人贡献出毕生的精力。”

3. 句子内部状语后边如需停顿，用逗号

例如，“对于医护人员来说，满足患者的需要是他们的天职。”

4. 复句内各分句之间的停顿，除了有时可以用分号外，都要用逗号

例如，“对待正常产妇和对待患者应该有所区别，要千方百计减轻她们的压力，让她们精神放松才是最重要的。”

（五）顿号

顿号的形式为“、”。句子内部并列词语之间的停顿，用顿号。

例如，“高烧、昏厥、抽搐等，都应该马上看急诊。”

（六）分号

分号的形式为“；”。

1.复句内部并列分句之间的停顿，用分号

例如，“代偿期患者一般可参加轻工作，活动量以不加重疲劳感和其他症状为度；失代偿期则以卧床休息为主，减少肝脏负荷和增加肝脏血流量，有利于肝细胞的修复。”

2.非并列关系（如转折关系、因果关系等）的多重复句，第一层的前后两部分之间，也要用分号

例如，“监测生命体征及病情的进展，要注意观察有无转移的症状和

体征；尤其要注意有无肝性脑病、食管静脉曲张破裂出血、癌结节破裂引起的急腹症、出血性休克等表现。”

3.分行列举的各项之间，也可以用分号

例如，“对于常年卧床的患者，建议应该做到以下几点：

●保持皮肤清洁，衣着避免使用对皮肤有刺激性的皂类或沐浴液，衣着宜柔软宽大；

●每日温水擦浴，避免水温过高；

●随时更换体位，防止局部组织长期受压，发生褥疮或感染；

●勤剪指甲，防止抓伤皮肤，指导患者用触摸或拍打的方式缓解瘙痒的感觉。”

（七）冒号

冒号的形式为“：”，通常表示提示语后的停顿或表示提示下文或总括上文。

1. 用在称呼语后边，表示提起下文

例如，“各省、自治区、直辖市卫生局：为了加强对病案首页标准化、程序化、规范化管理……”

2. 用在“说、想、是、证明、宣布、指出、透露、例如”等词语后边，表示提起下文

例如，“目前，实行电子病历的困难是多方面的，例如：有来自技术的，包括标准化的问题，格式化与非格式化的争论，XML数据库实现的效率问题等等。”

3. 用在总结性话语的后边，表示引起下文的分说

例如，“医疗事故分为四个等级：一级医疗事故、二级医疗事故、三级医疗事故和四级医疗事故。”

4. 用在需要解释的词语后边，表示引出解释或说明

例如，“一级医疗事故：造成患者中度残疾、器官组织损伤导致严重功能障碍。”

5. 总括性话语的前边，也可以用冒号，以总结上文

例如，“具有中央颞区棘波的良性儿童期癫痫、具有枕区发作的良性儿童癫痫病以及原发性阅读性癫痫：这些都属于特发性癫痫。”

（八）引号

引号表示文中引用的部分，有两种形式：双引号“”和单引号‘’。

1. 文章中直接引用的话，用引号标示

例如，中国科学院院士裘法祖教授指出：“凡是能减少组织损伤、有利于功能恢复的治疗措施都属于微创外科的范围，包括腔镜外科、内镜外科、定向引导外科、介入放射外科、远程医学、基因治疗等。”

2. 需要着重论述的对象，也要用引号标示

例如，医院信息系统就像是散布在全国各个角落的传感器，一旦有情况发生，卫生部或者CDC（疾病预防控制中心）的“突发公共卫生事件预警系统”就会发出不同级别的警报，并给出区域和原因。

3. 具有特殊含意的词语，也用引号标示

例如，在神经、精神疾病以及脑功能的研究中，代谢影响能准确了解正常情况下和疾病状态的神经细胞的活动以及代谢变化，并可用于研究不同的生理条件下刺激或思维活动状态大脑皮质的代谢情况，是大脑行为研究的重要方法，可谓是一种“活体自显影”。

4. 引号里面还需要用引号时，外面一层用双引号，里面一层用单引号

例如，患者朱某对现行医疗事故鉴定提出质疑说：“鉴定机构和被鉴定机构都在同一个地方，甚至鉴定人和被鉴定人都是‘一家人’，这怎么能保证鉴定的公正？”

（九）括号

又称括弧号、夹注号，为加在需注释文字的左右（上下）两旁的双对符号。括号的形式，除了圆括号“（）”外，还有方括号“［］”，六角括号“〔〕”和方头括号“【】”等形式。它们各自用途不同，不可混淆。下面具体说一下：

方括号“[ ]”用来标示行文中的补缺或订误、国际音标、参考文献等。

六角括号“〔 〕”用来标示公文编号中的发文年份，作者国籍、朝代等。

方头括号“【 】”常用来标示工具书的条目。

（十）破折号

表示话题或语气的转变，声音的延续等的符号。

破折号的形式为“——”，

1. 行文中解释说明的语句，使用破折号

例如，“临床诊断和治疗也不再局限于从体外所测量的指标和各种仪器测试数据来间接进行分析诊断，而是直接根据导致疾病的根本原因、基因突变或缺损情况来进行正确的诊断和直接治疗。”

2. 话题突然转变，用破折号标明

例如，“我在香港的公司干得挺开心。老板对我不错，工资也挺高——我能抽支烟吗？”张强对小王说。

3. 声音延长，象声词后用破折号

例如，“‘开——工——咯——’林子里传出我们伐木连小伙子的喊声”。

4. 事项列举分承，各项之前用破折号

例如，“非感染性肺炎可分为五项：

——化学性肺炎；

——放射性肺炎；

——过敏性肺炎；

——结缔组织病肺炎；

——药物性肺炎。”

（十一）省略号

又称删节号，它标志语言的省略。省略号的形式为“……”，六个小圆点，占两个字的位置。

1.引文的省略，用省略号标明

例如，“癫者，痴呆之状，或笑或涕，如醉如梦，言语无序，秽洁不知……”

2.列举的省略，用省略号标明

例如，“癫痫自限性发作与局灶性发作，全面性发作又可分为强直阵挛发作、典型失神发作、非典型失神发作、阵挛性发作、肌阵挛……”

3.说话断断续续，可以用省略号标示

例如，“我快疼死了……请您……救救我……”患者痛苦地说。

（十二）着重号

着重号的形式为“.”要求读者特别注意的字、词、句，用着重号标明。

例如，“当抽搐超过20分钟时，应立即采取急救措施。当患者持续状态发作超过10分钟，应开始药物治疗。”

（十三）连接号

连接号（—，——，-，~），表示连接、起止、流程的符号。

1.两个相关的名词构成一个意义单位，中间用连接号

例如，“复方氯化钠注射液，也称任-洛二氏溶液，用于医疗和哺乳动物生理学实验。”

2.相关的时间、地点或数目之间用连接号，表示起止

例如，“正常二尖瓣口面积4~6 cm^2。”

3.相关的字母、阿拉伯数字等之间，用连接号，表示产品型号

例如，“在太平洋地区，除了已建成投入使用的HAW-4和TPC-3海底光缆之外，又有TPC-4海底光缆投入运营。”

4.几个相关的项目表示递进式发展，中间用连接号

例如，“人类的发展可以分为古猿—猿人—古人—新人四个阶段。”

（十四）间隔号

间隔号的形式为“·”

1.外国人和某些少数民族人名内各部分的分界，用间隔号标示

例如，“海伦·凯勒”、“马克·吐温”。

2.书名与篇（章、卷）名之间的分界，用间隔号标示

例如，《金岸导诊丛书·脉管炎康复之路》。

（十五）书名号

书名号的形式为双书名号“《》”和单书名号“〈〉”两种。

1.书名、篇名、报纸名、刊物名等，用书名号标示

例如，“《糖尿病居家调养自疗金典（修订版）》由权威糖尿病专家教您糖尿病的饮食疗法、运动疗法等生活调养术及简便易操作的中医疗法。”

2.书名号里边还要用书名号时，外面一层用双书名号，里边一层用单书名号

例如，“《〈法定计量单位在医学上的应用〉内容提要》是由中华医学会编辑出版部撰写的。”

（十六）专名号

专名号的形式为“＿＿”。人名、地名、朝代名等专名下面，用专名号标示

例如，“清朝赵州诗人石道南曾写过一首描写鼠疫的诗。”

三、标点符号的占位

句号、问号、叹号、逗号、顿号、分号和冒号一般占一个字的位置，不出现在一行之首。引号、括号、书名号的前一半不出现在一行之末，后一半不出现在一行之首。破折号和省略号都占两个字的位置，中间不能断开。连接号和间隔号一般占一个字的位置。这四种符号上下居中。着重号、专名号标在字的下边，可以随字移行。

四、注意事项

（一）中、英文标点符号

中英文标点的异同点在于：

1.句号

中文是用下圆圈“。”，而英文句号用下圆点“.”。由于电脑录入排版时，会出现中英文切换时未加注意，或切换错误，中文句后误用英文

句号下圆点“.”的现象比较常见。而在参考文献著录中，中文参考文献未按规范要求误用中文句号“。”也比较常见。

2.顿号

中文有顿号，英文没有顿号。故英文并列句子之间一律用“，”（逗号），若用顿号便属错误。

3.省略号

中文省略号为6个点“……”，英文省略号为3个点“…”。

4.括号套用

中文往往圆括号外再套用方括号，英文则是圆括号外套用圆括号。

（二） 冒号使用要点

1.不要出现多级冒号套用的情况

最常见标题性文字后面用了冒号，在提示性文字中又使用冒号，有时甚至在行文中还使用冒号。如此套用冒号可能导致表述层次关系的混乱，文意表达不清，使读者难以理解。

2.不要滥用、误用冒号

如果冒号后出现大篇幅的文字叙述，其间虽有句号，却未能就此结束行文，就明显属于滥用、误用。冒号主要起提示下文和统领作用，当提示内容完成时，才可使用句号截止。

（三） 省略号

省略号前一般不宜紧接其他标点符号，也不可使用“等”的字样。

（四） 圆括号

夹注性圆括号不宜连续使用，一般只用一个圆括号，中间以逗号相连即可。

例如，肌内注射（曾用名：肌肉注射（简称：肌注）），应改为：肌内注射（曾用名：肌肉注射，简称：肌注）。

（五）并列成分之间的标点

词与词之间，词组与词组之间，句与句之间出现并列是很常见的。如果在这种并列成分中又出现二级并列，该如何处置呢？

遇此情况，首先应严格区分两级并列关系，防止混乱。可遵循外层次高于内层次，一级并列高于二级并列的原则处理。对于外层并列成分之间，用逗号分隔，内层并列成分之间则用括号分隔。还有一种解决方式，就是外层并列成分之间用分号，内层并列成分之间用逗号或顿号，形成分号、逗号、顿号逐渐递减的规律。

例如，“护理人员执行医嘱时要做到三查七对，三查即摆药后查，注射、处置前查，服药、注射、处置后查；七对即对姓名、床号、药名、剂量、浓度、时间和用法。”

（六）标点使用举例

1.正确区分和运用标题之间的标点

一般来说，汉字数字标题下角使用顿号“、”，如“一、”；阿拉伯数字标题下角用圆点“.”，如“1.”；括号内无论汉字数字标题或阿拉伯数字标题，均不用标点。

例如，（一）或（1）。

2.数码制标题序号末位数字后不用圆点“.”

例如，标题序号可标为“1.1”，不能为“1.1.”。

3.标点符号不能随意用

一些作者在手写稿中，应用标点符号不严肃，随意“标点”，导致审改稿件时很难准确把握文意，容易产生误解或歧见。

数字的用法

医学书稿中若涉及到表示时间、长度、质量、面积、容积等量值和数字代码时，应正确使用汉字和阿拉伯数字，并注意它们的区别。

一、数字使用的一般原则

1）统计表中的数值，如正负数、小数、百分比、分数、比例等，必须使用阿拉伯数字。

2）定型的词、词组、成语、惯用语、缩略语或具有修辞色彩的词语中作为语素的数字，必须使用汉字。例如，“二尖瓣封锁不全”、“桂枝茯苓丸”、“十二指肠溃疡”等。

3）对于有些情形，究竟是使用阿拉伯数字还是汉字，目前还不统一。比如年、月、日、物理量、非物理量、代码、代号中的数字等。一般来说，遇到这种情形，对于可以使用阿拉伯数字，特别是当所表示的数目很精确时，就都使用阿拉伯数字。如果情形特殊，或为避免歧解，可以灵活变通。但全篇应相对统一。

二、时间的表达

（一）应该使用阿拉伯数字的情况

1.公历世纪、年代、年、月、日应使用阿拉伯数字

例如，“2005年5月30日是第18个世界无烟日。”

注意：

1）具体年份一般不能简写，如1990年不应该简写为“九〇年”或“90年”。

2）引文著录、行文注释、表格、索引、年表等，可以在年、月、日之间使用半字线“-”，当月和日是个位数时，在十位上加“0”。如1998年4月30日和1999年10月1日可分别写作“1998 - 04 -30”和“1999 -10 -01”，仍读作1998年4月30日、1999年10月1日。

2.时、分、秒应使用阿拉伯数字

例如，“4时”、“17时40分（下午5点40分）”。必要时，可以采用每日 24小时计时制，时、分、秒的分隔符为冒号“：”，例如，“04：00（4时）”、“15：16：24（15时16分24秒）”。

（二）要求使用汉字的情况

1.中国干支纪年和夏历月日应使用汉字

例如，“丙寅年十月十五日”。

2.中国清代和清代以前的历史纪年、各民族的非公历纪年应使用汉字

注意这类纪年不应与公历月日混用，并应采用阿拉伯数字，在圆括号内标注公历。

例如，“秦文公四十四年（公元前722年）”。

3.含有月日简称表示事件、节日和其他意义的词组应使用汉字

如果涉及一月、十一月、十二月，应用间隔号“.”将表示月和日的数字隔开，并外加引号，避免歧义。涉及其他月份时，不用间隔号，是否使用引号，视事件的知名度而定。

例如，“一·二八事变”、“五一国际劳动节”、“八一建军节”等。

4.科技书稿和论文中，不允许使用时间代词

如本世纪、年、本月、昨天等，须将这些时间代词具体数字化。

三、物理量与非物理量数字

（一）物理量量值

物理量是用于定量描述物理现象的量，即科学技术领域里使用的表示长度、质量、时间、电流、热力学温度、物质的量和发光强度等的量。量值必须用阿拉伯数字，并正确使用法定计量单位符号。

例如，“600克”应写成“600 g”，“675.3千米”应写成“675.3 km”。

（二）非物理量数字

非物理量指日常生活中使用的量，一般数字后面跟有量词，如“45元”、“12天”、“67根”等。一般情况下，书稿中的非物理量应使用阿拉伯数字。例如“21.35元”、“11个月”。对于整数一至十是个特例。因为，按照中国人的书写和阅读习惯，如果不是出现在具有统计意义的一组数字中，非物理量的整数一至十可以用汉字，但要照顾到上下文，做到全

书统一。如“一天三餐”、“三种类型”、“分为五类”等。

四、多位整数与小数

（一）整数和小数的分节方法

科技书稿应从小数点起，向左和向右每三位数字一组，组间空1/4个汉字的字距。

例如，“3 145 228”、“1.692 75”。

（二）纯小数小数点前必须定位“0”

书稿中如果出现阿拉伯数字是纯小数时，小数点前必须以“0”定位，小数点用齐底线的黑圆点“.”。例如，“0.98”不得写成“.98”或“0・98”。

（三）尾数有多个“0”的整数

对于尾数有多个“0”的整数，其写法应遵守GB8170－87关于数值修约的规则，由作者灵活处置。

例如，“三亿四千五百万”可写成“345，000，000”，也可写成“34，500万”或“3.45亿”，但一般不得写作“3亿4千5百万”。

（四）数值巨大的精确数字

数值巨大的精确数字，为了便于定位读数或移行，作为特例，可以同时使用“亿、万”作为单位。

例如，“我国2000年第五次人口普查人数为12.95亿。”

五、数值范围的表示

用阿拉伯数字表示数值的范围，书写时应避免断开移行，中间使用浪纹式连接号“~”。

例如，“一般情况下，狂犬病的潜伏期为30~90天，并不是原来人们所认为的10年甚至更长的时间。当然由于人的个体差异，有极个别的人可能会有10年或者更长的潜伏期。”但是，当两个相邻的数值不可再分出中间数时，不宜用“？”号。

例如，“拍X线平片3 ~4张”应写作“3或4张”，或“拍X线平片三四张”，但不能写作“三、四张”，因为“张”在这里是不可分拆的。

六、概数和约数

1）相邻的两个数字并列连用表示概数时必须使用汉字，连用两个数字之间不得用顿号“、”隔开。

例如，“三四米”、“两三个小时”。

2）带有“几”字的数字表示约数，必须使用汉字。

例如，“几千”、“十几天”。

七、代号、代码和序号

部队番号、文件编号、证件号码和其他序号，使用阿拉伯数字。序数词即使是多位数也不能分节。

例如，“国家标准GB2312–80”，“国办发[1987]9号文件”，“维生素B_2”。

八、引文标注数字

引文标注中版次、卷次、页码，除古籍应与所据版本一致外，一般均使用阿拉伯数字。出版物中的阿拉伯数字，一般使用正体二分字身，即占半个汉字位置。

例如，“李少林.核医学.第5版.北京：人民卫生出版社，2002：52”。

名词术语

隔行如隔山，这里的“山”主要是指名词术语。外行者在听到一些专业术语和名词时，往往会听不出头绪，感觉云山雾罩一般。对于医学名词更是如此，因为医学名词对同一事物（药名）往往有多种叫法，以至于即使专业人员有时也会感到困惑不解。

为此，1985年国家正式成立了全国自然科学名词审定委员会，医学名词审定委员会组成了35个专业审定组，对医学名词进行了全面审定，并由科学出版社出版了《医学名词》系列丛书，这系列丛书就是医学名词术语使用时的依据，即医学名词术语规范。在编写医学新书或写作医学论文时，原则上应该以《医学名词》系列丛书中审定的名词作为依据，以纠正医学名词术语使用混乱的局面。

一、使用名词术语的基本要求

（一）名词术语要规范

医学书稿中的名词术语要规范，对于进行著作的编纂检索、传播医学知识，促进国内外学术交流，具有非常重要的意义。使用医学名词应以1989年及以后由全国自然科学名词审定会审定公布、科学出版社出版的《医学名词》和相关学科的名词为准，暂未公布者，仍以人民卫生出版社出版的《英汉医学词汇》为准。中西药名以《中华人民共和国药典》最新版本和中国药员会编写的《中国药品通用名称》为准，英文药物名称则采用非专利药名，不使用商品名。

应用医学名词，要注意依据定名原则的科学性、概念性及内涵等，不要主观臆想、编造及承旧沿用。也不要使用一些不规范的简称，如把“人工流产”写成“人流”、“梅毒性心脏病”写成“梅心病”等。

解剖学名词的第一个定名原则是部位器官定语在前，形态定语次之，动作主语紧靠主格名词。例如：“总胆管”应为“胆总管”，“提肛肌”应为“肛提肌”，“总伸指肌”应为“指总伸肌”，“总肝管”为“肝总管”；第二个原则是把以人名命名的解剖学名词废弃，例如，“浦肯野纤维”应改为“心肌传导纤维”，“俄狄括约肌”应改“胆道口括约肌”。

用人名构成的名词术语也有讲究，如果人名用单个汉字表示时，应加“氏”字，例如“布氏杆菌”而非“布杆菌”，“曼氏血吸虫”而非“曼血吸虫”；如果人名用两个或两个以上汉字，则不加“氏”字。例如，“革兰染色”不能写为“革兰氏染色”，“法洛四联症”不能写为“法洛氏四联症”，“卢戈液”不能写为“卢戈氏液”。

（二）名词术语要有科学性和纯概念性

医学名词应以医学概念为依据，要准确严格地反映所指事物的特征，名词术语要只包含具有明确的医学语义范围，而不含主观想象成分及象征意义。例如，“剖腹产→剖宫产”（→之后为正确术语，下同），“血红素→血红蛋白”，“红血球→红细胞”，“晶状体→晶体”，“溃疡病→消化性溃疡”，“组织胺→组胺”，“核黄疸→胆红素脑病”，“抗菌素→抗生素”，“食道→食管”，“糖元→糖原”，“神经原→神经元”，“淋巴腺→淋巴结”，“大脑皮层→大脑皮质”，“爱滋病→艾滋病”。

医学名词术语应名符其义，体现概念内涵的本质特征。例如，“心肌梗塞→心肌梗死”（→之后为正确术语，下同），“脑梗塞→脑梗死”，“疤痕→瘢痕”，“血液动力学→血流动力学”，“甲状腺机能亢进症→甲状腺功能亢进症”，“克隆病→克罗恩病”，“肝硬变→肝硬化”。

若在书稿中反复出现已有通用简称的名词时，首次出现时用全名附简称，如“流行性乙型脑炎（简称：乙脑）”、“冠状动脉粥样硬化性心脏病（简称：冠心病）”、“X线胸部透视（简称：胸透）”等，以后出现时可直接用简称。

对于就医者，书稿应统一用“患者”，不能使用“病人”或者“伤员”等不规范的用法。此外，要善于区分、正确使用“病”和“疾病”这两个不同概念的使用方法。对于特定的病，统称为“病”，如“炎症性肠病”；如果属于一组病，应该称为“疾病”，如“胰腺疾病”。

（三）避免口语化

医学书稿的语言要尽量规范，不能刻意的为了追求语言的生动和通俗，就动不动使用一些口语化语言，这不符合医学名词术语规范化的原则。

（四）正确使用外文名词

外文名词除专用名词（如人名、地名、学名等）外，一律使用小写，首次出现的外文名词缩写须写出全称。药品外文名称作为标题时，每个单词的首位字母须大写，而正文叙述中出现的药品名称一律小写。动植物的拉丁文学名为人名时，应使用斜体。学术专著和高级参考书中的外国人名，一般使用原文即可，不必译出。中、初级参考书及科普读物中的外国人名应译出，通用的译名，如“牛顿”、“门捷列夫”等不必加注外文。外国人名译成中文在书稿中第一次出现时，须加括号注明原外文名。有些文种，如希腊文、法文、德文等，须注明语种。

用外文缩写代替某一名词术语时，首次出现时要先写中文全称，紧接着在圆括号内写外文全称，用逗号分隔后写缩写，如“全膝关节成形术（total knee arthroplasty，TKA）”。外国人名一般采用英文原名，可不译成中文，英文人名按名前姓后的原则书写，如“P · Cray”，不可将外国人姓名中的名部分漏写，例如，不能写成“Cary”。

二、中医名词术语

（一）规范中医名词术语有十分重要的意义

中医名词术语中一直存在着术语不规范，概念模糊、名词术语混乱的现象。例如，胸痹、心痛、真心痛、胸痛、厥心痛、卒心痛、暴心痛等，同样一种病，各种说法都有，在临床上使用相当混乱。白疕，又称蛇虱、松皮癣、银屑病，相当于西医的牛皮癣；中医病名中也有“牛皮癣”，但并非西医所说的“牛皮癣”，是相当于西医的神经性皮炎。至于药名，则更为杂乱。这会给医生和患者带来很多不便。

所以，统一规范使用中医术语很重要。虽然医学界对“证”与“症”、“征”已有明确的区别，但中医界对“证”、“证候”概念的内涵，多年来一直认识不同。这种术语概念认识的差异，直接导致中医病证的命名、分类、诊断标准不统一。各研究单位开展的临床、实验研究结果很难相互交流、取得共识，很难推动中医研究的进步。

（二）中医名词术语要体现中医术语的特性

中医学具有很强的生命力，这种生命力来自于它所具有的独特理论体系和确切的临床疗效。中医独特的理论是由一些独特的概念构成的，而这些概念都是由中医术语来表述的，大多数中医名词术语形成于古代，有的甚至有数千年的历史，构成了自己的术语体系。概括而言，中医术语有四方面的特点。

1.历史性

中医药学成形于古代，具有一定的历史性，名词术语多为古代汉语，有时字即是词，如“气”；有时短句也视为一个词，如“木克土”、“肺主气”、“心开窍于舌”等；有的是古今词义的演变或者古文的现代表述。

2.人文性

中医学以生物学为基础，与人文哲学和理化数学等学科相互交融渗透。尤其是人文哲学，对古代中医学的影响，直接反映在名词术语上，诸如“阴阳”、“五行”、“母病及子、子病及母”之类。

3.定性描述

如实喘、虚喘、冷哮、热哮等。中医对病症的描述往往在定性方面，很少进行定量描述。

4.抽象的概念用具体的名词来表述

如五行的“木”、“火”、“土”、“金”、“水”、“木生火”、“火生土”、“木克土”、“火克金”等。

2000年，国家成立全国科学技术名词审定委员会中医药学名词审定委员会，负责中医药学科名词术语的规范与审定。2003 年，已完成中医药基本名词5 284个术语的规范，包括汉文名、英文名和注释。2004年底，相关内容由科学出版社出版，全国科学技术名词审定委员会公布。

三、药物名称及检验项目

中文药物名称以《中华人民共和国药典》和卫生部药典委员会编制的《英汉汉英药名词汇》为准。药典没有收载的品种，以《中国通用药品名称》为准，书稿中不要使用商品名。英文药物名称采用国际非专利药名。所用药物名称可参考人民卫生出版社出版的《新编药物学》和《中华人民共和国药典》。凡已公布淘汰的药物和检验项目，不能在书稿中出现。

法定计量单位

法定计量单位是强制性的，各行业、各组织都必须遵照执行，以确保单位的一致。我国的法定计量单位是以国际单位制（SI）为基础并选用少数其他单位制的计量单位来组成的，并以国家法令的形式和规定使用的计量单位。

国务院于1984年2月27日发布了“关于在我国统一实行法定计量单位的命令”，进一步统一了我国的计量制度，它涉及到国民经济的各行各业和人民生活的广大领域，特别在检测工作中，对于每一个量的检测结果及区别和确定其本质和属性，以及被测量值都离不开计量单位。

我国的法定计量单位（以下简称法定单位）包括：

◆国际单位制的基本单位。

◆国际单位制的辅助单位。

◆国际单位制中具有专门名称的导出单位。

◆国家选定的非国际单位制单位。

◆由以上单位构成的组合形式的单位。

◆由词头和以上单位所构成的十进倍数和分数单位、法定单位的定义、使用办法等，由国家计量局另行规定。

量、单位和符号必须使用国家标准GB3100-GB3102-93的规定，这是一个强制性标准。关于溶液浓度的表示，使用GB/T2001.4-2001的规定。

一、我国法定计量单位的组成

我国颁布的法定计量单位，包括下列两部分：

（一）国际单位制（SI制）

国际单位制的基本单位

量的名称	单位名称	单位符号
长度	米	m
质量	千克（公斤）	kg
时间	秒	s
电流	安（培）	A
热力学温度	开（尔文）	K
物质的量	摩（尔）	mol
发光强度	坎（德拉）	cd

注：基本量的主单位为基本单位，它是构成单位制中其他单位的基础，SI制选定上述七个基本量，详细定义，由于篇幅不作介绍。

国际单位制的辅助单位

量的名称	单位名称	单位符号
平面角	弧度	rad
立体角	球面度	sr

注：它既可以作基本单位使用，又可以作为导出单位使用。

国际单位制中具有专门名称的导出单位

量的名称	单位名称	单位符号	其他表示或例
频率	赫（兹）	Hz	s^{-1}
力、重力	牛（顿）	N	$kg \cdot m/s^2$
压力、压强、应力	帕（斯卡）	Pa	N/m^2
能、功、热	焦（耳）	J	$N \cdot m$
功率、幅（射能）通量	瓦（特）	W	J/s

续表

量的名称	单位名称	单位符号	其他表示或例
电荷（量）	库（仑）	C	A·s
电位、电压、电动势、电势	伏（特）	V	W/A
电容	法（拉）	F	C/V
电阻	欧（姆）	Ω	V/A
电导	西（门子）	S	A/V
磁通（量）	韦（伯）	Wb	V·s
磁通（量）密度，磁感应强度	特（斯拉）	T	Wb/m^2
电感	亨（利）	H	Wb/A
摄氏温度	摄氏度	℃	K
（光）通量	流（明）	lm	cd·sr
（光）照度	勒（克斯）	lx	lm/m^2
（放射性）活度	贝可（勒尔）	Bq	s^{-1}
吸收剂量	戈（瑞）	Gy	J/kg
剂量当量	希（沃特）	Sy	J/kg

注：导出单位是在选定了基本单位后，按物理量之间的关系，由基本单位用算式导出的单位。

用于构成十进倍数和分数单位的词头

所表示的因数	词头名称	符号表示	所表示的因数	词头名称	符号表示
10^{18}	艾（可萨）	E	10^{-1}	分	d
10^{15}	拍（它）	P	10^{-2}	厘	c
10^{12}	太（拉）	T	10^{-3}	毫	m
10^{9}	吉（咖）	G	10^{-6}	微	μ
10^{6}	兆	M	10^{-9}	纳（诺）	n
10^{3}	千	k	10^{-12}	皮（可）	p
10^{2}	百	h	10^{-15}	飞（母托）	f
10^{1}	十	da	10^{-18}	阿（托）	a

注：（1）10^4称万，10^8称亿，10^{12}为万亿，这类数词的使用不受词头名称的影响，但不应与词头混淆。

（2）词头不能重叠使用，如毫微米（mμm），应改用纳米（nm）；微微法拉，应改用皮法（PF）。词头也不能单独使用，如15微米不能写成15 m。

（3）倍数、分数单位的词头如何正确选取？一般应使量的数值处于0.1~1 000范围之内。如1.2×10^4 N（牛顿），词头应选用k（10^3）写成12 kN，也不能选用M（10^6），写成0.012MN。又如0.003 94 m应写成3.94 mm；11 401 Pa应写成11.401 kPa；又如3.1×10^{-9}s（秒），词头应选取n（10^{-9}）写成31 ns（纳秒），也不能写成词头P（10^{-12}）3 100 Ps。

（4）但在一些场合中习惯使用的单位可不受数值限制。如机械制图中长度单位全部用毫米（mm）；导线截面积单位用平方毫米（mm^2），国土面积用平方千米（km^2）等。

（二）我国选定的非国际单位制单位

国家选定的非国际单位制单位

量的名称	单位名称	单位符号	换算关系和说明
时间	分	min	1 min=60 s
	（小）时	h	1 h=60 min=3 600 s
	天（日）	d	1 d=24 h
	年	a	1 a=365 d
平面角	（角）秒	（″）	1″ =（π/648 000）rad
	（角）分	（′）	1′ =60″
	度	（°）	1° =60′
旋转速度	转每分	r/min	1 r/min=（1/60）s^{-1}
长度	海里	n mile	1n mile=185 2 m（只用于航程）
速度	节	kn	1 kn =1 n mile/h =（1 852/3 600） m/s（只用于航行）

续表

量的名称	单位名称	单位符号	换算关系和说明
质量	吨	t	1 t=10^3 kg
体积	升	L（l）	1 L=1 dm^3=10^{-3} m^3
级差	分贝	dB	

注：（1）周、月为一般常用时间单位。

（2）角度单位度、分、秒的符号不处于数字后时，用括弧。（说明一点，有些教师在试卷卷面对考题的标注分值用”表示，是不妥的。如15”，应15分）。

（3）“升”的符号中，小写字母l为备用符号。

（4）人民生活和贸易中，质量习惯为重量。

二、组合单位

组合单位就是由不同单位构成的组合形式的单位，也就是说指由两个或两个以上的单位用相乘、相除的形式组合而成的新单位。构成组合单位可以是国际单位制单位和国家选定的非国际制单位，也可以是它们的十进倍数或分数单位。如：

电量　　单位量千瓦小时（kwh）

应力　　单位量牛顿/毫米^2（N/mm^2）

量浓度　　SI制单位为mol/m^3；分析化学中常用 mol/dm^3；习惯上用法定单位mol/L或mol/1都可以。

力矩　　单位量“牛顿米”，符号应为N·m，而不宜写成m·N，以免误解为毫牛顿。

热导率　　单位量W/k·m不能写W/k/m。

20摄氏度　单位量符号为20℃，但不能写成并读成“摄氏20度”。

30 km/h　　应读成“三十千米每小时”。

习惯使用的统计单位，如万公里可记为“万km”或“10^4km”万吨公里可记为“万t·km”或“10^4t·km”。

不得使用重叠的词头。如λ 230nm不应该写成230mmm。

凡是通过相乘构成的组合单位在加词头时，应加在组合单位中的第一单位之前，如，力矩N·m，加词头k，应写成kN·m，不写成N·km。

三、法定计量单位常见使用差错

法定计量单位常见使用差错

量名称	单位名称	正确表示		错误表示	
		符号	中文符号	符号	中文符号
长度	米	m	米	M	
	千米	km	千米	KM	
	厘米	cm	厘米	CM	
	毫米	mm	毫米	MM，m/m	
	微米	μm	微米	um	
	纳米	nm	纳米	mm，mmm	
	皮米	pm	皮米		
面积	平方米	m^2	米^2	M^2	米平方，平米
	平方千米	km^2	千米^2	KM^2	千米平方，平方公里
	平方厘米	cm^2	厘米^2	CM^2	厘米平方，平方公分
体积 容积	立方米	m^3	米^3	M^3	方，立方，立米，米立方
	立方厘米	cm^3	厘米^3	CM^3，CC	厘米立方，西西
	升	L，(*l*)	升		公升，立升
质量	千克（公斤）	kg	千克	KG	
	克	g	克	gr，gm，G	
	吨	t	吨	T	公吨
力	牛顿	N	牛	n	牛顿
	兆牛顿	MN	兆牛	mN	兆牛顿

续表

量名称	单位名称	正确表示		错误表示	
		符号	中文符号	符号	中文符号
重力	千牛顿	kN	千牛	kn	千牛顿
	毫牛顿	mN	毫牛	MN	毫牛顿
压力	帕斯卡	Pa	帕	PA mmHg柱 mmH_2O柱 atm	毫米汞柱 毫米水柱 大气压
时间	秒	s	秒	S，（″）	
	分	min	分	（′）	
	小时	h	小时	hr，H	
	天（日）	d	天（日）	D	
	年	a	年	y，yr	
角度	弧度	rad	弧度	Rad	
	度	（°）	度		
	角分	（′）	分		
	角秒	（″）	秒		
	球面度	sr	球面度	Sr	度
速度	节	kn	节	K×N	
	米每秒	m/s	米/秒	M/S	秒米·每秒米
	千米每小时	km/h	千米/时	KM/H	千米/小时
温度	开尔文	K	开	° K	度，开尔文，开氏度
	摄氏度	℃	℃	（°），deg	度
功能	焦耳	J	焦		焦耳
				KJ	千焦耳
				Kcal	1 kcal=4.17 kJ
				erg	1 erg=10^{-7} J
	电子伏特	eV	电子伏		伏
	千瓦小时	kwh	千瓦时	KW×H hp×h （马力小时）	度1 hp×h=2.65×10^6 J
功率	瓦特	W	瓦		
	电流	A	安	amp，Amp	安培

四、计最单位常用换算术语

（一）摩尔

摩尔，旧称克分子、克原子，是国际单位制7个基本单位之一，表示物质的量，符号为mol。每摩尔任何物质含有阿伏加德罗常数（约6.02×10^{23}）个微粒。使用摩尔时基本微粒应予指明，可以是原子、分子、离子及其他粒子，或这些粒子的特定组合体。

物质的量与质量无直接关系，因此，物质量的单位与质量的单位之间没有换算关系。当摩尔质量M用“g/mol”作为单位表达某种基本摩尔质量时的数值，与用原子质量单位u作为单位表达该基本单元的质量m时的数值相等，也与该分子（原子）的相对分子质量Mr（相对原子质量Ar）相等。

例如，M（H_2O）=18 g/mol；m（H_2O）=18u；Mr（H_2O）=18。

（二）含量

特定物质中所包含的某种成分的量。含量不属于物理量，不暗指和代表某一特定量，只能用于定性的表述。与含量经常同时出现的还有“ppm”、“pphm”、“ppb”、“ppt”，它们不是量的单位和名称，也不是单位符号，仅仅是一种表示数量份额的英文名词的缩写，不能作为计量单位出现。

（三）浓度

国家标准规定，只有物质的量的浓度才能称为浓度。浓度是以1升溶液中所含溶质的摩尔数表示的浓度。以单位体积里所含溶质的物质的量（摩尔数）来表示溶液组成的物理量，称为该溶质的摩尔浓度，又称该溶质的物质的量浓度。浓度作为量的名称单位单独使用时，只代表物质的量浓度。

例如，“NaCl的质量浓度为200 g/L”，如果说成“NaCl的浓度为200 g/L”，就是错误的。因此，过去经常用来表示溶液组成浓度的单位，如当量浓度（N）、克分子浓度或摩尔浓度（M）、重量百分浓度、体积百分浓度、重量体积百分浓度及重量克分子浓度等，都是不标准的，都是滥用的行为。

五、有关法定计量单位及国际单位应用中的几项规定

1）各种计量单位在书写时，一律须采用国际符号或外文符号。在叙述性文字中，单位名称及单位符号均可使用。

2）单位符号的大写小写必须按照规定。一般来源于人名者，第一字母用大写，其余都小写；升的符号在单独使用时大写（L），与词头组合时用小写，如ml，μl等。

3）单位符号后边一律不加小圆点。如kg，mg，g，m等，不可写成kg.mg.g.m.。

4）由两个以上单位相乘所构成的组合单位，其中文符号应用居中圆点代表乘号，国际符号可用居中圆点，也可不用居中圆点；单位的先后次序安排应防止误解；如力矩单位“牛顿米”；又如“米每秒”可写成m/s，不可用ms^{-1}，以免误解为“每毫秒”。

5）密度单位kg/m^3的名称是“千克每立方米”，体积单位dm^3名称是立方分米，摄氏温度单位如20℃应读作“20摄氏度”，不可读作“摄氏20度”，30 km/h应读成“30千米每小时”。在一组合单位中，用以表示相除的斜线不得多于一条，如药物剂量单位可用mg/（kg·d），而不可写mg/kg/d。

6）选用ISU单位的倍数单位或分数单位，一般应使量的数值处于0.1～1 000范围内，例如，1.2×10^{4} m可写成12 km，0.003 59 g可写成3.59 mg，11 543 Pa可写成11.543 kPa，3.1×10^{-8} s可写成31 ns。

7）不得使用重叠词头，如可用mm，nm，ml，μl，但不可用mμm，mμg，μμg，μμl等。

8）以乘或除构成的组合单位在加词头时，词头通常加在组合单位的第一个单位前，如mmol/L，不用mol/ml。一般不在组合单位的分子分母中同时采用词头，所以ISU不用mg/ml或g/dl这样的组合单位。亿、万等是我国习惯数词，仍可应用。因为它们不算词头，故“青霉素”100万u/dl的写

法目前是允许的。

9）三位以上大数或三位以下小数每3位数间不用逗号区分，而改用4开空隙分隔。如6，800，100写作6 800 100，0.001，456写作0.001 456。通常4位数可不留空隙，如4 300可写作4 300。

10）摄氏度和非十进制单位，如时间与平面角单位，不得用ISU词头构成倍数单位与分数单位。

11）非十进制单位一般在非整数数值中应用分数而不得采用小数表示，如半小时写作1/2 h而不可写0.5 h。

12）物质的量浓度（简称浓度）单位 今后用mol/L、mmol/L等表示，以取代过去习用的Eq、mEq、g、mg为分子，dl、ml、μl为分母的表示方式，但血浆蛋白质及血红蛋白含量用g/L表示。物质的分子量尚未清楚的，仍可用原单位。M及N均不可用。

附录一　第一批异形词整理表

规范化词	非规范化词
A	
按捺	按纳
按语	案语
B	
百废俱兴	百废具兴
百叶窗	百页窗
斑白	班白、颁白
斑驳	班驳
孢子	胞子
保镖	保镳
保姆	保母、褓姆
辈分	辈份
本分	本份
笔画	笔划
毕恭毕敬	必恭必敬
编者按	编者案
扁豆	萹豆、稨豆、藊豆
标志	标识
鬓角	鬓脚
秉承	禀承
补丁	补靪、补钉

续表

规范化词	非规范化词
C	
参与	参预
惨淡	惨澹
差池	差迟
掺和	搀和
掺假	搀假
掺杂	搀杂
铲除	刬除
徜徉	倘佯
车厢	车箱
彻底	澈底
沉思	沈思
称心	趁心
成分	成份
澄澈	澄彻
侈靡	侈糜
筹划	筹画
筹码	筹马
踌躇	踌蹰
出谋划策	出谋画策
喘吁吁	喘嘘嘘
瓷器	磁器
赐予	赐与
粗鲁	粗卤
D	
搭档	搭当、搭挡
搭讪	搭赸、答讪

续表

规范化词	非规范化词
答复	答覆
戴孝	带孝
担心	耽心
担忧	耽忧
耽搁	担搁
淡泊	澹泊
淡然	澹然
倒霉	倒楣
低回	低徊
凋敝	雕敝、雕弊
凋零	雕零
凋落	雕落
凋谢	雕谢
跌宕	跌荡
跌跤	跌交
喋血	蹀血
叮咛	丁宁
订单	定单
订户	定户
订婚	定婚
订货	定货
订阅	定阅
斗拱	枓拱、枓栱
逗留	逗遛
逗趣儿	斗趣儿
独角戏	独脚戏
端午	端五

续表

规范化词	非规范化词
E	
二黄	二簧
二心	贰心
F	
发酵	酦酵
发人深省	发人深醒
繁衍	蕃衍
吩咐	分付
分量	份量
分内	份内
分外	份外
分子	份子
愤愤	忿忿
丰富多彩	丰富多采
风瘫	疯瘫
疯癫	疯颠
锋芒	锋铓
服侍	伏侍、服事
服输	伏输
服罪	伏罪
负隅顽抗	负嵎顽抗
附会	傅会
复信	覆信
覆辙	复辙
G	
干预	干与
告诫	告戒
耿直	梗直、鲠直

续表

规范化词	非规范化词
恭维	恭惟
勾画	勾划
勾连	勾联
孤苦伶仃	孤苦零丁
辜负	孤负
古董	骨董
股份	股分
骨瘦如柴	骨瘦如豺
关联	关连
光彩	光采
归根结底	归根结柢
规诫	规戒
鬼哭狼嚎	鬼哭狼嗥
过分	过份
H	
蛤蟆	虾蟆
含糊	含胡
含蓄	涵蓄
寒碜	寒伧
喝彩	喝采
喝倒彩	喝倒采
轰动	哄动
弘扬	宏扬
红彤彤	红通通
宏论	弘论
宏图	弘图、鸿图
宏愿	弘愿
宏旨	弘旨

续表

规范化词	非规范化词
洪福	鸿福
狐臭	胡臭
蝴蝶	胡蝶
糊涂	胡涂
琥珀	虎魄
花招	花着
划拳	豁拳、搳拳
恍惚	恍忽
辉映	晖映
溃脓	殨脓
浑水摸鱼	混水摸鱼
伙伴	火伴
J	
机灵	机伶
激愤	激忿
计划	计画
纪念	记念
寄予	寄与
夹克	茄克
嘉宾	佳宾
驾驭	驾御
架势	架式
嫁妆	嫁装
简练	简炼
骄奢淫逸	骄奢淫佚
角门	脚门
狡猾	狡滑
脚跟	脚根

续表

规范化词	非规范化词
叫花子	叫化子
精彩	精采
纠合	鸠合
纠集	鸠集
就座	就坐
角色	脚色
K	
克期	刻期
克日	刻日
刻画	刻划
阔佬	阔老
L	
褴褛	蓝缕
烂漫	烂缦、烂熳
狼藉	狼籍
榔头	狼头、鎯头
累赘	累坠
黧黑	黎黑
连贯	联贯
连接	联接
连绵	联绵
连缀	联缀
联结	连结
联袂	连袂
联翩	连翩
踉跄	踉蹡
嘹亮	嘹喨
缭乱	撩乱

续表

规范化词	非规范化词
伶仃	零丁
囹圄	囹圉
溜达	蹓跶
流连	留连
喽啰	喽罗、偻儸
鲁莽	卤莽
录像	录象、录相
络腮胡子	落腮胡子
落寞	落漠、落莫
M	
麻痹	痲痹
麻风	痲风
麻疹	痲疹
马蜂	蚂蜂
马虎	马糊
门槛	门坎
靡费	糜费
绵连	绵联
腼腆	靦覥
模仿	摹仿
模糊	模胡
模拟	摹拟
摹写	模写
摩擦	磨擦
摩拳擦掌	磨拳擦掌
磨难	魔难
脉脉	眽眽
谋划	谋画

续表

规范化词	非规范化词
N	
那么	那末
内讧	内哄
凝练	凝炼
牛仔裤	牛崽裤
纽扣	钮扣
P	
扒手	掱手
盘根错节	蟠根错节
盘踞	盘据、蟠踞、蟠据
盘曲	蟠曲
盘陀	盘陁
磐石	盘石、蟠石
蹒跚	盘跚
彷徨	旁皇
披星戴月	披星带月
疲沓	疲塌
漂泊	飘泊
漂流	飘流
飘零	漂零
飘摇	飘飖
凭空	平空
Q	
牵连	牵联
憔悴	蕉萃
清澈	清彻
情愫	情素

续表

规范化词	非规范化词
拳拳	惓惓
劝诫	劝戒
R	
热乎乎	热呼呼
热乎	热呼
热衷	热中
人才	人材
日食	日蚀
入座	入坐
S	
色彩	色采
杀一儆百	杀一警百
鲨鱼	沙鱼
山楂	山查
舢板	舢舨
艄公	梢公
奢靡	奢糜
申雪	伸雪
神采	神彩
湿漉漉	湿渌渌
什锦	十锦
收服	收伏
首座	首坐
书简	书柬
双簧	双镄
思维	思惟
死心塌地	死心踏地

续表

规范化词	非规范化词
T	
踏实	塌实
甜菜	恭菜
铤而走险	挺而走险
透彻	透澈
图像	图象
推诿	推委
W	
玩意儿	玩艺儿
魍魉	蝄蛃
诿过	委过
乌七八糟	污七八糟
无动于衷	无动于中
毋宁	无宁
毋庸	无庸
五彩缤纷	五采缤纷
五劳七伤	五痨七伤
X	
息肉	瘜肉
稀罕	希罕
稀奇	希奇
稀少	希少
稀世	希世
稀有	希有
翕动	噏动
洗练	洗炼
贤惠	贤慧
香醇	香纯

续表

规范化词	非规范化词
香菇	香菰
相貌	像貌
潇洒	萧洒
小题大做	小题大作
卸载	卸儎
信口开河	信口开合
惺忪	惺松
秀外慧中	秀外惠中
序文	叙文
序言	叙言
训诫	训戒
Y	
压服	压伏
押韵	压韵
鸦片	雅片
扬琴	洋琴
要么	要末
夜宵	夜消
一锤定音	一槌定音
一股脑儿	一古脑儿
衣襟	衣衿
衣着	衣著
义无反顾	义无返顾
淫雨	霪雨
盈余	赢余
影像	影象
余晖	余辉
渔具	鱼具

续表

规范化词	非规范化词
渔网	鱼网
与会	预会
与闻	预闻
驭手	御手
预备	豫备
原来	元来
原煤	元煤
原原本本	源源本本、元元本本
缘故	原故
缘由	原由
月食	月蚀
月牙	月芽
芸豆	云豆
Z	
杂沓	杂遝
再接再厉	再接再砺
崭新	斩新
辗转	展转
战栗	颤栗
账本	帐本
折中	折衷
这么	这末
正经八百	正经八摆
芝麻	脂麻
肢解	支解、枝解
直截了当	直捷了当、直接了当
指手画脚	指手划脚
周济	赒济

续表

规范化词	非规范化词
转悠	转游
装潢	装璜
孜孜	孶孶
姿势	姿式
仔细	子细
自个儿	自各儿
佐证	左证

附录二 mmHg与kPa换算表

mmHg	kPa	mmHg	kPa
1	0.133	21	2.80
2	0.267	22	2.93
3	0.400	23	3.07
4	0.533	24	3.20
5	0.667	25	3.33
6	0.800	26	3.47
7	0.933	27	3.60
8	1.07	28	3.73
9	1.20	29	3.87
10	1.33	30	4.00
11	1.47	31	4.13
12	1.60	32	4.27
13	1.73	33	4.40
14	1.87	34	4.53
15	2.00	35	4.67
16	2.13	36	4.80
17	2.27	37	4.93
18	2.40	38	5.07
19	2.53	39	5.20
20	2.67	40	5.33

续表

mmHg	kPa	mmHg	kPa
41	5.47	68	9.06
42	5.60	69	9.20
43	5.73	70	9.33
44	5.87	71	9.46
45	6.00	72	9.60
46	6.13	73	9.73
47	6.27	74	9.86
48	6.40	75	10.0
49	6.53	76	10.1
50	6.67	77	10.3
51	6.80	78	10.4
52	6.93	79	10.5
53	7.07	80	10.7
54	7.20	81	10.8
55	7.33	82	10.9
56	7.47	83	11.1
57	7.60	84	11.2
58	7.73	85	11.3
59	7.87	86	11.5
60	8.00	87	11.6
61	8.13	88	11.7
62	8.26	89	11.9
63	8.40	90	12.0
64	8.53	91	12.1
65	8.66	92	12.3
66	8.80	93	12.4
67	8.93	94	12.5

续表

mmHg	kPa	mmHg	kPa
95	12.7	144	19.2
96	12.8	146	19.5
97	12.9	148	19.7
98	13.1	150	20.0
99	13.2	152	20.3
100	13.3	154	20.5
102	13.6	156	20.8
104	13.9	158	21.1
106	14.1	160	21.3
108	14.4	162	21.6
110	14.7	164	21.9
112	14.9	166	22.1
114	15.2	168	22.4
116	15.5	170	22.7
118	15.7	172	22.9
120	16.0	174	23.2
122	16.3	176	23.5
124	16.5	178	23.7
126	16.8	180	24.0
128	17.1	182	24.3
130	17.3	184	24.5
132	17.6	186	24.8
134	17.9	188	25.1
136	18.1	190	25.3
138	18.4	192	25.6
140	18.7	194	25.9
142	18.9	196	26.1

续表

mmHg	kPa	mmHg	kPa
198	26.4	250	33.3
200	26.7	252	33.6
202	26.9	254	33.9
204	27.2	256	34.1
206	27.5	258	34.4
208	27.7	260	34.7
210	28.0	262	34.9
212	28.3	264	35.2
214	28.5	266	35.5
216	28.8	268	35.7
218	29.1	270	36.0
220	29.3	272	36.3
222	29.6	274	36.5
224	29.9	276	36.8
226	30.1	278	37.1
228	30.4	280	37.3
230	30.7	282	37.6
232	30.9	284	37.9
234	31.2	286	38.1
236	31.5	288	38.4
238	31.7	290	38.7
240	32.0	292	38.9
242	32.3	294	39.2
244	32.5	296	39.5
246	32.8	298	39.7
248	33.1	300	40.0

附录三　常用标准医学名词

标准名称	旧名词
唐氏综合征	21三体综合征
艾迪生病	阿狄森病
巴宾斯基征	巴彬斯基征
白细胞	白血球
棘球蚴病	包虫病
鼻出血	鼻衄
壁腹膜	壁层腹膜
盆内脏神经	勃起神经
布鲁津斯其征	布鲁金斯其征
侧支循环	侧枝循环
肺尘埃沉着病	尘肺
成人型呼吸窘迫综合征	成年人呼吸窘迫综合征
神经垂体	垂体后叶
腺垂体	垂体前叶
低氧血症	低血氧症
癫痫	癫痫
注意缺陷障碍	儿童多动症，脑功能轻微失调
耳郭	耳廓
二尖瓣关闭不全	二尖瓣闭锁不全
法洛四联症	法乐四联症

续表

标准名称	旧名词
反胃	返胃
肺梗死	肺梗塞
卫氏并殖吸虫病	肺吸虫病
失用性	废用性
分枝杆菌	分支杆菌
樊尚咽峡炎	奋森咽峡炎
腹股沟管深环	腹股沟管腹环
腹股沟管浅环	腹股沟管皮下环
三酰甘油	甘油三酯
肝（脾）大	肝（脾）肿大
肝硬化	肝硬变
戈谢病	高雪病
原发性高血压	高血压病
骨盆下口	骨盆出口
骨盆上口	骨盆入口
期前收缩	过早搏动、早搏
海马旁回	海马回
霍奇金病	何杰金病
血细胞比容	红细胞压积
红细胞	红血球
维生素C缺乏病	坏血病
基底核	基底节
甲状腺功能亢进	甲状腺机能亢进
上肢带骨	肩带骨
结缔组织疾病	胶原疾病
局限性肠炎	节段性肠炎

续表

标准名称	旧名词
结核球	结核瘤
小脑上脚	结合臂
精囊	精囊腺
智力低下	精神发育迟缓
颈前区	颈前三角
咳痰	咯痰
距小腿关节	踝关节
抗生素	抗菌素
抗感染治疗	抗炎治疗
抗结核	抗痨
库欣病	柯兴病
库欣综合征	柯兴综合征，皮质醇增多综合征
咯血	咳血
花粉病	枯草热，季节性变应性鼻炎
郎汉斯巨细胞	朗罕巨细胞
老视	老花
阿尔茨海默病	老年前期痴呆
腹股沟镰	联合腱
磷脂酰胆碱	卵磷脂
隐静脉裂孔音	卵圆窝啰音
马方综合征	马凡综合征
真菌	霉菌
每分通气量	每分钟通气量
梅克尔憩室	美克尔憩室
梅尼埃病	美尼尔病
弥散性血管内凝血	弥漫性血管内凝血

续表

标准名称	旧名词
泌尿器	泌尿器官
文氏型房室传导阻滞	莫氏Ⅰ型房室传导阻滞
猪囊尾蚴病	囊虫病（俗称）
细粒棘球蚴病	囊型包虫病
脑梗死	脑梗塞
小脑中脚	脑桥臂
胸腔积液	胸水
脑出血	脑溢血
内镜	内窥镜
黑热病	内脏利什曼病
自主神经系统	内脏神经系统，植物神经系统
本周蛋白尿	凝溶蛋白尿
牛带绦虫病	牛肉绦虫病
浅筋膜	皮下筋膜
剖宫产术	剖腹产术
巩膜血管膜部	葡萄膜部
呼吸道阻力	气道阻力
虹膜角膜角	前房角
虹膜角膜角隙	前房角隙
慢性淋巴细胞性甲状腺炎	桥本病
脑桥	桥脑
延髓性麻痹	球麻痹
精曲小管	曲细精管
去皮质强直	去大脑强直
妊娠高血压综合征	妊娠中毒症
松弛性瘫痪	软瘫

续表

标准名称	旧名词
层析	色谱法
腹上区	上腹部
肾衰竭	肾功能衰竭
失声	失音
十二指肠壶腹部	十二指肠球部
石棉沉着病	石棉肺
食管	食道
食欲缺乏	食欲不振
前磨牙	双尖牙
无效腔	死腔
糖类	碳水化合物
糖原	糖元
直立性低血压	体位性低血压
听力图	听力曲线
通气增强	通气过度
放射性核素	同位素
展神经	外展神经
单核吞噬细胞系统	网状内皮系统
假膜	伪膜
促胃液素	胃泌素
硅沉着病	矽肺
精神卫生	心理卫生
心律失常	心律紊乱
心前区导联	心前导联
心排血量	心输出量
心脏停搏	心跳停止，心脏停跳

续表

标准名称	旧名词
心包脏层	心外膜
心脏按压	心脏挤压
心脏压塞	心脏填塞，心包填塞
胸廓上口	胸廓入口
血管升压素	血管加压素，抗利尿激素
血红蛋白	血色素
血流动力学	血液动力学
盐皮质激素	盐皮质类固醇
药源性	药原性
癔症	癔病
痉挛性瘫痪	硬瘫
右淋巴导管	右胸导管
淋巴母细胞	原淋巴细胞
脏腹膜	脏层腹膜
帕金森病	震颤麻痹
加压呼吸	正压呼吸
精直小管	直细精管
植物状态	植物人
自主神经系统	植物神经系统
脑卒中	中风
脐区	中腹部
周期性瘫痪	周期性麻痹
猪带绦虫病	猪肉绦虫病
翻译（遗传学）	转译
发绀	紫绀
子痫	子痫

附录四　常用临床检验缩略语

符号	名称及解释
A	清蛋白、白蛋白
A-aDO_2	肺泡气-动脉氧分压差
AB	实际碳酸氢盐
ACD	枸橼酸葡萄糖
ACE	乙酰胆碱酯酶；血管紧张素转化酶
Acet	丙酮
ACH	肾上腺皮质激素；乙酰胆碱
ACP	酸性磷酸酶
ACTH	促肾上腺皮质激素
ADH	抗利尿激素
AFP	甲胎蛋白
A/G	清球蛋白比值
AH(AHD)	抗透明质酸酶
AHF	[凝血]因子Ⅷ（抗血友病因子）
AICF	自身免疫性补体结合反应
ALD	醛固酮；醛缩酶
ALP	碱性磷酸酶
ALT	丙氨酸氨基转移酶
AMA	抗线粒体抗体、抗心肌抗体
AMY	淀粉酶
ANA	抗核抗体
anti-AChR	抗乙酰胆碱受体
anti-ds DNA	双螺旋DNA抗体

续表

符号	名称及解释
ApoA-1	载脂蛋白A-1
ApoB	载脂蛋白B
ASLO(ASO)	抗链球菌溶血素“O”
AST	天冬氨酸氨基转移酶
AT-Ⅲ	抗凝血酶Ⅲ
ATG	抗破伤风球蛋白
ATR	活性T玫瑰花结
B	嗜碱性细胞
BAO	基础胃酸排泌量
BB	缓冲碱
BD	碱不足（碱缺乏）
BE	剩余碱（碱过量）
BF	血流量
BG	血糖
BLC	血培养
BMR	基础代谢率
BR	胆红素，出生率
BS	贝赫切特综合征
BSA	体表面积
BT	出血时间，血型
BUA	血尿酸
BUN	血尿素氮
C	清除率
C1~C9	补体1至补体9
CA	儿茶酚胺
CA_{125}	糖类抗原125（卵巢癌、子宫内膜癌时明显增高）
CCK	缩胆囊素
CCr	肌酸酐清除率
CD_4/CD_8	CD_4/CD_8比值
CEA	癌胚抗原

续表

符号	名称及解释
Ceph	脑磷脂
CFT	补体结合试验
CFU	集落生成单位
CH	胆固醇
CH_{50}	50%补体溶血单位
ChE	胆固醇酯
CHE	胆碱酯酶
CI	心脏指数；血色指数
CO	心排血量
$C(a-V)O_2$	动脉-静脉血氧含量差
CO_2CP	二氧化碳结合力
CPK	肌酸磷酸激酶
C/P ratio	胆固醇与磷脂比率
CRPT	C反应蛋白试验
CRT	血块收缩时间
CSF	脑脊液
CT	凝血时间
CVP	中心静脉压
DAPT	直接凝集妊娠试验
DB	直接胆红素
DC	（白细胞）分类计数
Di	核异常指数
D/N	（尿中）葡萄糖与氮之比
E	嗜酸性粒细胞
E_1	雌酮
E_2	雌二醇
ECV	细胞外容积
EF	射血分数
ELISA	酶联免疫吸附试验
ESR	红细胞沉降率（血沉）

续表

符号	名称及解释
FⅧ：C	[凝血]因子Ⅷ促凝活性
FDP	纤维蛋白/纤维蛋白原降解产物
FFA	游离脂肪酸
FIB	纤维蛋白/纤维蛋白原
FPG	空腹血糖
FSH	促卵泡激素
Ft	铁蛋白
FT	红细胞脆性试验
FT_3	游离三碘甲状腺原氨酸
FT_4	游离甲状腺素
FTA-ABS test	荧光密螺旋体抗体吸收试验
G	球蛋白
GA	胃液分析；葡萄糖醛酸
Gal	半乳糖
Glu	葡萄糖
G6PD	葡糖-6-磷酸脱氢酶
γ-GTP	γ-谷氨酰转肽酶
GTT	葡萄糖耐量试验
HAA	肝炎相关抗原
HAAg	甲型肝炎抗原
HAR	血细胞凝集反应
Hb	血红蛋白
HBAg	乙型肝炎抗原
HbCO	碳氧血红蛋白
HbO_2	氧合血红蛋白
α-HBD	α-羟丁酸脱氢酶
HBeAb	乙型肝炎e抗体
HBeAg	乙型肝炎e抗原
HBIg	乙肝免疫球蛋白
HBsAb	乙型肝炎表面抗体

续表

符号	名称及解释
HBsAg	乙型肝炎表面抗原
HCAg	丙型肝炎抗原
hCG	人绒毛膜促性腺激素
HCT(Hct)	血细胞比容
HDL	高密度脂蛋白
HDL-C	高密度脂蛋白胆固醇
5-HIAA	5-羟吲哚乙酸
Hp	触珠蛋白
Hpx	血红素结合蛋白
5-HT	5-羟色胺
IBP	铁结合蛋白
ICD	异柠檬酸脱氢酶
Ig	免疫球蛋白
KB	酮体
17-KS	17-酮类固醇
L	淋巴细胞
LA	乳酸；白血病抗原；白细胞凝集反应
Lab	凝乳酶
LAP	亮氨酸氨肽酶；白细胞碱性磷酸酶
LD(LDH)	乳酸脱氢酶
LDL	低密度脂蛋白
LDL-C	低密度脂蛋白胆固醇
LE cell	红斑狼疮细胞
LGH	催乳素
LH	黄体生成素
LF	乳铁蛋白；淋巴细胞因子
LMA	肝细胞膜抗体
LPE	脂蛋白电泳
LPL	脂蛋白脂肪酶
LTT	乳糖耐量试验；淋巴细胞转化试验

续表

符号	名称及解释
LVDP	左心室舒张压
LVEDP	左心室舒张末期压
LVEDV	左心室舒张末期容积
LVET	左心室射血时间；左心室排空时间
LVP	左心室压
LVS	左心室劳损
LVSM	左心室收缩期平均压
LVSP	左心室收缩压
LVSV	左心室搏出量
LVV	左心室容积
LVWI	左心室作功指数
M	单核细胞；类黏蛋白；肌球蛋白
MAC	最小肺泡浓度
MAO	最大胃酸排泌量；单胺氧化酶
MAP	M相关蛋白；平均动脉压
Map	平均气道压
Mb	肌红蛋白
MBC	最大呼吸容量，最大通气量
MCD	红细胞平均直径
MCF	巨噬细胞趋化因子；红细胞平均脆性
MCH	红细胞平均血红蛋白量
MCHC	红细胞平均血红蛋白浓度
MCV	红细胞平均容积
M/E	粒细胞与红细胞之比
MHb	高铁血红蛋白
M/L	单核细胞与淋巴细胞之比
MVO	静脉最大流出量
MVO_2	心肌氧耗量；静脉最大氧耗量
MVV	最大自主通气量；最大肺活量
NBT	氮蓝四唑

续表

符号	名称及解释
NK cell	自然杀伤细胞
OB	隐血
OCAA	留巢囊腺癌抗原
OGTT	口服葡萄糖耐量试验
17-OHCS	17-羟皮质类固醇
OT	旧结核菌素
P	孕酮
PA	血浆醛固酮；丙酸
PAdT	血小板黏附试验
PAIg	血小板相关免疫球蛋白
PAO_2	肺泡氧分压
PaO_2	动脉血氧分压
PBI	蛋白结合碘
PC	血小板计数
P_{CO2}	二氧化碳分压
PCT	凝血酶原消耗试验
PCWP	肺毛细血管楔压
PEEP	呼气末正压通气
pH	酸碱度
PHA	植物血凝素
PKU	苯丙酮酸尿，苯丙酮尿症
PL	磷脂
PLF	胎盘酸性铁蛋白
PO_2	氧分压
PPA	苯丙酮酸；肺动脉压
PPP	三P试验
PRA	血浆肾素活性
Pro	蛋白质；凝血酶原
PT	凝血酶原时间
PTH	甲状旁腺[激]素

续表

符号	名称及解释
PTT	部分凝血致活酶时间
PWP	肺毛细血管楔压
R	呼吸
RBC	红细胞
Ret	网织红细胞
RF	类风湿因子
RIU	放射性碘摄取量
RPR	血浆反应素环状卡片快速试验
rT_3	反三碘甲状腺原氨酸（反T3）
RV	残气量
RVEDP	右心室舒张终末压
RVP	右心室压
SAO_2	动脉血氧饱和度
SB	血清胆红素
SBB	苏丹黑B
sem.	精液
SI	饱和指数；血清铁；每搏指数；卒中指数
stab	杆状核中性白细胞
T	温度；睾酮；潮气量
T_2	二碘甲腺原氨酸
T_3	三碘甲腺原氨酸
T_4	甲状腺素，四碘甲腺原氨酸
TBG	甲状腺原氨酸（甲状腺素）结合球蛋白
TBH	全血比容
TBIL	总胆红素
TC	总胆固醇
T_{CO2}	二氧化碳总量
TCT	凝血酶凝血时间
Tf	运铁蛋白
TFA	总脂肪酸

续表

符号	名称及解释
TFN	总粪氮
TG	三酰甘油（甘油三酯）
TgAb	甲状腺球蛋白抗体
TGT	凝血激酶生成试验
TH	甲状腺激素
TL	总脂
TMAb	甲状腺微粒体抗体
TN	正常眼压；肌钙蛋白
TP	总蛋白量
TPBF	总肺血流量
TPVR	周围血管阻力总和；肺血管总阻力
TRBF	肾血流总量
TRC	总余氯量
TRF	促甲状腺刺激素释放因子
TRH	促甲状腺激素释放激素
TRP	肾小管磷酸盐重吸收
T/S	甲状腺与血清的放射性碘之比
TSH	促甲状腺激素
TSP	血清总蛋白
TT_3	三碘甲状腺原氨酸总量
TT_4	甲状腺素总量
TVC	定量肺活量；肺总气量
TVe	有效潮气量
TVU	总尿量（24小时）
TW	体液总量
TxA_2	血栓烷A2
TxB_2	血栓烷B2（为血栓烷A2的降解物）
UA	尿酸
UBG	尿胆素原
UCA	尿儿茶酚胺

续表

符号	名称及解释
UCI	尿素清除率（廓清率）试验
UCr	尿肌酸酐
UCre	尿肌酸
UFC	尿游离皮质醇
UGLu	尿糖
UN	尿素氮
UP	尿卟啉
Ur	尿素
USR test	不加热的血清反应试验
UTBG	非结合的甲状腺素结合球蛋白
UU	尿中尿胆原
UUA	尿中尿酸
UUN	尿中尿素氮
UV	尿量
VC	肺活量
VDRL test	性病研究室试验室试验
VI	容积指数（红细胞）
VMA	香草扁桃酸
VO_2	氧摄取率；耗氧量；氧容量
VSW	心室每搏功
WBC	白细胞计数
WBC+DC	白细胞计数及分类
WCC	白细胞管型
XC	X染色体
ZEEP	呼气终末零压
ZIG	带状疱疹免疫球蛋白

附录五　常用医学计量单位换算关系

◆压力mmHg与kPa（适用于氧分压、二氧化碳分压）：

1 kPa=0.133 332 2mmHg

◆压力cmH_2O与Pa:

1 Pa=98.070 cmH_2O

◆压力mmH_2O与Pa:

1 Pa=9.807 mmH_2O

◆葡萄糖（全血、脑脊液）mg/dL与mmol/L：

1 mmol/L=0.055 5 mg/dL

注：mg/dL也有写成mg%、mg/100mL

◆尿素（全血）mg/dL与mmol/L：

1 mmol/L=0.166 5 mg/dL

注：mg/dL也有写成mg%、mg/100mL

◆尿素（尿）g/24h与mmol/24 h：

1 mmol/24h=16.651 g/24h

注：mmol/24h也有写成mmol/d

◆尿素氮（全血）mg/dL与mmol/L：

1 mmol/L=0.357 mg/dL

注：mg/dL也有写成mg%、mg/100mL

◆非蛋白氮（全血）mg/dL与mmol/L：

1 mmol/L=0.713 9 mg/dL

注：mg/dL也有写成mg%、mg/100mL

◆肌酐（全血）mg/dL与μmol/L：

1μmol/L=88.402 mg/dL

注：mg/dL也有写成mg%、mg/100mL

◆肌酐（尿）mg/24h与mmol/24h：

1 mmol/24h=0.008 84 mg/24h

注：mmol/24h也有写成mmol/d

◆氨（全血）μg/dL与μmol/L：

1μmol/L=0.587 2μg/dL

注：μg/dL也有写成μg%、μg/100mL

◆二氧化碳结合力（血浆）Vol%与mmol/L：

1 mmol/L=0.449 Vol%

注：Vol%也有写成容积%

◆钠（血清）mg/dL与mmol/L：

1 mmol/L=0.435 mg/dL

注：mg/dL也有写成mg%、mg/100mL

◆钾（血清）mg/dL与mmol/L：

1 mmol/L=0.255 8 mg/dL

注：mg/dL也有写成mg%、mg/100mL

◆钙（血清）mg/dL与mmol/L：

1 mmol/L=0.249 5 mg/dL

注：mg/dL也有写成mg%、mg/100mL

◆无机磷（血清）mg/dL与mmol/L：

1 mmol/L=0.322 9 mg/dL

注：mg/dL也有写成mg%、mg/100mL

◆碘（血清）μg/dL与nmol/L：

1 nmol/L=78.8 μg/dL

注：μg/dL也有写成μg%、μg/100mL

◆氯化物（血清、脑脊液）mg/dL与mmol/L：

1 mmol/L=0.282 1 mg/dL

注：mg/dL也有写成mg%、mg/100mL

◆胆红素（血清）mg/dL与μmol/L：

1 μmol/L=17.10 mg/dL

注：mg/dL也有写成mg%、mg/100mL

◆胆固醇（血清）mg/dL与mmol/L：

1 mmol/L=0.025 9 mg/dL

注：mg/dL也有写成mg%、mg/100mL

◆三酰甘油（血清）mg/dL与mmol/L：

1 mmol/L=0.011 3 mg/dL

注：mg/dL也有写成mg%、mg/100mL

附录六　医学符号

符号	代表意义	符号	代表意义
aa	各，每个，各同量，	pil.	丸剂
a. c.	饭前（服）	p. m.	午后
ad.	加至	p. o.	口服
am.	午前，上午	p. r. n.	于需要时
amp.	注射剂（安瓿）	pulv.	粉剂
aq.	水	q. h.	每日一次
aq. dest	蒸馏水	℃.	摄氏度
d. i. d.	每日两次	E. C. G.	心电图
cap.或caps.	胶囊剂	G. I.	胃肠（钡餐摄片）
co.或comp.	复方的	+	阳性
dil.	稀释的	–	阴性
F. 或F.	须作	B. T.	出血时间
fort	强的	C. T.	凝血时间
M.	混合	D. C.	（白细胞）分类计数
mg.	毫克	Hb.	血红蛋白（测定）
mixt	合剂	R. B. C.	红细胞（计数）
ml.	毫升	Rt(blood)	（血）常规
nar. gtt.	滴鼻剂	Rt(urine)	（尿）常规
ocu. gtt.	滴眼剂	Rt(stool)	（大便）常规
p. c.	饭后（服）	Eos, F	嗜酸性细胞（计数）
pH	酸碱度	Lym.	淋巴细胞（计数）

续表

符号	代表意义	符号	代表意义
M.	单核细胞（计数）	q. s.	适量
N.	嗜中性细胞（计数）	Rp. R	取，处方
B.	嗜碱性细胞（计数）	Sig.	标记
W. B. C.	白细胞（计数）	s. o. s.	于必要时
P. S. P.	酚红排泄试验	SS或s. s.	（用）半（量）
B. U. N.	尿素氮	syr.	糖浆
CO_2 C. P.	二氧化碳结合力	tab.	片剂
N. P. N	非蛋白氮	tr. 或tinct.	酊剂
g., gm.	克	t. i. d.	每日三次
gr.	格令	ung.	软膏（剂）
gtt.	滴	O. B.	隐血
i. d.	皮内注射	O. D.	右眼
i. e.	即（立即）	O. S.	左眼
i. h.	皮下注射	O. U.	两眼
im.	肌内注射	P.	脉搏
inj	注射剂	P. E.	体检
I. U.	国际单位	R.	呼吸
i. v.	静脉注射	C. C. F. T.	脑磷脂胆固醇絮状试验
i. v. gtt.	静脉滴注	I. I.	黄疸指数
kg.	千克，公斤	S. G. P. T.	血清谷-丙转氨酶试验
l	升	T. T. T.	麝香草酚浊度试验
liq	液体	ASLO	抗链球菌溶血素“O”试验
lot.	洗剂	E. S. R.	红细胞沉降率
q. i. d.	每日四次	Mp.	黏蛋白
q. o. d.	每隔日一次	AFP或aFP	甲胎球蛋白试验

附录七　医学书刊中常见错别字

错误	正确
A	
爱滋病	艾滋病
氨基糖甙类	氨基糖苷类
鞍隔	鞍膈
安纳加	安钠咖
阿伐他丁	阿伐他汀
骯臟	肮脏
按置	安置
按装	安装
B	
疤痕	瘢痕
斑痕	瘢痕
斑氏液	斑氏液
板兰根	板蓝根
报导	报道
抱欠	抱歉
胞子	孢子
爆发（指“疾病暴发”时错）	暴发
暴震性聋	爆震性聋
鼻中膈	鼻中隔

续表

错误	正确
笔划	笔画
必须氨基酸（修饰名词时错）	必需氨基酸
必需手术（修饰动词时错）	必须手术
便闭	便秘
便塘	便溏
辨证法	辩证法
辨证统一	辩证统一
辨证论治	辨证论治
辩别	辨别
辩认	辨认
辨论	辩论
边沿	边缘
表情呆痴	表情呆滞
鳖闷	憋闷
病源体	病原体
博动	搏动
搏来霉素	博来霉素
部份	部分
部局	布局
部置	布置
布署	部署
C	
参予	参与
侧枝循环	侧支循环
成份	成分
驰缓	弛缓

续表

错误	正确
驰张热	弛张热
姿式	姿势
重迭	重叠
传染原	传染源
D	
打膈	打嗝
殆害	贻害
殆误	贻误
胆碱脂酶	胆碱酯酶
胆酯瘤	胆脂瘤
抵销	抵消
电介质	电解质
电耦	电偶
喋呤	蝶呤
多酞	多肽
杜决	杜绝
锻练	锻炼
E	
颚裂	腭裂
F	
发烧	发热
反映（指“组织等反应”时错）	反应
反应（指“反映情况等”时错）	反映
返流	反流
返折	反折
烦脑	烦恼

续表

错误	正确
烦燥	烦躁
纺棰体	纺锤体
防碍	妨碍
肺原性	肺源性
肺疱	肺泡
肺大泡	肺大疱
酚肽	酚酞
份量	分量
分岐	分歧
分支（指“树枝”、“菌类”时错）	分枝（杆菌）
分枝（指“血管”、“神经”时错）	分支
腹泄	腹泻
腹涨	腹胀
复盖	覆盖
伏苓	茯苓
幅射	辐射
副作用、付作用、负作用	不良反应
付神经	副神经
副睾	附睾
氟脲嘧啶	氟尿嘧啶
G	
G-杆菌	革兰阴性杆菌
G+球菌	革兰阳性球菌
干躁	干燥
甘油三脂	甘油三酯
岗上肌	冈上肌

续表

错误	正确
膏盲、膏育	膏肓
胳搏	胳膊
胳博	胳膊
隔肌	膈肌
革蓝染色	革兰染色
给以、给与	给予
构杞	枸杞
构橼酸	枸橼酸
骨胳	骨骼
骨小梁	骨小梁
观查	观察
关健	关键
关节成型术	关节成形术
过沪、过泸	过滤
H	
海棉	海绵
海蛰、海螯	海蜇
好象	好像
黑朦	黑矇
横隔	横膈
红瘢、红班	红斑
喉反神经	喉返神经
黄苓	黄芩
黄疸	黄疸
晃惚	恍惚
恍眼	晃眼

续表

错误	正确
药用碳	药用炭
活血化淤	活血化瘀
混浊	浑浊
浑合	混合
J	
机理	机制
机能	功能
肌苷	肌酐
急噪、急燥	急躁
既使	即使
即然	既然
简炼	简练
硷（指“酸碱”时错）	碱
肩胛岗	肩胛冈
监示	监视
建全	健全
交岔	交叉
胶冻样	胶胨样
胶元纤维	胶原纤维
节断	节段
解质	介质
藉贯	籍贯
桨膜	浆膜
桨液	浆液
痉孪	痉挛
禁忌症	禁忌证

续表

错误	正确
竞争	竞争
竞然	竟然
浸犯	侵犯
精炼（指“文字润饰”时错）	精练
精练（指“冶炼锻造”时错）	精炼
灸甘草	炙甘草
橘梗	桔梗
桔络	橘络
桔子	橘子
拘橼酸	枸橼酸
决对	绝对
决大多数	绝大多数
K	
咳血	咯血
快动眼象	快动眼相
L	
腊黄色	蜡黄色
蜡肠样	腊肠样
兰色	蓝色
兰尾	阑尾
朗汉斯细胞	郎汉斯细胞
郎格汉细胞	郎汉斯细胞
郎罕斯细胞	郎汉斯细胞
犁状肌（指“水果梨状”时错）	梨状肌
梨骨（指“农用犁状”时错）	犁骨
炼习	练习

续表

错误	正确
连结	连接
连合	联合
联接	连接
邻近（指“时间间隔”时错）	临近
临近组织	邻近组织
临近（指“空间距离”时错）	邻近
邻近好转	临近好转
邻终关怀	临终关怀
棱形	菱形
另件	零件
咯痰	咳痰
罗音	啰音
孪生	孪生
孪缩	挛缩
卵园孔	卵圆孔
氯化胺	氯化铵
M	
麻疯	麻风
漫延	蔓延
脉博	脉搏
冒然	贸然
美兰	亚甲蓝
蒙胧、蒙眬、矇眬	朦胧
靡蛋白	糜蛋白
靡烂	糜烂
面黄饥瘦	面黄肌瘦

续表

错误	正确
棉扦	棉签
磨擦、摩擦（同义，主张用）	摩擦
摩檫、磨檫、摩察	摩擦
末稍	末梢
N	
脑怒、脑恕、恼恕	恼怒
内髁（指“踝关节”时错）	内踝
内上踝	内上髁
泥砂	泥沙
年令	年龄
粘膜	黏膜
粘液	黏液
粘稠	黏稠
黏连	粘连
脲嘧啶	尿嘧啶
尿生殖隔	尿生殖膈
脓泡、浓疱	脓疱
脓缩	浓缩
O	
偶而	偶尔
偶联	耦联
偶合	耦合
P	
排泻	排泄
泡疹	疱疹
培殖	培植

续表

错误	正确
膨涨	膨胀
皮层	皮质
偏面	片面
剖腹探察	剖腹探查
Q	
气侯	气候
气疱	气泡
岐视	歧视
髂棘	髂嵴
髂前上嵴	髂前上棘
前躯症状	前驱症状
前题	前提
羟基尿	羟基脲
侵润	浸润
亲合力	亲和力
青梅素	青霉素
穹窿	穹隆
全愈	痊愈
R	
挠骨	桡骨
桡痒	挠痒
热源	热原
熔合（指“手术融合”时错）	融合
溶合（指“手术融合”时错）	融合
溶化（指“经火熔化”时错）	熔化
溶点（指“经火熔化”时错）	熔点

续表

错误	正确
熔化（指“溶入液体”时错）	溶化
溶化（指“冰雪融化”时错）	融化
S	
霎白	煞白
洒精	酒精
搔痒（作“名词”时错）	瘙痒
瘙痒（作“动词”时错）	搔痒
沙锅	砂锅
呻呤	呻吟
神经原、神经源（指“组织”时错）	神经元
神经元性	神经源性
神智	神志
食道	食管
石羔	石膏
石糕	石膏
适应症、适应征	适应证
时象	时相
熟炼	熟练
树酯	树脂
受精（指“人工授精”时错）	授精
授精（指“自然受精”时错）	受精
水份	水分
水蒸汽	水蒸气
松驰	松弛
T	
苔癣样	苔藓样

续表

错误	正确
碳化	炭化
炭酸	碳酸
糖源	糖原
套迭	套叠
体型（指“身体形态”时错）	体形
体形（指“身体类型”时错）	体型
体症	体征
同功酶	同工酶
涂檫、涂擦	涂搽
图象、图相	图像
W	
末稍	末梢
委縻、萎縻	委靡、萎靡
唯一	惟一
X	
细茵	细胞
消毁	销毁
销除	消除
相临	相邻
心率（指“节律”时错）	心律
心律（指“频率”时错）	心率
心率（指“力量”时错）	心力（衰竭）
心律（指“心态”时错）	心力（交瘁）
虚症	虚证
血管分枝	血管分支
血相	血象

续表

错误	正确
血酯	血脂
相限、像限	象限
Y	
芽孢	芽胞
沿续	延续
沿由	缘由
亚甲兰	亚甲蓝
延用	沿用
阳痿	阳萎（西医）
阳萎	阳痿（中医）
液体石腊	液状石蜡
医原性	医源性
一分标本	一份标本
乙性肝炎	乙型肝炎
诒误	贻误
殆误	贻误
影象	影像
萤光（指“电子发光”时错）	荧光
荧光（火）（指“昆虫发光”时错）	萤光
予防	预防
予后	预后
愈后（指“痊愈后”时正确）	
瘀血	淤血
淤点	瘀点
淤斑	瘀斑
郁滞	淤滞

续表

错误	正确
迂曲（指“静态”时错）	纡曲
纡流（指“动态”时错）	迂流
园形	圆形
园孔	圆孔
园椎	圆锥
Z	
燥热、噪热	躁热
燥动	躁动
折迭	折叠
蛰伤	蜇（螫）伤
针炙	针灸
震水音	振水音
震幅	振幅
症象、征像	征象
证状	症状
指症、指证	指征
酯肪	脂肪
酯血症	脂血症
植入（指“非移植物”时错）	置入
置入（指“移植物”时错）	植入
致于	至于
制订计划	制定计划
综合症	综合征
椎体外系	锥体外系
椎形体	锥形体
锥体（指“脊柱”时错）	椎体

续表

错误	正确
椎体（指“锥状体”时错）	锥体
紫绀	发绀
咨讯	咨询
姿式	姿势
紫癜	紫癜
滋生（指“昆虫孳生”时一般不用）	孳生
孳养体	滋养体
纵膈	纵隔
纵形切开	纵行切开
凑效	奏效
座标	坐标
坐位（指“座具”时错）	座位
座位（指“姿势”时错）	坐位
皱壁	皱襞
皱折	皱褶
作手术	做手术
作检查	做检查
作实验	做实验
作试验	做试验
做为（指“当做”时错）	作为

参考文献

[1]杜维东，陈瑗.现代校对实用手册.北京：印刷工业出版社，2007.

[2]黄栩兵.医学论文与书稿编撰技巧.北京：人民军医出版社，2007.

[3]王永炎.中医病历规范书写手册.长沙：湖南科学技术出版社，2006.

[4]中国编辑学会，全国出版专业职业资格考试办公室编.出版专业基础·中级.上海：上海辞书出版社，2007.

[5] 中国编辑学会，全国出版专业职业资格考试办公室编.出版专业实务·中级.上海：上海辞书出版社，2007.

[6]欧阳明.书刊编辑学.武汉：华中科技大学出版社，2006.

[7]陈荔子，等.实用医学文献检索.北京：北京大学医学出版社，2003.

[8]新闻出版总署科技发展司，新闻出版总署图书出版管理司，中国标准出版社编.作者编辑常用标准及规范.北京：中国标准出版社，2008.

[9]杨树勤.卫生统计学.北京：人民卫生出版社，1993.

[10]徐勇勇.医学统计学.北京：高等教育出版社，2001.

[11] 郭祖超.医学统计学.北京：人民军医出版社，1999.

[12]张元智，王正西，李惠杰.地塞米松对硬膜外麻醉和骨折术后镇痛的影响.人民军医，2000,43（2）：86.

[13]陈雁南.蝮蛇抗拴酶降低肝病病人血清总胆红素效益观察.人民军医，2000,43（1）：37.

[14]胡金贵，岳兰，刘德喜，等.甘胆酸检测对肝内胆汁淤积症的诊断价值.人民军医，2000,43（1）：35.

[15]胡俊平，李建华，李世俊.抑肽酶用量对减少心内手术失血与输血

量的比较.人民军医，2000,43（7）：39.

[16]季亚珍，范学杰，周建荣，等.氦–氖激光血管内照射治疗不稳定性心绞痛疗效观察.人民军医，2000,43（2）：87.

[17]李保颜，李鹏.中药坐浴对肛门术后创口愈合的疗效观察.人民军医，2000,43（1）：47.

[18]李荣华，赵红.穿刺冷冻治疗原发性三叉神经痛35例.人民军医，2000,43（4）：25.

[19]谢义霞，杨肇亨.静脉血乳酸测定的意义及其动脉血的关系.人民军医，2000,43（1）：51.